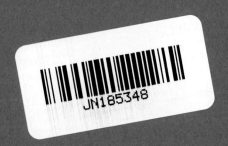

精神障がい者の家族への暴力というSOS

家族・支援者のためのガイドブック

蔭山正子●編著

横山恵子／中村由嘉子
小林清香／佐久間陽子

明石書店

Dear Miss M
気づいてあげられなくて、ごめんね

はじめに

本書は、精神障がい者の家族が受ける暴力に関する研究結果をもとに、家庭で暴力が生まれる背景を考察し、日本における精神医療や地域支援のあり方に異論を唱えるものである。家族への暴力があることを認めたうえで、家庭で暴力が生まれない支援のあり方を多くの人に考えてほしいという想いで本書を執筆した。

なぜ世界は精神障がい者の隔離収容施策に走ったのだろうか。それは、精神障がい者を「怖い」と思う、恐怖や不安が根底にあるからだろう。精神疾患は、未だに多くの一般市民にとって「よくわからない」病気である。「怖い」「わからない」ことからくる不安は、精神障がい者を社会から排除するという施策につながってしまったのだろう。「怖い」と思う主な理由は暴力である。ゆえに、暴力の問題は、精神保健医療の核心とも言える。

欧米では、社会防衛的観点から犯罪歴や他人への暴力について多くの調査を行ってきた。しかし、世界が誤っていたことがある。精神障がい者による暴力は、外で見ず知らずの他人に向かうことは稀で、多くは家庭の中で家族に向かう。暴力は、どこで誰に向かって発生しているのかが重要なのだ。暴力の問題は、家族への暴力に焦点が当てられてしかるべきだが、家族への暴力に関心が払われることはなかった。

本書が扱う、精神障がい者から家族への暴力については、世界的に研究が少なく、A neglected area of research（無視されている研究領域）と言われている[1)]。それは社会防衛ばかりに注意を払っていた社会の問題であり、精神障がい者への偏見を助長させたくないために家族や関係者が暴力の事実に蓋をしてきた問題でもある。家族への暴力の発生率を示した研究は、世界で7

1） Solomon et al, 2005

本しかないと報告されている[2)]。私たちの研究がその中の1本だ。研究の蓄積が少ないため、この本で書いていることは結論ではなく、今回の調査を通した考察にすぎない。それでも、私はこの問題の深刻さゆえに、発信しなければいけないと強く思っている。

私は研究者である前に保健師である。以前、保健所で保健師としてご家族から精神障がいの方を治療につなげる相談を多く受けていた。その中でご家族が暴力を受けていることを知っていた。しかし、今の制度では家族をすぐに助けることはできないとあきらめ、「危険なときは110番してください」「逃げてください」と言うのみだった。家庭の凄まじい現状に積極的に向き合うことを避け、見て見ぬふりをしていたとも言える。この研究では、多くのご家族がインタビューで過去の辛く思い出したくない経験を話し、また、アンケート調査に回答してくれた。調査の説明をした際に、ある父親から「今まで助けを求め走り回っても解決できなかったことをあなたに解決できる訳がない！　無意味だ！」と激しい剣幕で言われた。その父親がどれほどの思いで戦ってきたのかが痛いほど伝わってきた。私は、暴力の問題を知れば知るほど、その問題の深刻さを目の当たりにすることになった。

家族への暴力の問題に取り組み、分析と議論を積み上げていくと、問題の核心が見えてきた。それは驚くべき結果だった。これまで家族に向く暴力の問題は、障がい者への配慮として扱われなかった側面があった。つまり障がい者を加害者として扱ってはいけないという配慮だ。しかし、結果は反対だった。障がい者はむしろ被害者だった。精神医療における強制入院・隔離拘束といった「力による支配」や社会での生きづらさからくる苦悩やトラウマが、傍にいる家族への暴力となって表出されている側面があったのだ。精神医療や地域支援あるいは社会の至らなさが障がい者を苦しめ、家族を追い込んでいた。

家族に向かう暴力の問題を発信すると、多くの家族や支援者から連絡をもらった。支援者の中には、「自分の支援は至らなかった」と気づき、支援のあり方を真剣に考えてくれる人がいた。「私たちは変われる」、そういう希望

2)　Labrum and Solomon, 2015

を持てた。

精神障がい者から家族に向かう暴力は、家庭の問題ではない。精神医療や地域支援のあり方を変えない限り解決されることはない。障がい者や、家族にとって、深刻な、この難題をあきらめることなく、一緒に考えてくれる方が１人でも増えることを願っている。

蔭山正子

＊目次

序章
実際に起きた悲劇
（Mさんの父親の語り）

2015年2月14日のバレンタインデー。賑わい、浮かれる世間。この日、和歌山県である悲劇が起きてしまった。当時80歳の父親が精神障がいの娘、Mさん（41歳）の首を電気コードで絞めて殺害するという痛ましい事件だった。裁判の判決は懲役3年、執行猶予5年。この家庭で何が起きたのか、なぜ支援者は事件を防ぐことができなかったのか。私たちは、この事件から精神保健医療福祉のあり方を見つめなければいけない。父親は、釈放後、悲劇を繰り返さないようにとの想いから体験を話してくれた。2015年11月28日に講演会「求め続けた希望の光〜精神障害者を抱えて苦悩した生活の実態を語る〜」（主催：家族依存から社会的支援に向けて進める会）で父親が話した内容を紹介する。

私は満81歳になります。私は元々技術系で、電気とか機械に携わっていました。本来こういう席では、いいこととか、嬉しいこととか、しゃべります。でも、私のように娘を殺した殺人者が、果たしてこのような場に立ってよいものかどうか、苦慮いたしました。私にも、孫が３人おります。皆適齢期です。息子の嫁は何も言いませんが、「おじいちゃん、うちも適齢期の持ってるんよ、あんまりでしゃばらんといて」って言うてるかもしれません。しかし、それ以上に、私のような悲惨なことが、再び起こらないようにあえて恥をしのんで、この場に臨ませていただきました。

それではまず、家族構成を申し上げます。私は、家内75歳と被害者である娘、41歳で生活をしてまいりました。別居しておりますが、長男と次男がおります。

おとなしい子の人生を変えた給食

娘の生い立ちについて、話させていただきます。男・男と生まれて、私が40歳の時に女の子が生まれました。そのときはまだ両親（娘の祖父母）もおりまして、非常に喜んでおりました。また、娘もかわいくしてもらったと喜んでおりました。娘は本来おとなしい子です。おっとりしています。それが、よそから見ると、怠け者のように映ったんかと思います。小学校3年の時に、ゆっくりしているもんですから、給食でみんな食べ終わっても、まだうちの娘は食べてた。そういっても、掃除の埃の中で食べてたって言っていました。女性の担任の先生が来て、口にねじ込まれたということがありました。ある時、家内が呼び出されて行きますと、机の引き出しカビの生えたパンでいっぱいになっていたそうです。後になって、娘が「あの時から私の人生が変わった」と言っておりました。

親には話さなかった学校でのいじめ

小学校・中学校・高校と、いじめに遭ってきたようです。麻疹のときだけ休んで、その他は皆勤。いつもニコニコして通学しておりました。今から思えば、私は昭和一桁の軍国青年です。何事も辛抱、辛抱。それが自分のためになると思っておりました。だから家でもそういうことを言ってたんじゃないかと思います。だから娘も何か言うと、また「辛抱せよ、辛抱せよ」と言われると思って、言えなかったのかもしれません。大いに反省しております。

ひきこもりの生活と暴力の始まり

高校卒業しまして、6か所ほど、短期間で転職いたしました。いずれもいじめとか対人関係が不得手で辞めました。平成6年、娘が20歳で成人式です。晴れ姿で写真を撮っております。それがただ1つの、明るい笑顔でした。私も60歳で定年になりました。それからずっとひきこもりが続き、だんだん、だんだんと、それとなく、日々が経過していきました。

そのうちに、物を投げたりガラスを割ったり、いちばんショックだったのが、小さいときピアノを習いに行っておりましたので、ピアノを買ってあげました。県民文化会館というところで友達と連弾もいたしました。そのピアノに突然、しょうゆとかバターとか油とか投げて、壊してしまいました。腹立ちました。それが１回目の喧嘩です。

入院

そのうちに、ガラスを割る、襖は蹴る、だんだんエスカレートしていきました。警察の生活安全課へ行きました。「なんとかならんか」と相談しました。「事件起こるまで駄目」と。その通りになりました。お隣へ、２階からお皿、ケチャップ、卵を投げました。謝りに行きました。また、道路に面したところでもお皿を投げました。通行人に当たったら大変です。遂にお隣にハサミなど投げました。警察に電話して、連行され、平成13年12月に医療保護入院となりました。よく皆さんに言われました、「病院連れてったの」って。私もそう（入院させた方がよいと）思いました。しかし、娘にとっては大変なところだったらしいです。病院日記に書いてました。「生きていることがとても辛い。誰も私の心を分かってくれない。弱い顔を見せられるのは家族だけです。今も心が潰れています」そういうことが書いてありました。そして（病院から）出てきたら、「お父ちゃんいっぺん入ってみて、苦しいで」と言われました。それが１回目の入院です。

退院しても繰り返し

退院できました。また暴れだします。警察に言います。台所からケチャップとかソースとか投げます。警察行って「お願いします、連行してください」と言いましたが、「この状態では駄目だ」と。何度お願いしても駄目でした。娘は夜中じゅうジャンジャン電話します。警察は、電話がかかってきたら何あるかわからんから聞く。あるときに、娘が言うには警察が「こちらも忙しいんだ、かまってられへんのや」と言ったそうです。また娘は「警察が市民に対してなんということ言うか」と激怒しました。警察も難儀してました。

父親の自殺未遂と避難生活

その内にだんだんだんだんエスカレートしていきまして、暴風雨のとき、夜中に「出て行け」と言われました。行かないと（娘は）暴れます。（たとえ）暴れて警察来ても（娘を）連れて行ってくれません。「もう父ちゃん死んでくるわ」と港へ行きました。飛び込もうと思いましたが、車を止めてしまいました。ばさっと止まりました。その内に家内が110番して、パトカーが来ました。「お父ちゃん、早まったことはしてはいかんよ」ずぶ濡れになって家へ帰って来ました。

（娘は）家内に暴力をふるうようになりました。（家内は）頭の毛を束にして引っ張られました。掃除機の柄が折れるほど叩かれました。私は何とか防衛しますが、家内は危ないと思って、家を出るように言いました。家内は１年半ほど、ワンルームの部屋を借りていました。「お母ちゃんのいるとこ教えて」と娘は、警察にお願いして探していました。「警察は捜すの本来やろ、分かってるやろ」と。言われた警察も辛かったと思います。家内は避難しましたが、私と娘の闘いが始まります。「出て行け」と言われ車の中に出る。親類も三軒ほど回りましたが、そんなに居候するわけにはいきません。私が家に帰ると、また暴れます。「裏の小屋に行け」と言われ、寒い小屋で寝てました。

娘の自殺未遂

あるとき、夜中に起きますと、裏で娘が首を吊っていました。慌てて飛び出たら、（娘は）だらんとしてて重たくて、（私は娘を）やっと下ろしました。失禁もおしっこもしていました。私は石油会社で働いておりましたので、そういう緊急時の対処は心得ておりました。秒単位です。「生き返ってきて」思いっきり叩きました。（意識が戻って）「お父ちゃん何してたんやろ」って言いました。その前に家内と、（娘の）いないところで「いっそ死んでくれたらね」と言っておりました。しかし、目の当たりにすると、放っとけません。助けました。私は、保健所を通じて、家族会に入会しました。月に１回の例会です。そのときにその話をしました。ある方から

（娘を）「娘助けてくれて、それでよかった。もし死んじゃったら一生後悔します」と言われました。

その他にも色々な方が「子どもさんの病気が治せなくても、ちょっとでも心が安らげたら、来てちょうだい」と言ってくれて、ずいぶん、気持ちがほぐれました。

また、（娘は）息子にも仕事中に電話します。切ると本社に電話します。私の場合は、ささやかながら年金をもらっていますが、息子は働きざかりです。どうにもなりません。

支援を求めて

入退院を繰り返し、家内は（家を）出る。それからいろいろと相談に行きました。警察は「事件が起こるまで駄目」。保健所は「連れて来なさい、行かないと訪問します」。しかし娘が断ると、それ以上のことはやってくれません。病院は「連れて来なさい、今連れて来なさい」。行ってくれるぐらいであれば苦労しないです。そして病院で、カウンセリングも受けました。何にもなりませんでした。また、市とか県の人権委員とか相談所にも行きました。「保健所行きなさい」と、どこもたらい回しです。

そのうちに、（娘が）「家が嫌」ということでアパートを借りました。しかし、すぐに近所を気にして住めない。また家へ帰って来ます。そのうちにもう、「家も嫌」「アパートも嫌」、車の中でも寝泊りしました。私も車の中で、200日ほどいたこともあります。もう八方詰まりです。81歳で、みなを引き連れて、どっかオアシスがあるかわからんと、砂漠をさ迷っておりました。たくさん助けてくれる人はいましたが、どれも結果に至りませんでした。

電話機は壊す、壁は穴だらけ、扉はブスブス。事件少し前に家内と話していました。娘は「悪いことはわかってる」と。しかし「誰もわかってくれないから暴れるんだ」と、「朝、夜が明けるのが怖い」「目が覚めたら死んでいたい」「なまくらと思われている」「誰も私の心をわかってくれない」、それが娘の切実な思いです。家内が言いました。「ああ、はけ口がないんやな。こういう暴れることにしかはけ口がないんやな」と思いました。

誰か助けてやってほしい、誰か助けてやってほしい。他にも（暴れる理由が）あったかもわかりません。気がつかなかったかもわかりません。

家内は、腰が複雑骨折で通院もしておりましたし、最終は間質性肺炎といって、肺が枯れていきます。病院で診てもらいましたが、不治の病です。時間の問題です。家内の面倒みなければいかん、娘の面倒みなければいかん、くたくたです。

事件

ついに終着がきました。ある晩、家内のところ行きますと、家内は布団をかぶって寝ておりました。「お母さんなんとかして、助けて」叩いておりました。背中を丸めて。私にも、「明日までなんとかアパートを探して来い」私はもう、家族も家内も皆辛いけども、娘はこんだけ訴えているのに、助けてやれない。それから、もし私が死んだら、長男は離婚してでも娘の面倒をみる。そういうことができません。そして、ついに最後がきました。ベッドのあたりに電気コードがありました。思わずそれを取り、後ろから巻きつけました。あとはどうなったか、ぐったり、ぐったりしてました。家内に、「お母ちゃん、とうとう悪いことやってしまった」呆然として、引き上げました。しばらく経つと、家内が息子の嫁に電話したようで、警察が、救急車がきました。孫が、「じいちゃん死んだらあかん」と飛び込んできました。嫁が対処してました。私は簡単な取調べの後、連行されました。そのときは、気が狂いそうでした。ゴムが入った上着とか全部脱がされ、首を吊ろうと思ってもうまくいきません。頭をぶつけようと思っても角が１個もありません。みな丸くなっております。一晩中狂いまくっておりました。

事件後

明くる日長男と家内が来ました。「ああ、親父えらいことやってくれたわ、世間に顔向けられない」と言われましたが、「親父よく辛抱した、お父ちゃんがやってなかったらわしが殺してたかもわからん」と言いました。人に飢えておりました。まず最初、家族会の方などが来てくれました。涙、涙で話になりません。みな、激励してくれました。どれだけ有難かったかわかりません。

拘置所の独房と雑居房で生活しておりました。強姦、窃盗いろいろな人が、入れ替わり立ち代わり入ってきました。盗人にしても、悪いことはしても「人殺しなんか許せんねん」と言っていました。辛かったです。

次に公判が始まりました。公判は５日間、月曜から金曜まであります。公判第１日目、ロープのついた手錠嵌められ会場に入りました。傍聴席を見ると、「横向くな」って刑務官が言います。しかし、ちょろっと見ました。いっぱい来てくれました。明くる日には、家内とか息子とかの尋問ありました。３日目に、家族会の会長の陳情がありました。家族会会長が、障がいを抱えた親として、「私も、障がいを抱えた子の親の気持ちはよくわかる。殺したいと思うこともある」切々と訴えてくれました。金曜日、いよいよ判決です。求刑６年。それが昨日の求刑でした。当日、結論から言いますと、「懲役３年、執行猶予５年」言われました。この裁判長は「80歳の老人が、障がい者の娘を抱え、病気の家族を抱え、あらゆる行政とか行ったけども、できなかった。だから、犯した殺人に対しては、非難することはできない」という寛大な判決になりました。ただし、「人を殺すという大きなことについては、求刑をもって償ってもらわなければ仕方ない」ということでした。弁護士が申しますには、「裁判員制度でなかったら、あなたは実刑です」と言われました。裁判員の意見っていうものは、裁判官よりも重たいそうです。裁判員の心を動かしたのは、たくさんの傍聴に来てくださった人々、それから、障がいを抱えた家族会会長の真摯なる陳情、それが裁判員の心を動かしたんじゃないかと思います。だから、公の裁判とはいえ、いかに皆さんの支持ちゅうもんがどんだけ大切か、身にしみてありがたく思いました。

家に戻る

家に帰りました。帰ったら遺骨を思い切り抱いて、抱きしめて、思い切り抱いてやりたいと思いました。仏壇には、大きな壷と小さい壷がありました。（涙）あまりの軽さに、抱くことができませんでした。娘はいつも、短い廊下ですが、なんとか元気になろうと思って廊下を歩いておりました。今も家内はその遺骨持って、ちょっと歩こうかと、歩いてます。涙が止まりません。

一番苦しんだのは娘やった

マスコミでは「娘が悪い、娘が悪い」「暴力に耐えた」と書かれ、辛いです。検事から「お母さん、お父さんも辛かったと思いますが、娘さんがいちばん苦しんでいたんやで」と言われました。その通りです。最初は私も腹立ちましたが、終いに「いちばん苦しんだのは娘やな」と思いました。

蘇る楽しい思い出

辛いことは忘れて、楽しい思い出が頭に浮かんできます。小さいときに「肩を叩いてやろうか」と言ってくれました。しかし手が痛いんで、寝て足を上下さすから、「お父ちゃん、いい所へこう、肩を持っていって」と足でトントン叩いてくれました。また、弁当も作ってくれ、トーストも作ってくれました。ヨーロッパが好きで、きれいな写真集とかよく買ってきました。湖水地方とかアルプスとか、「お父ちゃん見よう、綺麗やろ」って言いました。そして、本なんかもベッドのところに持ってきて「これ読んでみる？」と。「読んであげようか」と読んでくれました。それから、私は交響曲とかわかりません。「お父ちゃん、リチャード・クレイダーマン」。わかりませんが、「いっぺん聴いてみる？」と、聴かせてくれました。「綺麗やろ、美しいやろ」本当に綺麗に聴こえました。そしてあるとき、うちの家内はわりに頬が白いもんですから、娘の頬撫でて、「お母ちゃんからもらったこの綺麗な肌、大事にしないといけないよ」と私は言いました。（涙）そのほっぺたの温もりは今でも残ってます。しかし、呼んでも叫んでも、再び戻ってきません。

障がいを抱えた方が安心して住める社会へ

障がいを抱えた方、また、関係の皆さんおりますが、いちばん苦しんでいるのは病名を抱えた子どもさんです。それから、各関係者の方、先ほども申しましたように、警察、保健、病院、その範囲の中で皆さん一生懸命やってくれております。しかし、病院を退院した、暴れてる、警察連れて行ってくれまへん。保健所は訪問してくれます。（でも本人が）断ったら駄目。そのおかげで苦しんでいる家族がいます。その思いを、行政に生かしていただけたらと、願っております。

最後に申し上げます。私のような事件が再び起こらないように、子どもが安心して住めるような社会が来ることを念願いたしまして、話を終わらせていただきます。どうもありがとうございました。

〈本書における用語の定義〉

- 暴力：単に「暴力」と書いている場合は、本書において「身体的暴力」を指す。
- 本人、当事者、障がい者、患者：精神障がいのある人。
- 家族：精神障がいのある人の家族。
- 支援者：保健医療福祉について専門的な教育を受けて資格を持った人。医師、看護師、精神保健福祉士、保健師、臨床心理士、作業療法士、介護福祉士等を指す。
- コメディカル、コメディカルスタッフ：医師以外の医療従事者。看護師、精神保健福祉士、臨床心理士、理学療法士、作業療法士など。

〈免責事項〉

- 本書に記載している内容のとおりに行動して、トラブルや損失・損害等が起きても一切責任は負わない。

〈調査概要〉

本書は、埼玉県精神障害者家族会連合会を通して行った質問紙調査とインタビュー調査の結果をもとに、他の研究結果などをあわせて書いている。

調査の概要

質問紙調査とインタビュー調査を行った。東京大学医学部倫理委員会の承認を得た（10415号）。上廣倫理財団から研究助成を受けて実施した。

1. 質問紙調査

【目的】精神障がい者の家族が受ける暴力の実態を把握し、暴力発生の関連要因および暴力を受けたことによる精神的な影響を検討することを目的とした。

【方法】埼玉県精神障害者家族会連合会の協力を得て、2014年7-9月に無記名の自記式質問紙調査を行った。加盟する27の家族会に所属する866世帯を対象とした。各世帯3部（介護者2部ときょうだい1部）を封筒に入れ、家族会の会長に配布を依頼した。866世帯のうち、768世帯に配布された。調査票は匿名であり、記入後の調査票は、研究者に直接返送された。調査票には、相談機関の情報を掲載した。

【対象者の概要】介護者は、350世帯から482名が返送され、有効回答は346世帯、463名だった。きょうだいは、126名から返送され、有効回答は124名だった。

介護者である家族は、母親が6割強、父親が約3割と親が約95％を占め、平均年齢は70歳近かった。精神障がいのある本人は、平均年齢が約40歳であり、発病から約20年を経過した慢性期にある方が多かった。性別は、男性が6割強、女性が4割弱だった。病名は、約9割が統合失調症だった。約9割の方は、定期的な通院や指示通りの内服をしていた。障害者手帳を所持していた方のうち、8割以上は2級であり、比較的障害が重く、日常生活に何らかの支援を必要とする人が多かった。約半数は、1日のほとんどの時間を自宅で過ごしており、リハビリテーションにつながっていなかった。

2. インタビュー調査

【目的】統合失調症患者の家族が受ける暴力の実態と、家族の対処過程を明らかにすることを目的とした。

【方法】機縁法でリクルートした母親18名と父親8名の計26名（夫婦2組含む）が対象となった。平均年齢約71歳、対象者が支援する患者は、息子が16名、娘8名の24名であり、平均年齢は約40歳だった。

希望により個別もしくはグループインタビューを実施した。逐語録を作成し、オープンコーディングを行い、カテゴリ化し、カテゴリ間の関連を検討した。

第1章 精神障がい者から家族が受ける暴力の実態と結末

第1節 家族への暴力は「6割」で起きる

1.「6割」という数字への反応

統合失調症患者がこれまでの間、家族の誰かに身体的暴力（以下、暴力）をふるったことがある人は「6割」という数字が私たちの調査結果で最初に出した数字だ[1)]。この数字は、多くの人に良くも悪くも衝撃を与えた。暴力を我が家だけの問題だと思っていた親やきょうだいは、「6割」という数字を新聞報道[2)]で知ったことで、暴力が疾患により生じる社会の問題であることに気づき、救われていた。一方、精神科医の中には、「うちの患者は暴力を振るわない」とか「暴力をふるう人は特別な一部の人だけだ」と事実を否認する人がいた。しかし、精神保健医療福祉関係者の多くは、予想以上だという印象はあったものの、「やっぱり」という反応が多かった。治療につなげる相談を家族から受けている保健所職員にとって、家族への暴力の有無は当然のアセスメント事項として認識されていた。なぜ精神科医の中に否定したがる人がいるのかと疑問を抱いた。偏見を助長させたくないという気持ちがあるのかと思ったが、おそらく家族の話を聴いていない人が事実を否認す

1） Kageyama et al, 2015
2） 塩入、2015

るのだと思う。また、精神科看護師は事実を伝えると家族を支援する必要性をすぐに感じてくれたが、「地域では支援してもらえていると思っていた」などと言い、地域でどのように患者や家族が暮らし、支援を受けているのかを知らない人が多いことに気づかされた。入院医療と地域との温度差は、この数字一つとってもその反応から見え隠れした。

2. 精神障がい者による暴力の発生率

「6割」という数字は、多いのか少ないのかを議論する前に、まずは精神障がい者による暴力の発生率を見ていきたい。

一般集団における暴力発生率の国際比較を2004-2005年に行われた第2回犯罪被害実態調査[3)]で確認する。過去5年間で家やその他の場所で、暴行や脅迫を受けたことがあるかを質問した調査だ。この結果によると、14か国のうち、高い方からイギリス17.3%、オランダ17%、ドイツ14%と続き、日本は1.1%と最も低い。つまり、日本は、世界有数の暴力の少ない国だとわかる。次に、家庭内の暴力だけを取り上げる。WHOの調査で配偶者やパートナーの女性への暴力を国際比較したものがある[4)]。これでも参加した国の中で、日本は身体的暴力をこれまでに受けた人が13%と最も少ない国だった。

私が調べた限り日本では、精神障がい者の暴力犯罪について医学的な判断が入った正確な大規模な疫学調査が存在しない。医学的な判断がない調査だが、犯罪白書の数字（表1-1）から計算した。傷害や暴行の犯罪をだけを取り出すと、平成25年に一般集団では0.037%、精神障がい者では0.015%と精神障がい者のほうが少ない。犯罪全体では一般集団では2.5%に対し、精神障がい者では0.1%。犯罪として扱われないことが多いことを考慮して、警察官通報[5)]の件数を足してみても、0.625%と一般集団よりも低い。精神障が

3） 法務総合研究所、2008
4） García-Moreno et al, 2005
5） 精神保健及び精神障害者福祉に関する法律（精神保健福祉法）の23条に規定されている通報。自傷他害の恐れがあると認められる精神障害者を発見したとき、警察官はもよりの保健所に通報する義務がある。

表 1-1　精神障害者等による一般刑法犯　平成 25 年検挙人員（罪名別）

区　分	総数	傷害・暴行
検挙人員総数（A）	262,486	46,271
精神障害者等（B）	3,701	838
精神障害者	2,068	487
精神障害の疑いのある者	1,633	351

出典：法務省、平成 26 年版犯罪白書、2014

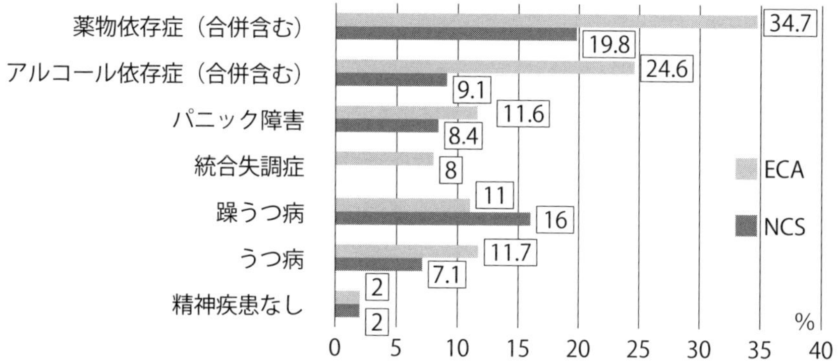

(NCS: National Comorbidity Survey)
(ECA: Epidemiological Catchment Area Survey)
出典：Patrick W. et al, 2005

図 1-1　過去 1 年に深刻な暴力があった人（警察沙汰や治療の必要な怪我）

い者が行う警察沙汰となるような犯罪や他人への暴力は一般集団よりも少ないと考えられる。

欧米では日本と異なる結果が出ている。米国の大規模疫学調査のデータがある（図 1-1）。これでは、過去 1 年間に深刻な暴力があった人の割合は、精神疾患のない人が 2% であるのに対し、精神障がいがある人では 10% 前後と高く、特に薬物やアルコール依存症を合併している場合はかなり高い。日本には大規模な疫学調査がないため、海外の知見をもとに日本の暴力が語られることが多いが、本当に日本と同じなのか、疑問が残る。精神障がいと暴力の関係については、これらの調査以外にも欧米では多くの研究が行われおり、多くの研究をあわせて結論を出せる段階になっている。多くの研究結果をあわせて計算し、精神障がいのない人が暴力をふるう確率を 1 とすると、統合

埼玉県家族会　統合失調症の方302名
（対人の身体暴力のみで、物への暴力は含まない）

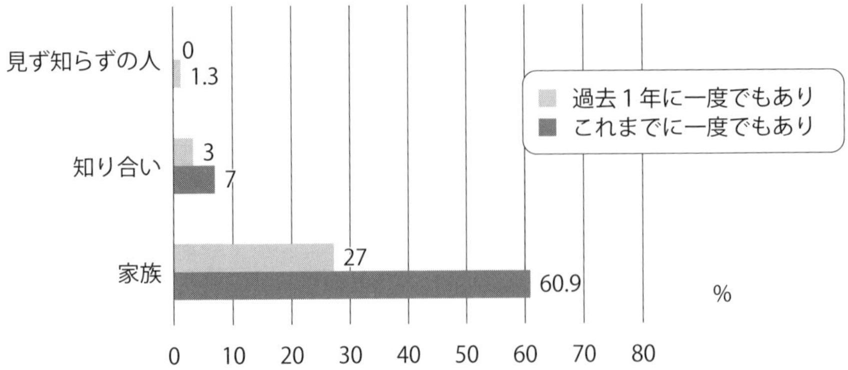

一部：kageyama et al., Asia-Pacific Journal of Public Health, 2015

図 1-2　暴力は誰に向くのか

失調症の人は２倍リスクがあるという研究報告がある[6]。アルコールや薬物依存症を合併すると９倍に跳ね上がる。しかし、これが日本にも当てはまるのかどうかはわからない。なぜなら日本が犯罪の非常に少ない、ある意味特殊な国であることに加えて、精神障がい者が置かれている背景に大きな違いがあるからだ。米国では、精神障がい者の半数が薬物やアルコールの依存症を合併すると言われているが、日本では2%とかなり低い。依存症の人たちはホームレスや貧困など多くの問題を併せ持つ。私がニューヨークの精神障がい者家族会で活動していたとき、家族のミーティングで「うちの子がホームレスになってしまって」と聞くことは珍しくなかった。日本の家族会でこのような話題が日常的に話されることはまずない。これほど背景に違いがある。

3. 家族への暴力「6割」を読む

埼玉県の家族会で行った調査では、統合失調症の本人が過去１年間、およ

6)　Fazel et al, 2009

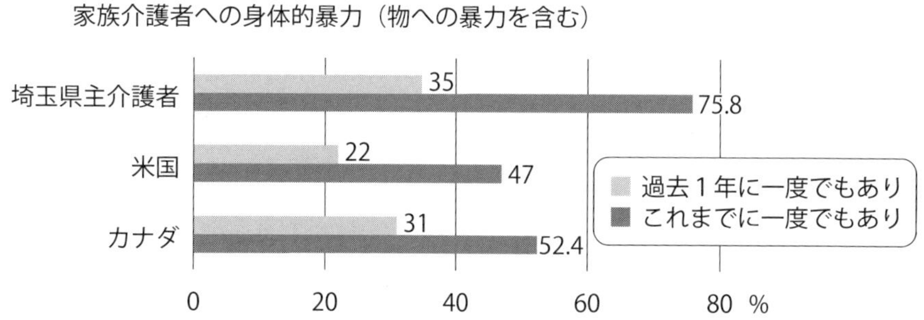

埼玉県：Kageyama et al., Archives of Psychiatric Nursing, 2016 より筆者作成（過去１年のデータ）
米国：Labrum et al., Journal of Interpersonal Violence, 2015 より筆者作成
カナダ：Chan et al., International Journal of Forensic Mental Health, 2010 より筆者作成。

図 1-3　家族へ向く暴力の他国との比較

び、調査時点までの間に、身体的暴力が誰に何回あったかを問うた（図 1-2）。概ね発病から約 20 年の間に、家族の誰かに暴力が向かった人は 60.9％と「6割」だった。家族以外の他人についても聞いた。他人の場合、自由記載で誰かを尋ねるようにしたので、自由記載から、他人が知り合いか、見ず知らずの人かを判断することができる。計算したところ、見ず知らずの人に暴力をふるった人はわずかに約 1％だった。家族が回答したため、正確な数字ではないが、85％近くが同居していることを考えれば、それほど大きく違わないだろう。日本では、障がい程度が比較的重い（2 級）方が多い。統合失調症の人による暴力は、そのほとんどが家族に向いており、見ず知らずの人に向かうことは稀だった。

精神障がい者の暴力というのは、家族に向きやすい。これは日本だけでなく、米国やカナダのデータでも明らかである（図 1-3）。調査時点から過去 1 年間の家族への暴力（物への暴力を含む身体的暴力）を見ると、埼玉県では 35％と高いが、カナダも 31％であり、それほどの差はない。しかし、発病から調査時点までの間となると、日本では 75.8％であり、米国の 47％やカナダの 52.4％と比べて、明らかに高い。つまり、家族への暴力が長期間に渡って続いていることを示唆する。この背景には、長期に渡って本人が自立できずに家族が同居して支えている、家族依存の施策など多くの問題が背景にあると考える。

第1節の要点

▷日本の暴力犯罪や暴力行為は他国に比べて著しく少ない。

▷精神障がい者の暴力犯罪や暴力行為は、一般集団よりも更に少ない。

▷精神障がい者から家族への暴力は6割で起きる。

▷精神障がい者の暴力は、見ず知らずの人には向かない、家族に向く。

▷日本では家族への暴力が長期に渡っている。

第2節 家族への暴力：位置づけと特徴

1. 暴力は世界に共通した健康課題

世界保健機関（World Health Organization: WHO）は、暴力全般を世界に共通した公衆衛生上の重要な課題と位置づけている。2002年に出した暴力に関する有名な報告書 World report on violence and health[7] では、暴力を予防可能な健康課題とし、暴力による影響や暴力のリスク要因を明らかにして介入や政策に反映することを促している。しかし、精神障がい者から家族への暴力については、その報告書で取り上げられていない。

精神障がい者から家族に向かう暴力は、世界的に見て研究が少なく、まだ十分に認知されていない。そのため対策が遅れている。児童虐待、配偶者など親密なパートナー間の暴力、高齢者虐待、障がい者虐待については、すでに日本でも各種法律が整備され、公的な窓口が設置されているが、精神障がい者から家族に向かう暴力についての施策は皆無に等しい。

2. 暴力の定義：暴力の意図および虐待との関係

WHOは先の報告書において、暴力を「物理的な力や権力を意図的に使っ

7） Krug et al, 2002

た脅迫や行使であり、それは自分自身、他人、集団やコミュニティに向かうもので、外傷、死、精神的危害、通常から逸脱した発達、はく奪という結末に至るか、あるいは、そこに至る可能性が高いものである」（筆者訳）と定義している。暴力行為の種類として、身体的、性的、心理的、はく奪あるいはネグレクトをあげている。この定義では、戦争なども含んでおり、広い概念になっている。

WHOの定義を精神障がい者の暴力に適用できるかどうかを考える際、気になるのは「意図的に使った」という部分をどう解釈するかということだ。なぜそれが問題かというと、精神障がいの場合は、暴力をふるうとどのような結末に至るかを理解して、暴力をふるっていることが少ないと考えられるからである。精神症状や認知機能障害によって「意図的」ではない暴力が多い。しかし、実際には、意図的かどうかは簡単に判断できるものではない。

日本の暴力や虐待に関する法律では、「意図的」「自覚」というものをどのように扱っているのだろうか。まず、障害者虐待防止法（障害者虐待の防止、障害者の養護者に対する支援等に関する法律）では、虐待者を養護者、施設従事者、使用者によるものと定義し、虐待行為の種類として身体的虐待、ネグレクト、心理的虐待、性的虐待、経済的虐待をあげている。ここには虐待者、被虐待者ともに「自覚」の有無を問わないとしている。児童虐待防止法（児童虐待の防止等に関する法律）では、身体的虐待、性的虐待、ネグレクト、心理的虐待が虐待行為として規定されている。高齢者虐待防止法（高齢者虐待の防止、高齢者の養護者に対する支援等に関する法律）では、高齢者虐待とは高齢者を現に養護する「養護者」および養介護施設従事者等による虐待であり、身体的虐待、ネグレクト、心理的虐待、性的虐待、経済的虐待を虐待行為としている。配偶者暴力防止法（配偶者からの暴力の防止及び被害者の保護等に関する法律）において「配偶者からの暴力」とは、「配偶者からの身体に対する暴力又はこれに準ずる心身に有害な影響を及ぼす言動」とされている。これらの法律では「意図的」か否かは問うていない。

次に、DV（Domestic Violence）と言われてきた配偶者や親密なパートナー間の暴力を参考にする。従来DVと言われてきた暴力は、近年、親密なパートナーからの暴力（Intimate Partner Violence：IPV）と言われている。精神障

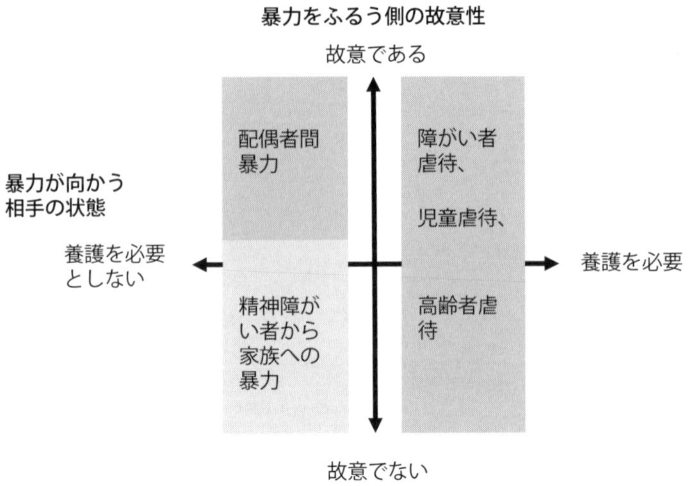

出典：筆者作成

図 1-4　精神障がい者から家族への暴力と他の暴力や虐待との関係性

がい者から家族への暴力を定義する際に、なぜ私がIPVを参考にするかというと、暴力を受ける側の状態が精神障がい者から家族への暴力と近いからだ。私は、精神障がい者から家族への暴力を語るときに、「暴力」という言葉を使い、「虐待」という言葉は使わない。そこにこだわりがある。障がい者虐待、児童虐待、高齢者虐待などの「虐待」という言葉は、被虐待者が保護、養護される存在であるから使われている。高齢者とは65歳以上の者を指す。家族会会員である精神障がい者の親の平均年齢は70歳であるから、概ね高齢者である。しかし、彼らの多くは介護を受ける状態ではない。養護される存在というよりも、子である障がい者を養護する存在である。実際に、精神障がい者の親はたとえ高齢者であっても、物理的に暴力から逃げることができる。ただ、自らの選択で逃げないのである。なぜなら障がい者である子を養護する側の役割を強く意識しているからである。親が逃げてしまうと、1人になった障がい者は健康的な生活が成り立たない可能性があるのだ。私は精神障がい者による家族への暴力を扱うとき、その親が虚弱になり、養護される側の存在になったときのみ「高齢者虐待」という言葉を使うが、そうでない大半の場合は「暴力」という言葉を使う。「暴力」という言葉にこだわるもう一つの理由がその力の行使が「意図的」であるかどうかという点にある。日本の法律上の定義にはないが、「虐待」という言葉には、むごい扱いをする、残虐な扱いをするという意味がある。そこに意図的な悪意さえある行為を想像させると私は思う。だから、私は、精神障がい者による家族への暴力は、「暴力」であり、「虐待」ではないと捉えている。

3. 暴力の定義：精神障がい者による家族への暴力

精神障がい者による暴力の定義は、まだ標準的なものがあるわけではない。米国の大規模調査マッカーサー暴力リスクアセスメント研究[8)]の定義が比較的よく使われる。「暴力」（Violence）と「その他の攻撃的行為」（Other aggressive acts）の２つのカテゴリーである。「暴力」とは、深刻な性質を持つもので、身体的傷害を負わせた殴打行為、性的暴行、武器を用いた攻撃的行為、武器を用いた脅迫などである。「その他の攻撃的行為」とは、殴打しても傷害には至らない程度の身体的暴力である。つまり、身体的暴力を重度か軽度かという程度によって二分している。ここで注目すべきは、精神的暴力は着目されていないことだ。その理由としてあげられていることは、記録が困難であるということと、「有用性」である。つまり、この研究も社会防衛を主な目的としているため、社会防衛的に有用な身体的暴力のみに注意を払っていると考えられる。意図的かどうかの基準はない。

IPVを参考にして暴力の経験を測定する場合もある。アメリカ疾病管理予防センター（Centers for Disease Control and Prevention：CDC）の報告書[9)]では、IPVの暴力行為に身体的暴力、性的暴力、ストーカーおよび心理的攻撃をあげている。身体的暴力は、「死、障がい、外傷、危害をもたらす可能性がある、物理的な力の意図的な行使」（筆者訳）と定義されている。精神的攻撃の定義は、「他人を精神的あるいは感情的に傷つける、もしくは、コントロールする意図をもった、言語的もしくは非言語的コミュニケーションの行使で

8） J. モナハン他、2011
9） Breiding et al, 2015

ある」(筆者訳)。精神的攻撃にジェスチャーや武器を使った脅しが含まれている。

「意図的」であることは暴力を定義するときの一つのポイントである。IPVになると「意図的」であることが定義に含まれている。しかし、精神障がいの場合は、精神症状や認知機能障害のために「意図的」に暴力がふるわれているとは限らないため、私は「意図的」であることを暴力の定義には入れない。

暴力の種類に関しては、身体的暴力や精神的暴力の他にも、性的暴力がないわけではないが研究で扱われているものは少ない。また、行動制限は精神的暴力に包含することができるだろう。「器物損壊」は身体的暴力に含まず、別に扱ったほうがよいのではないかという見解がある。物を壊すのは、相手の身体を傷つける意図がないし、傷つける可能性が低いからだろう。一方、物理的な力を行使したという点では身体的暴力に分類され、相手への影響という点では精神的暴力に分類されてもよいだろう。この部分は曖昧であるため、身体的暴力に器物損壊を含むかどうかは研究結果を示すときに確認する必要がある。

本研究では、これらの定義を参考にして、身体的暴力と精神的暴力を扱い、論文ごとに定義をした。しかし、焦点は身体的暴力である。精神的暴力が家族にとって影響が少ないとは思っていない。しかし、家族への暴力に関する研究は、蓄積が少ない段階であるため、まず身体的暴力を明らかにしていこうというのが私のスタンスである。

4. 家族への暴力の頻度

家族への暴力に関する研究は非常に限られている。そのため、今回の調査では、インタビュー結果をもとに独自で家族への暴力を把握する項目を作成した。その種別に「過去1年間」と発病後調査時点までの「生涯」という2つの期間を設定し、回数を選択肢から選んでもらった。家族会の調査だったため、会員の95%は患者の親で、子(患者)の疾患は90%が統合失調症だった。そのため、私たちの研究は、データの性質上、統合失調症患者による親への暴力に言及するものである。他の疾患や続柄での議論はあまりできない。過去1年間と生涯に統合失調症患者から親が受けた暴力について、その種類ごとに頻度を把握した（表1-2、表1-3）。物を投げる、壊すことを身体的暴力に含めると、約7割の親が生涯のうちに身体的暴力を受けていることになる。また、発病後平均して20年経ってもなお3分の1の親が過去1年間に身体的暴力を受けていることになる。精神的暴力の中では「病気になったのはあなたのせいだ」と言われた親が半数にのぼっている。子育ての仕方で発病するわけではないし、どの家庭だって完璧な子育てなどしていない。今の自分の状況に満足していない本人が、自分の描く人生の物語でどこかに原因を求めたとき、その原因は最も当たりやすい親へと向けられるのかもしれない。支援者にとって「親のせいで病気になったわけではない」ということは当たり前のことだが、それを支援者から直接障がい者に伝えることが必要だということをこのデータは示している。

5. 暴力が向く相手

精神障がい者からの暴力は見ず知らずの人にはほとんど向くことはなく、その多くは家族に向く。その家族の中でも対象になりやすい人がいる。統合失調症発病から調査時点までの間に暴力が向いた相手は、割合の多い順から、母親51.0%、父親47.0%、妹30.7%、配偶者23.8%、弟19.5%、姉18.2%、兄17.1%、子0%だった[10)]。約半数の親に身体的暴力は向いている。きょうだいの中では妹に向きやすく、約3割が経験していた。上のきょうだいは早くに家を出ることもある。下のきょうだいは、本人からの影響を受けやすい。一軒家の場合、きょうだいは大抵2階で隣の部屋になる。隣からの音が刺激になって幻聴や被害妄想に発展することもあるだろう。親は、特に下のきょうだいを守るためにも暴力を防ぐ必要がある。

性差については、本人が男性であっても女性であっても、家族誰かに暴力をふるう割合に大きな差はなかった。これは、一般的な暴力犯罪の常識と圧

10） Kageyama et al, 2015

表 1-2　統合失調症患者から親が受ける暴力（過去 1 年間）　（対象者：379 人）

		全くない	1-4 回	5 回以上
暴力の種類		n（%）	n（%）	n（%）
1	大声をあげる、怒鳴る	184（48.6）	121（31.9）	74（19.5）
2	「病気になったのはあなたのせいだ」と言う	275（72.6）	71（18.7）	33（8.7）
3	けなす・見下す・侮辱する	239（63.1）	91（24.0）	49（12.9）
4	「殺す」と言う	337（88.9）	34（9.0）	8（2.1）
5	殴るそぶりや蹴るそぶりをする	293（77.3）	56（14.8）	30（7.9）
6	包丁や鋭利な刃物を向ける	363（95.8）	13（3.4）	3（0.8）
精神的暴力（1-6）		220（58.1）（1 回以上）		
7	物を投げる、壊す	267（70.4）	86（22.7）	26（6.9）
8	押す	319（84.2）	43（11.3）	17（4.5）
9	叩く、蹴る	306（80.7）	55（14.5）	18（4.8）
10	首を絞める	373（98.4）	3（0.8）	3（0.8）
11	物をあなたに向かって投げる	328（86.5）	42（11.1）	9（2.4）
12	物を使って殴る	359（94.7）	13（3.4）	7（0.9）
13	包丁など鋭利な刃物で身体を傷つける	376（99.2）	1（0.3）	2（0.5）
14	暴力による外傷で医療機関を受診する	371（97.9）	8（2.1）	0（0.0）
身体的暴力（7-14）		132（34.8）（1 回以上）		

出典：Kageyama et al., 2016a

表 1-3　統合失調症患者から親が受ける暴力（生涯）　（対象者：379 人）

		全くない	1-4 回	5-99 回	100 回以上
暴力の種類		n（%）	n（%）	n（%）	n（%）
1	大声をあげる、怒鳴る	73（19.3）	124（32.7）	154（40.6）	28（7.4）
2	「病気になったのはあなたのせいだ」と言う	195（51.5）	91（24.0）	77（20.3）	16（4.2）
3	けなす・見下す・侮辱する	173（45.7）	93（24.5）	87（23.0）	26（6.9）
4	「殺す」と言う	284（74.9）	70（18.5）	21（5.5）	4（1.1）
5	殴るそぶりや蹴るそぶりをする	202（53.3）	92（24.3）	73（19.3）	12（3.0）
6	包丁や鋭利な刃物を向ける	325（85.8）	43（11.4）	11（2.9）	0（0）
精神的暴力（1-6）		323（85.2）（1 回以上）			
7	物を投げる、壊す	131（34.6）	124（32.7）	108（28.5）	16（4.2）
8	押す	240（63.3）	80（21.1）	52（13.7）	7（1.9）
9	叩く、蹴る	234（61.7）	76（20.1）	58（15.3）	11（2.9）
10	首を絞める	361（95.3）	12（3.2）	6（1.6）	0（0.0）
11	物をあなたに向かって投げる	264（69.7）	61（16.1）	49（12.9）	5（1.3）
12	物を使って殴る	331（87.3）	26（6.9）	21（5.5）	1（0.3）
13	包丁など鋭利な刃物で身体を傷つける	371（97.9）	6（1.6）	2（0.5）	0（0）
14	暴力による外傷で医療機関を受診する	342（90.0）	36（9.5）	1（0.3）	0（0）
身体的暴力（7-14）		275（72.6）（1 回以上）			

出典：筆者作成

倒的に違う点である。私たちの調査では、本人が男性の場合、女性の場合よりも父親や兄に暴力が向きやすかった。考えられる理由の一つには、父親と息子は関係性が難しいということがある。インタビューでも息子は父親とは互いに意識していて厳しい対応になるため、関係性が悪いという家庭があった。一方で、「日常的な対応は母親の役目で、暴力への対処は父親の役目」と役割分担をしている家庭もあった。20代、30代で力のある息子から母親が暴力を受ければ、骨折等被害は大きくなる。そのため、身体的暴力を阻止するために、父親や兄があえて母親との間に入り、暴力に対処しているという理由も考えられるだろう。

インタビューを通して知る限りでは、家族誰にでも暴力をふるう人もいるが、誰か特定の人に暴力をふるうという人のほうが多かった。それは、恨みや妬みを向けている相手であったり、相手が毅然とした態度をとっているか否かという力関係が影響しているようだった。

6. 家族への暴力の特徴

多くの家族は暴力について支援者に相談しても、何の解決策も得られていなかった。「逃げて」「警察を呼んでください」程度の助言が与えられるだけだ。家族は、何もわからないまま、何度も繰り返し体験するうちに、暴力に特徴があることを体験的に摑んでいた（これは家族からの捉え方でしかないことをお断りしておく）。主な特徴は、①病状とともに起きる、②別人になる・突然くる、③激しい、④治まると平静に戻る、だった。voiceはインタビューの内容を抜粋したものである。

①病状とともに起きる

親へのインタビューを通して、未治療のとき、服薬中断をしているとき、薬を調整しているときなど本人の状態に適した投薬がなされていないときに暴力が発生することがよく見られた。幻聴、妄想、奇怪な行動などの病状が出現していることも多かった。このような状況で発生する暴力について親は、病状悪化に伴う暴力だと認識していた。

しかし、服薬を遵守しても暴力がなくならない人は、少なくなかった。その場合、家族が暴力の原因を理解することは難しかった。

②別人になる・突然くる

ある親は、暴力が起きた経緯について、昼間に「ほんの今し方まで楽しく話していたら、次の瞬間顔つきが変わって殴りかかってきた」と話した。昼夜逆転している場合、夜間に起き、2階からドタドタと降りてきて、突然寝室のドアを開け暴力をふるわれたと話す人もいた。暴言や暴力をふるうときの本人は、普段とは異なっており、「ひ弱な娘がまるで別人」「まるでやくざ」と親は表現していた。

voice ［事例］ある父親の言葉

何べんも朝だいたい4時、私と家内の部屋に入ってきまして、まあぶったたかれるっていうか蹴るわ、なにやらってやられました。それでも寝てるときは布団でカバーしてたんですね。

③激しい

暴力には加減がなく、ある親が「廊下で追い詰められ後頭部をぼこぼこにされた」「鬼の形相で殴る蹴る、20回、30回くらいやられて血だらけになった」と語ったように、執拗だった。その加減のなさについて、ある親は「弟は死んでしまうんじゃないかと思うくらいガンガンお腹を蹴られた」と表現した。

親は繰り返し暴力を受け、時に「蹴られて肋骨を2～3本折った」というように、何人かは骨折をするほどの大怪我を負っていた。一歩間違えれば、命を奪うかもしれない凶器を持ち出すこともあった。

voice 母親がひどく殴られたときに私は帰ってきたんですよ。叱ったんですよ。それは当然ね。そしたらですね、本人が包丁持ち出したわけですよ。

④治まると平静に戻る

激しい暴力をふるった後の本人の様子について、ある親が「治まるとケロッとする」と語ったように、暴力をふるったときの本人から一変すると多くの親は認識していた。暴力をふるった本人は、しばらく経ってから自らの暴力をふり返り、「自分が自分じゃなかった」「ごめんね」と謝った人もいた。

voice もうやらないって何度も約束するけど、同じことの繰り返しだった。

暴力をふるったことをよく覚えていない人もいた。

voice 主治医が暴力の後、本人と丁寧にふり返ってくれるのですが、本人は暴力をふるったときのことを８割方覚えてないと言われた。

優しい子が突然別人になり、加減がなく激しくふるうというように、親は暴力の特徴を捉えていた。昼間でも突然別人になる。夜間はいきなり寝室に入ってきて暴力をふるう。そのため、親は危険を予知して、暴力を防ぐための対処をとることが難しかった。また、本人の記憶が曖昧で覚えていない場合もあり、意図的ではないために本人に言い聞かせることが意味をなさない場合があった。

ストレスを抑えることができずに、衝動的に暴力が出てしまった場合でも、しばらくすると治まり、元の穏やかな子に戻る。その姿は、親を安堵させ、暴力への危機感が高まりにくかった。そのため、暴力を解決させようという親の決意が遅れ、暴力が 10 年 20 年も遷延化する要因の一つになっていた。

第２節の要点

▷精神障がい者の暴力を定義する際に、「意図的」であることを筆者は含めない。意図的でない暴力が多い。

▷精神障がい者の家族への暴力には、悪意がないことが多いため、「虐待」という言葉を筆者は使わない。

▷精神障がい者の暴力は社会防衛的観点から身体的暴力に焦点が当たりやすい。

▷器物損壊を身体的暴力に含むか、精神的暴力に含むかは一致した見解がない。

▷日本では家族への暴力が長期に渡り続いている。
▷病気になったことを親のせいだと親に言う障がい者が半数いる。支援者から直接本人にそうではないことを伝える必要がある。
▷家族への暴力は、親に半数、きょうだいの中では妹に向きやすい。
▷親は暴力の特徴を、①病状とともに起きる、②別人になる・突然くる、③激しい、④治まると平静に戻る、と捉えていた。

第３節　暴力を受けた家族のこころ

この節では、家族が家族から暴力を受けるという経験をした際、暴力を受けた家族にどのような影響があるか、について考えていく。この本は、精神障がい者から家族が受ける暴力をテーマとしている。家族は愛する人が精神障がいとなること、そして、愛する家族から暴力を受けることという２つの経験をする。暴力が与える影響を考える前に、愛する人が精神障がいになることの家族への影響を考えなくてはならない。

1．家族が精神障がいになることの家族への影響

精神障がいを持つ人の家族の疲弊や負担については様々な報告がある。蔭山は国内外の文献から、家族が精神障がい者をケアする経験の中でどのようなプロセスを歩むのかをまとめている[11)]。

病気の初期には、家族の様子がこれまでと違うと気づいても、すぐにそれが病気によるものだと認識するのは難しい。いったい何が起きているのか、どうしたらよいのかわからないという混乱の中で、何とか対処しようと試みながら疲弊する。やがて病気の可能性を考え、医療機関や相談機関を訪れるが、時には、そうした混乱の中で警察介入に至るようなこともある。この治

11）蔭山、2012

療開始前の時期に暴力が生じる例は、我々の研究でも少なくなかった。

精神疾患であるという診断のもとで医学的な治療が始まることは、家族にとって良い変化が生じてくることへの希望にもなるだろう。一方で、子どもが精神疾患に罹患した親が、その衝撃から心的外傷後ストレス障害を引き起こす可能性があることも指摘されている[12)]ように、家族が精神疾患を患うこと自体が、大きな衝撃となる。また、専門家とのコミュニケーションは必ずしも満足いくものではないことも実態であり、家族には怒りや無力感、自責の念など様々な感情が生じる。愛する家族が精神疾患であるという事実に直面することの衝撃や落胆も大きい。それまでの家族像を失う、喪失体験でもあるだろう。精神障がいに対する社会的な偏見、そして患者自身（本人）やその家族の持つ内なる偏見が、より孤立した状況を強めてしまうことも少なくない。このような状況の中で、多くの家族が本人と同居し、疲弊しながらも療養生活を支え続けている、というのが日本の現状である。

2. 家族から家族への暴力の影響

配偶者間の暴力などに見るように、暴力の問題は精神疾患で特異的に起こるものではない。大けがを負うような過酷な身体的暴力だけでなく、罵声や暴言にさらされることや、機嫌を損ねないように顔色を窺い続けなくてはならない支配的な関係など精神的暴力も、その被害を受ける人にとっては同様に大きな負荷になる[13)]。

いつ暴力が生じるかわからない状況の中では、人は常に緊張して身構えた状態で過ごさざるをえない。近年では脳科学の研究が進み、恐怖を伴う経験は記憶として残り、何かのきっかけでその記憶を想起したり、小さな危険の兆候を感じた際にも敏感に反応できるように脳内の機能にも変化が生じることが示されてきている[14)15)]。暴力が繰り返されている場合はもちろん、たと

12） Kawakami et al, 2014
13） 加茂他、2004
14） 遊佐、2015
15） 喜田、2015

え一度きりであっても強い恐怖を伴う暴力の体験は、それを受けた人に継続的な緊張や不安を生じさせる可能性は否定できない。

先ほど、子どもが精神疾患に罹患することの衝撃が親に心的外傷後ストレス障害を引き起こす可能性について触れた。暴力被害もまた心的外傷の一つとなり得る。そして、心的外傷、つまり非常に強い衝撃を伴うような出来事に対する精神的な影響は、うつや不安という形で現れることもある。

暴力の存在は、その被害を受ける人から「自分で問題に対処する力」をも奪ってしまう。配偶者からの暴力の被害者の中には、精神的な余裕のなさや決心のつかなさから、活用できる制度を利用しなかった人が数多くいることが明らかになっている[16]。このような「余裕のなさ」「決心のつかなさ」は暴力を受けたことによって生じる反応の一つであり支援を求めるために一歩踏み出すことを難しくさせてしまう。また、抑うつ的な感情とともに「私がうまく対処できないからいけないのだ」あるいは「助けを求めてもどうせ無駄だ」というような悲観的・自責的な思考に陥ることもある。こうした思考が強いときには、なかなか支援を求める行動をとることが難しい。

さらに、支援を求めようと行動した場合にも、自分の経験を順序立てて話すこと自体が難しいこともある。長期に暴力の危険にさらされている人には、話のまとまりの悪さ、身体症状の訴えの多さ、過剰なまでの自信のなさなどが見られることが少なくない[17]。こうした側面は、表面的には何に困っているのか把握しづらく、ただ漫然と困りごとを訴えているだけに見えるかもしれない。

家族が見せる混乱した様子、疲弊した様子の背景には、そうなることが当然とも言える困難な状況がある。様々な話をしてよいと感じられる落ち着いた場で、家族の話に耳を傾けることが家族の抱える暴力というより大きな困難を聞き取る可能性につながるかもしれない。

16）内閣府ウェブサイトより
17）加茂他、2004

3. 医療観察法の処遇と家族

医療観察法（「心身喪失等の状態で重大な他害行為を行った者の医療及び観察等に関する法律」）は、精神の障害のために心神喪失や心身耗弱の状態で重大な他害行為を行い、不起訴処分あるいは無罪等が確定した人のその後の処遇について定め、社会復帰を促進することを目的とした法律である。

この医療観察法制度に基づいて、医療を受けるために入院をする（入院処遇）、入院せず通院での医療を受ける（通院処遇）、本法による医療を行わない（不処遇）等が決定されるが、通院処遇が選択される患者の多くが、家族との同居（あるいはそれに類似した環境）を条件に処遇を開始されていた[18)]。つまり家族には、本人が治療を安定して受けるためのサポート源として機能することを期待されている。通院処遇となってその後も家族と同居している人の約半数で、家族が被害を受けていた[19)]。家族は、重大な他害行為の直接の被害者であっても支援者としての役割を求められる一方で、被害を受けた家族自身に対するケアはほとんど行われていない[20)]。

医療観察法の対象になるような重大な他害行為と、日常的に家族内で生じる暴力とは、全く性質の異なるものだ、と感じる人もいるかもしれない。しかし、重要なのは、事件化するような傷害行為、他害行為の被害を受けたのが家族だとしても、多くの場合には家族がその暴力をふるった家族とともに暮らし、療養や生活の支援を継続せざるをえない実情がある、という点である。

4. 家族と本人それぞれの回復のために

蔭山[21)]は、精神障がい者をケアする家族の経験をまとめた研究報告の中で、家族がやがて経験を通して学習と実践を重ねて効果的な対処方法を習得していくこと、そして本人との新しい関係の構築や自分自身の成長を含めて、現

18） 安藤他、2015
19） 安藤、2013、2015
20） 安藤他、2015
21） 蔭山、2012

実的な希望を見出すようになることを指摘している。大切な家族の精神疾患への罹患、そして家族に向けられた暴力による疲弊と混乱から家族自身が立ち上がり、本人と新しい関係を形作っていくためにも、この問題に向き合い対処することが、家族と本人に関わる支援者の重要な役割である。

第３節の要点

▷多くの家族は、混乱、無力感、喪失感など様々な負の感情を抱く。疲弊しながらも本人と同居して療養生活を支えているのが日本の現状である。

▷繰り返し危険な体験をすると、小さな危険の兆候にも敏感に反応するように脳内の機能に変化が生じる。暴力は心的外傷にもなりうる。うつや不安症状が現れることもある。

▷悲観的・自責的な考えから、支援を求める余裕がなくなったり、決心がつかなくなることもある。

▷支援者が相談を受ける際、相談者の家族が何に困っているのか把握しづらく、ただ漫然と困りごとを訴えているだけに見えることがある。

▷家族が見せる混乱した様子、疲弊した様子の背景には、そうなることが当然ともいえる困難な状況がある。様々な話をしてよいと感じられる落ち着いた場で、家族の話に耳を傾けることが必要である。

▷家族はたとえ深刻な暴力を受けても、多くの場合、その暴力をふるった本人とともに暮らし、療養や生活の支援を継続せざるをえない実情がある。

▷家族が本人と新しい関係を形作っていくためにも、暴力の問題に向き合い対処することが、家族と本人に関わる支援者の重要な役割である。

第４節　暴力の結末「死」

家族への暴力が引き起こす最悪の結末は、本人や家族の死である。

1. 死を考えるほど追いつめられる

暴力は、ふるう側が意図していなくても、受けた側に精神的に大きなダメージを与える。私たちの調査では、過去1年間に言葉による暴力もしくは身体的暴力を受けた親は、いずれの暴力も受けたことのない親にくらべて、精神的に不健康だった[22)]。

暴力を受け続ければ、地獄のような生活を終わらせたいという気持ちになることもある。高齢な親であれば、「自分が死んだらこの子はどうなるのか」「他人様に迷惑をかけたらどうしよう」などと追い詰められてしまう。出口のない長いトンネルを歩き続け、疲れたときに「死」が頭をよぎる。今回の調査では、身体的暴力を受けたことのある親で「本人に死んでほしいと思った」「本人と一緒に死にたいと思った」と一度でも思ったことのある人は約3割にのぼった。家族が暴力を受けていることを知ったとき、特にそれが長く続いていれば、「死」を選択する可能性がある。家族への暴力がもたらす最悪の結末は、障がい者本人あるいは家族の「死」、両者の心中である。日本ではそのような事件が後を絶たない。

2. 家族内の暴力が「死」につながるとき

インタビューでは暴力が遷延化して何年も続き、多くの親は我慢に我慢を重ねていた。ある親はふと「事件」が頭をよぎるようになったと語った。

voice 私自身が、娘と包丁を取り合ったりするときに、階段とかそういう所に倒れ込んで転んでけがをすることも有りえますよね。よくドラマだと転んで死んじゃうとか、そういうのありますよね。あのお母さんは子どもを殺しましたとか、なんかそんなふうにニュースみたいなのがパッと浮かんだりするんですよね。

---

22) Kageyama et al, 2016a

そして何人もの親が「家族の誰かが死んで事件が起きてもおかしくない」というところまで耐えてやっと離れて暮らすなど行動を起こしていた。

しかし、残念ながら本当に事故が起き、事件になってしまうことがある。愛媛県で起きた実例を紹介する。

2013年10月3日母親が仕事から帰宅すると、血に染まった包丁を持った兄が立っていた。「ごめん、ごめん、ごめん」と泣き続ける兄。倒れていたのは、精神障がいの弟（本人）だった。そのとき、兄は、たまたま実家で処分しようと切れ味の悪くなった包丁を持ち帰って帰省していた。兄は、本人に対して、両親の苦労をわかってほしいと話していたところ、本人が豹変。恐怖に襲われた兄は、とっさに鞄から包丁を取り出し、ふり払おうとした。包丁を取られそうになり、無我夢中で抵抗していたら、本人が倒れ込んだ。兄はどのように刺したのか覚えていないと言う。刺し傷が10か所以上見つかった。兄に懲役9年の判決が下された。

voice ［事例］本当に事故（事件）が起きてしまった（岡田千鶴：母）

被害者である次男（本人）は、高校３年時からうつ病を発症しました。中学３年の頃からだんだん友人、家族との交流を避けて暗くなり、高校時代は更にひどく、反抗的でした。その後、療養し、また、仕事に就いている中、突然、妄想・幻覚等の症状が出て、統合失調症と診断されました。半年ほど入院し、退院後しばらくすると暴言暴力がひどくなりました。通りすがりに頭を叩く、蹴る等の軽いものから、どこから出るのかと思うほどの力で髪を引っ張る、腕をつかむ、こぶしで身体を殴る蹴る、土下座を強要し足で踏むなどの暴力が１時間あまりも続くこともありました。そのときの声も普段では考えられない大きなドスのきいた声で、目つき表情はきつく、冷たく心臓を刃物で突き刺されるような、身も凍るほどの恐怖を覚えます。そのようなことが何度も続くと、少し機嫌が悪いだけでも、いつどうなるのかと常にびくびくして気の休まるときのない毎日でした。

もちろんそんなときばかりではなく、穏やかに話をしたり、笑顔のときもあり、体調が良く生活サイクルも順調で安定していると、この調子を穏やかに保ち、少しずつ社会生活をしていけるのではないか、そうなってほしいと祈るような気持ちでいました。しかし、そのような生活が少し続くと突然昼夜逆転し、夜中に音を出して近所迷惑にならないか、服薬しただろうか等、祈るような気持ちで眠れない毎日が続きました。また、音に非常に敏感で、小声での会話やテレビの音声を小さくしていても、突然「うるさい！」と怒鳴ったり、家中の電気を消したりします。また、夜中急に外に締め出されたり、ひどい暴力で怪我をして、病院受診することもありました。でも、私たちは、警察に通報はしませんでした。できませんでした。そんなことをしたら、後でどのような興奮が起こり、一層ひどい状態になるか想像できます。また、息子を犯罪人にしたくはないです。

担当医には、折々相談しましたが、これと言った方策も示されず、ただただ親が耐える毎日。これからのことを思うと、四面楚歌で、何をどうしてよいのかわからず暗闇でした。安易に他者に相談できない深く複雑な問題です。祖父母にも多少の内容は伝えましたが、心配をかけるだけですし、批判的な評価もあり、病気に対する理解は困難に思われました。そういうことに神経を使える余裕はありませんでした。

今回、加害者となってしまった長男（兄）には、うつ病であると伝えていましたが、ひどい暴力などの症状や、それに対する処し方など全く伝えていませんでした。長男は離れて生活しており、仕事で苦労している中で、家庭内のことで必要以上に負担をかけたくないという気持ちでしたが、本人は家族として心配し、弟に立ち直ってほしい、元の家族に戻りたい、自分が話せば弟もわかってくれるかもしれないという切実な思いで、兄弟２人だけで話すうち、突然、弟が豹変し、まるで別人の獣のような形相、異様な雰囲気に覆われ、家族だからこそ逃げるに逃げられず、あまりの恐怖にパニックになったことは、私たちには容易に想像できます。弟にしても病気の発作でそのようなことになり、私たち親の力のなさゆえに２人の息子にこのような取り返しのつかない運命を負わせてしまったことを詫びる術もありません。今となっては、家族会や様々な方面へ相談すればよかったのか、とも思いますが、渦中にいるときには、心身共にそこまでのゆとりが全くありませんでした。このような複雑で、深い困難な病気に対し、家族の愛情、努力はもちろん必要ですが、医療や福祉の発展、連携、理解が一層深まることを願ってやみません。

岡田さんは、ある新聞記者の紹介で私に連絡をくれた。私が家族への暴力というテーマを研究した結果報告の記事[23)]や、支援の仕方について冊子を全国の保健所等に配布したことに関する記事[24)]を書いてくれた記者だ。岡田さんは、自分たちのような家庭があることを私に知ってほしいと、事件の掲載された地元新聞の記事を送ってくださった。きょうだい間で起きた「死」という悲劇は、私に衝撃を与えた。

日常的に暴力が起きる状態では、家族の誰かが死んでしまうことが実際にあるという現実。その現実を突きつけられたように感じた。追い詰められて意図的に死を選ぶこともあれば、この事例のように、運悪く死に至ってしまう場合もある。きょうだい想いの兄が良かれと思って本人と話したことがまさかこのような悲劇になると誰が想像できるだろうか。兄の気持ち、そして、兄のことを想う両親の気持ちを考えると、胸が締めつけられる。

母親も、他の親と同様に「息子を犯罪人にしたくない」と警察に通報できなかった。暴力は誰にも言いたくないタブーな話題であり、人に相談できない親は多いだろう。400万人近い精神障がい者（平成26年患者調査）がいても、家族会につながっている家庭は1万5000世帯である。家族会に入会してもあえて遠くの地域まで行くなど、知られることを恐れる家族も少なくない。精神障がいの偏見は、それほど根深く私たちの心に植えつけられている。

日常化する家族への暴力は、家族の死と隣り合わせの深刻な問題である。いつ事故が起きて、事件になってもおかしくない問題である。

第４節の要点

▷暴力を受けた人で死を考えたことのある人は約３割である。暴力が続けば死を選択する可能性がある。

23）塩入、2015
24）塩入、2016

▷暴力の最悪の結末は、障がい者の死や家族の死である。家庭内殺害や心中が後を絶たない。意図しなくても、事故のように死んでしまうことさえある。

第5節　暴力が与えるきょうだいへの影響

家族に向かう暴力は、きょうだいにも大きな影響を与える。

1．アンケートの自由記載から

親だけでなくきょうだいもまた家庭で起きる暴力によって傷ついていた。自分自身が暴力を受けて傷つくだけでなく、親が暴力を受けているのを見ることによっても傷ついていた。統合失調症の発病は、思春期の多感な時期に重なることが多い。勉学や友人関係など重要な時期に、きょうだいは壮絶な環境に身を置くことになる。それは自らが選んだ環境ではない。その逃げられない環境の中で、きょうだいは何を感じ、考えているのだろうか。アンケートの自由記載に書かれた内容を紹介する。

voice　［事例］暴力を受けた恐怖と記憶は消えない

私は当事者である姉とは３年程会っていません。距離を置くことにしています。私自身が落ち込む状況に身を置くと、姉がどうにもならない感情から暴力をふるう結果になっていたのだなと改めて感じています。将来、姉がどういった施設で過ごすことになるのだろう、過去の精神疾患患者への社会的事件（院内での患者への暴力等）、不当な処遇を思うと、きっとこの先、世を去る日まで、辛く苦しく、安心感や、楽しさを感じれることなどあるのだろうか……？という思いです。でも、やはり、姉から、幼い頃より受けてきた仕打ちを思うと、もう関わりたくないのが本心です。身勝手で非道だと思いはすれど、暴力を受けた恐怖と記憶は消えないのです。

このことは「家族なんだから」という綺麗事で片付けられません。絶対に他人にとやかく言われたくありません。家族で、嫌でも共に過ごしてきたからこそ、耐えられない思いがあるのです。本当に身勝手ですが、ボランティアに携わる人は他人事だからできるんでしょ！という謎の怒りすらあります。障がいを持つ人は沢山居ます（自覚の無い人を含み）。でも世間の理解は未だ不十分です。なぜでしょうか？　打ち明けられない恥であるという意識、風調が根強いからです。精神疾患など、誰の身にも起こりうる、恥ずべきことではないと世の意識が変わってほしいです。

voice　**［事例］私には自由はない、自分が変わらなくては**

暴力行為についていつも不安がある。母がいなくなった後、（本人と）2人で同じ家には絶対に住めない。しかし、当事者の支援をしなくてはならないのは自分であるため、常に頭に置いておかなくてはならない。当事者は放っておいてよいというが、支援しない自分に対して、嫌悪感を抱くため、結局逃げられない。あきらめに似た考え方をするようになった。私には自由はない。

一方で、母の生き方や考え方から愛情を知った。世の中には自分が思っている以上に精神疾患の人がいて、その人たちの話を聞けるようになった。今は自分の事で精一杯のため、当事者に気を配ることができない。母が疲れているのは当事者のせいだと感じることが多い。当事者を疎んでしまう。自分が成長し、普通のきょうだいのように接することができるよう願っている。社会に何かを望む以前に自分が変わらなくてはと思う。

2. 新聞報道をきっかけに出逢った彼女

きょうだいは、家庭内で起きる暴力によって心に深い傷を負う。しかし、その後、長い時間をかけて、負の体験を乗り越えていく人もいる。困難を乗り越えたきょうだいは、自らの人生観を変え、前向きで建設的な生き方をしていた。

2015年2月に朝日新聞で「6割で親やきょうだいに暴力がある」という

我々の研究報告に関する報道がされた。その報道の後、きょうだいの数人から連絡をもらった。中には、わざわざ地方から来て、「研究頑張ってください」と言うと間もなく帰ってしまった人もいた。連絡をくれた１人に若い女性がいた。彼女からもらったＥメールには以下のように書かれていた。

voice 先生の記事を拝見したことで、６割もの家族が暴力を受けていたこと、寂しさを感じていたのは私や家族だけではなかったことを知り、とても励まされました。調査を行ってくださり、また、その結果を発表してくださり、ありがとうございます。励まされたと同時に感じたことは、苦しんでいる他の家族の支えになりたいということです。自分と同じように苦しんでいる人が自分以外にもいるならば、その辛さを解きほぐし、より多くの人が、もっと笑顔で暮らせる社会を創りたいのです。ですが、恥ずかしながら長い間目を背けてきた問題であり、身近に似たような境遇の家族がいるわけでも、どこにそのような家族がいるのかわかるわけでもありません。どのようなことをどのように進めれば、すべての障がい者の家族、また、障がい者自身の力になれるのか、わからないのです。

困難を乗り越え、自分と同じような境遇の人の力になりたいと思う彼女の姿勢に、私は強く感銘を受けた。私はその彼女と会った。彼女は、容姿端麗かつ聡明で、外見からは困難を抱えているとは想像もつかない。きょうだいは、自分で選択したわけでもないのに、困難な環境で育つ。それは負の体験であることが多いだろう。しかし、その体験があるから見える世界、考えること、気づいたことがあり、それが生きる力となっていると思った。彼女の存在に将来への希望が見えた。私が彼女から力をもらった。私が体験談を書いてほしいと彼女に依頼すると、快く書いてくれた。

voice ［事例］自分は存在しないほうがよいのではないか

私が小学校低学年の頃、当時高校生だった姉は、気に入らないことがあると物を壊したり、人を傷つけたりしていました。私自身も暴力を受けたことがありますが、暴力は大抵、母に向けられていました。ろっ骨を骨折したり、首を絞められたりしているのを見ていました。辛かったです。苦しんでいる親を見て、自分は良い子で居続けて、少しでも親を喜ばせようとしました。でも、親が私をほめると姉は「一番下ばかり可愛がって」と怒り、「どうせ自分は邪魔者、自分なんか産まなければよかったのだ」とますます興奮し、暴力的になりました。こんな出来事は決して珍しくはありませんでした。その度に私は、「自分のせいで母が傷つけられている」と感じました。「自分の存在自体が親を不幸な目にあわせている」「自分は存在しないほうがよいのではないか」と思うこともありました。「姉が交通事故で死なないだろうか、そうすれば、残りの家族みんなで幸せに暮らせるのに」と考えたこともありますが、今はそう思っていません。家族が互いに受け入れ合って、自然と仲良くなって、「みんなで幸せになりたい」と願えるようになりました。

3. きょうだい支援

きょうだいの中でも、妹は特に暴力を受けやすい。それは学業や友人関係など様々なことで、当事者である姉や兄を抜いていくからだ。先の事例の彼女は、その家庭環境の中でもたくましく乗り越え、家族みんなの幸せを願うまでに成長した。しかし、きょうだいの中には、自分がこの家庭に生まれてきた運命を恨み、自暴自棄になる人もいる。

暴力を受けたり、見たりすれば、きょうだいも深く傷ついてしまう。それは一生に渡って、きょうだい関係に悪影響を及ぼすだろう。ゆえに、家庭内での暴力は、きょうだいのため、そして、当事者のために避ける必要がある。

きょうだいの学業への影響などを考え、親がきょうだいを実家から離して、別居させることがある。しかし、中学生や高校生であれば、1人で夜を過ごすといった生活によって、非常に心細い想いをさせてしまうだろう。また、経済的に余裕がない場合は、アパートなどを借りることができないため、きょうだいの逃げ場もない。早く暴力を解消するように適切な支援を受ける必要があるのはもちろんのこと、きょうだいがレスパイト的に避難できる場も必要だろう。きょうだい間に軋轢が生じないようにすることは、障がい者の長い人生を考えれば、重要な予防的支援になる。

きょうだいは、親よりも本人と長く人生を共にする。きょうだいは障がい者にとって重要な存在であるが、それは、介護者役割を期待しているからではないと思う。一般常識の範囲でのきょうだいの関係、つまり、困ったときに助け合ったり、家族ぐるみのつき合いができるといった関係である。そのようなきょうだい関係を維持することは、本人の生きる支えになり、人生に潤いを与えると思う。私（筆者）には、統合失調症で長期入院をしている従兄がいる。彼の両親は既に他界し、兄とは絶縁状態になっている。本人は「お兄ちゃんは一回もお見舞いに来てくれたことがない」と話していた。どうすれば絶縁状態にならなかったのかは、私にはわからない。ただ一つ言えることは、兄は相当苦労したということだ。そして新興宗教にのめり込んだ。思春期に発病しやすい疾患だからこそ、きょうだいへの支援は非常に大切である。支援者は、きょうだい支援を意識的に行う必要がある。

第５節の要点

▷家庭内暴力は、きょうだいにも傷を負わせる。きょうだいのためにも暴力は解決しなければならない。

▷きょうだいが暴力のある環境で生活すれば、その後のきょうだい間の関係性に悪影響を及ぼす可能性がある。きょうだいがレスパイト的に避難できる場が必要である。

▷きょうだいは、親よりも本人と長く人生を共にする。きょうだいは障がい者にとって重要である存在である。

▷支援者はきょうだい支援を意識的に行う必要がある。

第６節　暴力の果て、高齢者虐待

日本で精神障がい者が家族と同居する割合は約８割と高い。家族への暴力があっても一緒に暮らし続けることが多い。いずれ親は高齢者となり、次第に虚弱になり、介護が必要な状態になるだろう。近年、親が介護の必要な状態となり、障がいのある本人が親の介護者になる事例が増えている。

1. 精神障がい者が親を介護することの利点と欠点

親を介護する利点としては、本人が自分の役割を持つことで生きがいを感じられることや、親と一緒に暮らせることで安心感を持てることなどがある。

欠点としては、介護が負担となって精神症状が悪化する可能性、臨機応変な適切な介護を提供できない可能性、精神障がい者本人のリカバリーを目指した生き方を妨げる可能性などがある。精神障がいの場合、多くは、長期にわたって医療や服薬を必要とする。また、病状が不安定になりやすい。特に不眠など生活リズムを崩すことは再発のリスクとなる。そのため、夜間の介護は、精神障がい者に適さない。障がい特性として、新しい環境や人との関わりに適応することが苦手、臨機応変で柔軟な対応が苦手、一度に多くの情報を処理することが苦手などがある。そのため、介護そのものや介護にまつわる制度や人の出入りなどに対処しきれずに混乱をきたすことが考えられ、再発のリスクとなり得る。介護の方法についても身体状況等に合わせた臨機応変な対応は苦手であり、適切な対応ができない場合が発生すると予測できる。言われたことを忠実に捉え、行動することが多く、認知症の親の発言にふり回される可能性もある。

2. 高齢者虐待

長年、親子だけで肩を寄せ合って生きてきた家庭も少なくない。その場合は、「親子一体化」して、親子そろって１人のような関係になってしまっていることがある。「親子一体化」していれば、親が弱っていく姿を側で見る子は、強い不安に襲われるだろう。その不安がストレスとなって親への暴力に発展してしまう事例がある。更には、精神障がいのある子が要介護状態の親を殺害してしまう事件も起きている。

親が介護の必要な状態になって、ケアマネージャーが家庭訪問すると、そこに精神障がいを持ち長年ひきこもっている中年期の子がいた、ということは珍しくない。高齢者虐待が起きてしまえば、大抵の場合は、親子を引き離そうと支援するわけだが、親子一体化になっているので激しく抵抗される。「どうしたらよいでしょうか」と支援者は頭を抱えてしまうのだ。

可愛い子を高齢者虐待の加害者にしてはいけない。子のために、親は、子離れ親離れを心がけることが必要である。日本では、障がいのある子を家族で看るのが当たり前という文化があると思う。高齢者の介護保険制度が始まって、高齢者の分野では、介護の社会化が進んだ。しかし、障がい者の分野では介護の社会化は未だ進んでいない。家族で看るのが当たり前という社会通念に縛られることは、本人のリカバリーを遅らせてしまう。人間は、社会の中で他人との関わりの中で生きる。他人に必要とされ、認められ、自分の存在価値を見出す。家という限られた人間関係の中で生きることは、本人にとって幸せな人生なのだろうか。成人すれば、障がいがあっても親とは別に暮らすということが当たり前という考えに至ったほうが子のためである。親子の同居は、親にとっても子にとっても居心地がよいだろう。しかし、そこから抜け出し、独り立ちするように背中を押すのが親として、本当の愛情なのではないかと思う。言うは易し行うは難し。しかし、乗り越えられるようにする必要があると思う。

第６節の要点

▷日本において精神障がい者と家族が同居する割合は約８割と高い。家族への暴力があっても、家族は本人と一緒に暮らし続けることが多い。いずれ親が高齢化して介護が必要な状態になったとき、高齢者虐待に発展してしまうこともある。

▷精神障がい者が親を介護することには利点もあるが、病状悪化、ストレス増大などの欠点も多い。

▷親子一体化した状態では、介護する障がい者が親を虐待してしまうことがある。早期から親離れ子離れを心がけ、独り立ちさせることが重要である。

第７節　暴力の連鎖

家庭内で起きる暴力は、どちらかが一方的に受けるだけではない。今回の調査では、障がい者虐待は扱っていないが、実際には家族が障がい者を虐待してしまうこともある。また、障がいのある我が子の言動を制止するために親が暴力を使ってしまうことも起こりうる。

ある母親の体験を紹介しよう。娘想いの優しく、たくましく、明るい母親である。なぜこの母親が、と思わざるをえない。この病気と向き合うことは、思わず子に手をあげてしまうほど人を追い詰めてしまうのだろう。いつ誰がそのような心境になってもおかしくないのだと思わされた事例である。

voice　［事例］家の中に吹く嵐を鎮めたい一心で（岸澤マサ子）

娘は学力の面で苦労し専修学校へ

娘は中学校で、いじめにあっていたようですが、ユーモアと明るい性格で不登校にならずに過ごせました。しかし、学力不足のため高校ではなく、調理や被服等のある専修学校に進学。仲の良い友人ができてよく遊びました。卒業後は製造工場に就職しましたが、長続きしませんでした。

再就職して発病

その後、調理師の専門学校に通って調理師の免状を取り、パン工場に勤務して１年ほど経ったころでした。食品に木ベラの破片等の異物混入事件があり上司に責められ、そのことがきっかけかどうかはわからないのですが、明るいはずの娘が無口になり出社拒否が始まりました。

そんなある日、入浴中に「警察が２人取り調べに来た、助けて！」と浴室から飛び出して来ました。その時初めて、ただ事ではない事に気が付きました。本人から「精神病院に連れていって」と思いがけない言葉が出ました。統合失調症と診断されました。27歳でした。発病年齢が高かったのでセカンドオピニオンを受けましたが、間違いないと言われて、治療が始まりました。後からわかったことですが、会社の上司に精神病院に行くように言われていたそうです。
表情がなくなった娘を元気づけるためにドライブをしたり犬を飼ったり、穏やかな生活がしばらく続きました。

再発

しかし元気がなく寝てばかりいる娘が気になり、薬の副作用だと思い、素人判断で薬を飲まないほうがよいと思うようになりました。当然のように再発がやってきました。「○○さんの声がテレビの中から聞こえる。誰かが仕事をしろと言っている」と幻聴や被害妄想が強くなってきたことに衝撃を受け動揺しました。

親の対応の間違い

「そんな事あるわけないじゃない」と本人の発言を否定して「朝は早く起きなさい」「きちんと身支度しなさい」「それはだめ」「こうしなさい」と本人の辛さにはお構いなしで毎日命令しました。早く社会復帰してほしいと思ったからです。体が動かないわけですから本人は自室に逃げ込むしか防衛できないわけで更に悪化して２回入院しました。

「死にたい」とか「生まれなければよかった」「なんで私を産んだンだよ！」などと言い汚い言葉も使うようになりました。それでも私達は辛い思いをしている娘を理解しませんでした。「好きで病気になったンじゃない！」「あの時どうして助けに来てくれなかったの」「私なんかいない方がいいンでしょ」「死んでやる」とだんだんとエスカレートしましたが、「怠けていたら将来はホームレスだ！」ひどいときは「死にたかったら死ねば」などと本人を追い詰めました。

父母の意見の対立と暴力の始まり

講演会や家族会で学ぶうちに私の対応の仕方が間違っていたことに気が付きました。私が「かわいそうだ」と言えば夫は「優しいだけでなく厳しく注意しないと治らない」と反対しました。普段は冗談を言い合える仲のよい父と娘の会話がだんだんとケンカになってしまい、延々と続く２人の応酬に耐えられず、私は娘を黙らせようと娘の頬を打ってしまいました。娘の暴力の始まりは私が原因だと思います。娘は冷静になるといつも「さっきはごめんなさい」と謝りました。父親である夫に冷静な話し合いができず、一方的に娘を責めました。娘も暴力で返してくるようになり、掃除機を壊したり、投げたり、包丁を持ってタンカを切って立ち向かって来るようになり、少し間違えば、殺傷事件でニュースの現場になってしまうと思いました。

考え方の違いや思い違いから夫婦げんかも頻発するようになり、家庭も崩壊寸前の危機と隣り合わせだったように思います。私の愚痴を聞いてくれる友人はいましたが、３人から話を聞いて調整してくれる人はなく、娘の事になると家の中に嵐が吹き、解決策を見つけることができず、もがき続けました。

グループホームに入居

北海道の日赤浦河病院から、医師と一緒に当事者が５人も来て講演会がありました。精神病についての替え歌を唄い、幻聴に支配されて失敗した話などをして会場を笑わせていました。病気が治らなくても工夫をして生活している人たちを見て、目からうろこが落ちた思いでした。そのうちの１人が休憩時間に、客席でうつろな顔でぼんやりとしている娘を見つけ、そばに寄って来て「心配するな、元気出せよ」と声をかけてくれました。娘は発病してからは、友人関係が悪化して親友まで失っていて声をかけてくれる人は１人もいませんでしたから、その講演会は娘にとって回復のきっかけになりました。

講演会の追っかけをするようになり、「べてるの家」に行ってみたいと思うようになり、親しい関係になって行きました。娘の将来を考えて、受け入れられるかどうか確かめないで、「べてるの家」の近くに私と娘と２人で引っ越して行きました。施設長が「遠くからよく来たね」とねぎらってくれたとき、受け入れられた安心感で涙が出ました。

娘はデイケアや作業所に、私は、娘とかち合わないようにデイケアや作業所やグループホームや老人施設でボランティア活動をして一年余りを過ごしました。キャッチフレーズの「三度のめしよりミーティング」が大げさではなく、どこでも毎日色々な場面でミーティングが開かれているので、私もメンバーと一緒に参加しました。精神障がい者ではなくても自分の気分や体調や悩みを安心して話せる環境がある事がとても大事だと思いました。

入居できると思っていなかったのですが新しくグループホームが出来て娘が入居できました。私の元から離れてグループホームに入居した娘に対して生活や身だしなみに口出しをするので「リモートコントロールはしないように」と支援員に言われてハッとしました。自立の足を引いていたのはやっぱり母親の私だったのです。私は娘の住む町から夫がいる家に帰りました。

そこのグループホームは、「住居ミーティング」が定期的に開かれて自分たちのことは自分たちで決めることができ、それを支援者が支えてくれる所です。わがままや、症状が悪化して物を壊したりしたときには謝ったり本人の生活費から弁償したりして、親ではなく本人が責任を負います。当事者同士の関係を見守ってくれる支援体制に満足しています。娘の良いところは、友人、支援者など周りの人に自分の事を率直に伝え交流ができる点です。自由に話し合える雰囲気の中で、失敗を重ねながら共同生活をする環境があることに感謝しています。

今の幸せ

私自身は、講演会などでの学習が活かされず親として申し訳なかったという思いがありますが、離れて暮らしているからこそお互いを思いやることができるようになったのでこれで良かったと思っています。

娘は失敗続きのときには『もう笑うしかないのよね』と“弱さの中で強く生きている”姿に時々圧倒され逆に励まされています。

当たり前のことだが、家族が精神疾患を理解し、適切な対応を身に付けることは大変重要である。しかし、自分の身内が病気に罹るまでそのことを知っている人は、ほとんどいないだろう。岸澤さんが「本人の辛さにはお構いなしで毎日命令」したことは、仕方がなかったと思う。彼女は、娘から暴力をふるわれたことよりも、「なんで私を産んだんだ」と言われたことが一番つらかったと話した。そして、「どうしたら生まれてきてよかったと思ってもらえるのか、それればかり考えていた」と言った。私はこの話を聴いたとき、母親とはこれほどまでに子どもの幸せを考えているのかと胸を打たれた。そんな愛情溢れる彼女が娘を黙らせようと頬を打ったのだから、余程のことだったと推察する。彼女が家族会に入会した後、娘に何か変化が起きるかもしれないという期待から、色々な講演会に娘を連れていくようになった。そして、遂に変化をもたらすときがきた。「べてるの家」の方たちとの出会いから、事態は急展開。北海道まで行ってしまう行動力。金銭的にもかなりの負担があったという。藁をもつかむ思いだったのだろう。今、娘が明るくたくましく生きている姿は、岸澤さんにとって何よりの宝物であるに違いない。

第 7 節の要点

▷過酷な環境では、暴力が一方的に起きるだけでなく、暴力を制止するために、互いに暴力で対処することも起こりうる。

▷親と離れ、第三者の支援を受けて生活することで本人のリカバリーが促進される。

第2章
家族への暴力はなぜ起きるのか

第1節　暴力一般の発生要因

この節では精神障がい者による暴力に限定せず、暴力一般についてなぜ起きるのか、その発生要因を考える。

ピンカー著『暴力の人類史』[1]という本によると、現代は、人類が地上に出現して以来、最も平和な時代かもしれないと言う。あらゆる種類の暴力が減少傾向にあることは間違いないらしい。テロや殺人事件などを報道で毎日のように見ている私たちにとっては信じがたいことだ。しかし、紀元前からの長い歴史をふり返ると、統治機構を持つ社会になるだけで暴力的な死を遂げる人の数が５分の１に減ったそうだ。その他、他人への共感、セルフコントロール、道徳感覚、理性などによって暴力は減った。ピンカーは人間の本性にある主要な争いの原因について説明している。第一が競争、第二が「恐れ」で自分自身を守るための攻撃である。これらから、人間はもともと自分を守るためや、相手との競争のために暴力的になる本性があり、それが統治、共感、自制、道徳、理性などによって抑止されていると考えられるだろう。

次に、レイン著の『暴力の解剖学』[2]という本を紹介しよう。レインは、

---
1)　ピンカー、2015
2)　レイン、2015

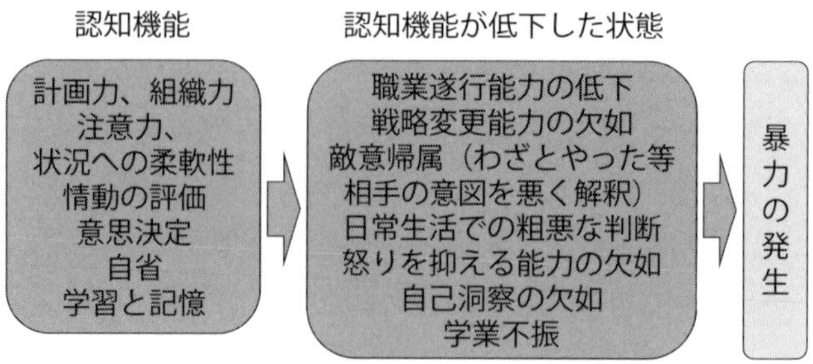

出典：レイン、2015より筆者作成

図 2-1　暴力の発生機序：認知プロセス

30年以上暴力の生物学的基盤を研究し、神経犯罪学を確立した研究者である。暴力については、未だに結論の出ていないことが多いが、彼曰く、「暴力の主犯は脳」だと言う。暴力に関係のある脳領域がいくつかあるが、その一つが認知機能に関連のある前頭前野という部分で、そこの機能が低下すると認知プロセスに影響を及ぼし、暴力が発生しやすい。統合失調症でも前頭前野の機能低下が認められ、認知機能障害が生じることは周知のとおりだ。図2-1のように計画力、組織力、注意力、状況への柔軟性、情動の評価などの認知機能が低下すると、わざとやったなどと相手の意図を誤解して解釈してしまったり、怒りが抑えられなくなったりして、暴力につながると言われている。統合失調症の認知機能障害が攻撃性に関係があるという研究報告もある[3)]。統合失調症でこのような認知機能障害が強くなると、周囲との人間関係もうまくいかなくなり、人と関わることに抵抗を感じ、その結果、社会との関係を閉ざして、ひきこもり状態になってしまうということも考えられる。そう考えると、家族への暴力が起きやすい、急性期やひきこもり状態というのは、脳の機能とも関係しているのではないかと推察される。私の研究や取り組みが新聞で報道されると、多くの暴力に悩む家族や、その友人、支

3)　Reinharth et al, 2014

援者から連絡をもらった。私は、「精神障がい者の家族への暴力」と明記しているわけだが、発達障がい、高次脳機能障がいといった精神障がい以外の方の家族や支援者からも連絡をもらった。是非私たちの研究成果物を参考にしたいと言うのだ。これらの科学的根拠や経験を通して、暴力は、脳機能に影響を及ぼす疾患で発生しやすい問題であり、「暴力の主犯は脳」だということを私は理解した。

「暴力の主犯は脳」だといっても、暴力の発生は単純ではなく、複雑である。レインは、暴力が生物学的要因と社会的要因の相互作用によって起きるという相互作用仮説を唱えている。遺伝子・脳の機能（生物学的要因）と環境（社会的要因）は、互いに影響を与えているという。生物学的要因に影響を与えるものには、薬物療法、魚に含まれるオメガ3、血糖値の変動が少ない食事、瞑想やマインドフルネスなどがあげられている。これらは脳の機能を活性化させ、脳神経に刺激を与えたり、脳を構造的に変化させたり、遺伝子の発現スイッチにも関与するかもしれないと言う。そのため、現在日本では暴力があると投薬量を増やすことが一般的に行われているが、薬以外の方法を積極的に模索すべきである。投薬しても暴力がなくならない場合は、すぐに他の方法を検討する必要がある。不適切な投薬がされれば、脳の機能が低下し、余計に暴力が発生する危険性さえあると考える。

社会的要因としては、児童虐待やその他のトラウマ体験などの高いストレスが暴力につながる。精神医療は患者を治すためにあるが、入院中の隔離拘束などが患者にとってトラウマになっている可能性は否めない。入院は、暴力の解決に向かわせるための治療であるはずだが、このようなストレスの高い入院では、暴力を生み出すことに加担している可能性さえある。

環境を変えることで結果的に脳にもよい影響を与えることができると考えられている。最近では、認知機能にアプローチする認知リハビリテーションもある。専門的なことをしなくても、人との会話は脳の前頭前野を活発に働かせるという報告[4]がある。暴力が起きているような、ひきこもり状態の家庭では、本人と親との会話もほとんどないだろうし、たとえ親と話しても頭

4)　イメージ情報科学研究所、2003

をフル回転させて会話するとは考えにくい。訪問看護師などの家族以外の支援者が話すことは、脳の機能という点からも見ても、よい影響を与えるのではないだろうか。病気そのもの、障がいそのものが回復していくために、暴力がなくなるという考え方もできるだろう。

第 1 節の要点

▷人間には、自分を守るために攻撃する本性がある。
▷人間は、理性などによって暴力が抑止されている。
▷「暴力の主犯は脳」だが、暴力は生物学的要因と社会的要因の相互作用で発生すると考えられている。
▷精神科入院中の隔離拘束などは、患者のトラウマとなり、暴力の発生に加担している可能性がある。
▷暴力をなくすためには投薬が効かなかった場合は、他の方法を模索してほしい。特に家族以外の人との会話を促すことは有効だと考えられる。

第 2 節　精神障がい者による暴力の特異性

1．精神障がい者の暴力は健康な人の暴力と同じか

精神障がい者による暴力を健康な人による暴力と同じように捉えている支援者は意外にも多い。精神障がい者から家族が受ける暴力の中にも、確かに健常者に共通する暴力一般の性質というものがある。それは、力によるコントロールである。精神障がい者でも健康な人でも一度暴力をふるって力で人をコントロールすることができる体験をすると、暴力にはまってしまう人がいる。そういう性質を持つのが暴力の怖い側面である。暴力を通して人との関係性をコントロールし、自分から離れられなくさせる。それは人との関係性の障害、アディクション（嗜癖）として暴力を捉える考え方である。確かに、精神障がい者の場合もコントロールの手段として暴力をふるう場面があ

る。しかし、著者らの調査では、コントロールの手段として暴力を使った場面でさえ、それが人を操作すると言えるほどのコントロールとは考えにくかった。例えば、暴力をふるうことが悪いことだと思っていなかったため、安易に相手を押さえつける手段として暴力を使ったことのある人がいた。しかし、「暴力＝してはいけないこと、悪いこと」と教えられることで暴力がなくなっていた。非常にシンプルに解決できる。こういう場合が多いので、人を巧みに操作するという意味での健常者のコントロールとは異なるように思う。暴力をふるっている状態では、認知機能障害が重いことが多いと考えられ、良くも悪くも人を操るだけの認知機能の高さがその時点であるのかという疑問がある（認知機能は固定化されるものではなく、一時的に低下しているという捉え方をしている）。そうは言っても、精神障がい者による暴力の中にも、コントロールの手段として使う場合があることは否定できない。そのため、健康な人による暴力とは全く違うと、完全に切り分けて考えることは無理だ。同じと捉えるのか、違うと捉えるのかは、議論の分かれるところだ。私は、共通している部分はあるが、基本的には違うという立場である。

2. 精神障がい者から暴力を受ける家族は共依存症者か

親が暴力を受け続けていることが話題になると、「共依存」だと言う言葉が支援者から出てくる。共依存症者（この場合は家族）とは、「いやいやながらも依存症者（この場合は本人）と離れない」「本来ならばコントロールできるはずのない他者をコントロールしようと必死になる」「自分が主人公となる自分自身の人生を生きるのではなく、他者の人生に入り込み、他者をコントロールする中で（世話する中で）自身の生きがいや生きる意義を見出す」人を言う[5)]。

精神障がい者から暴力を受ける親は、本当に共依存症者なのだろうか。確かに長年、子を心配し、子の不安に寄り添ううちに、親子一体化してしまうことがある。しかし、暴力を受け続けることによって、自分なしでは生きて

5）　松下、2011

いけないと本人に思わせ、離れられないようにしていると言えるか。そのためには、相手との巧みなやり取りがあるのが通常だと思うが、依存する相手の精神障がい者に認知機能障害がある場合、そのような巧みな駆け引きが成立しないと考えるのが普通だろう。「親子一体化」というのも「共依存」と言うよりは、単に「親離れ子離れができていない」状態と捉えた方がよいと私は思っている。親は子の自立を望んでいる。「親亡き後」が家族会の永遠のテーマであることがそれを証明している。しかし、「可愛い子には旅をさせよ」というような、思い切って子を手放し、支援者に託す勇気がない。心配で心配で仕方がないのだ。子よりも長く生きたいという、どう考えても実現不可能なことを言う人が少なくない。私はそのような話を聞き、姿を見ると、障がい者を世話する中で自身の生きがいや生きる意味を見出す「共依存」だとはどうしても捉えることはできない。支援者が「暴力＝共依存」と決めつけ、レッテル貼りをすることのほうが問題だと思う。私は、何でも人に病名のようにレッテルを貼り、先入観を持って家族を見る支援者のほうに問題を感じる。

3. 精神障がい者による暴力の特徴

精神障がい者による暴力が通常の暴力と異なることを示す主な特徴として、①発生率の性差がない、②意図的でない、③病状に関連して起きる、という3点を説明する。

①発生率の性差がない

精神障がい者の暴力が通常の暴力と違うことを最も示しているのが性差だ。暴力犯罪は、男性の方が女性よりも圧倒的に多いということは犯罪学における基本的な考え方である。図2-2のように一般集団の場合、一般刑法犯は男性よりも女性が少ない。しかし、精神障がいの場合、米国、埼玉県ともに明確な性差はなく、女性も男性と同じように暴力が出る。女性は体力的差異のためか、軽度の暴力が多いとされる。また、家の外よりも家の中での暴力が多いという報告がある。性差がないことの理由として考えられることは、もともと人は暴力的であり、健康なときは規範やルールで暴力はふるってはい

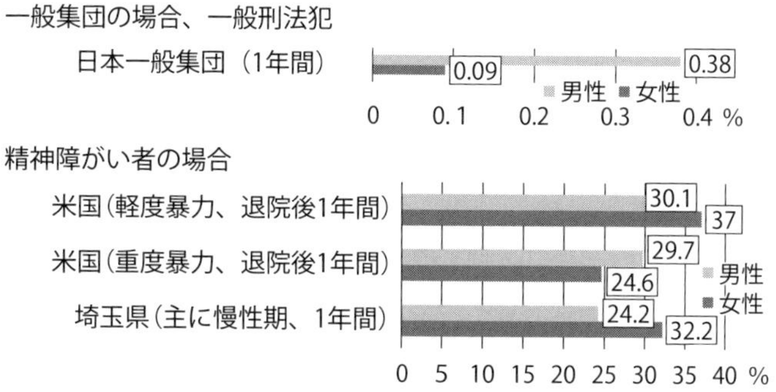

日本一般集団：法務省、平成 26 年版犯罪白書、2014　米国：モナハン他、2011　埼玉県：Kageyama et al, 2015 より筆者作成

図 2-2　暴力発生率の性差：一般集団と精神障がい者の違い

けないという抑えが利いていて、女性はおしとやかで、男性は力強いという固定的なイメージや社会的にふさわしいと考えられる姿が世界の多くの国で共通しているとすれば、女性のほうが男性よりも暴力犯罪が少ないということは理解できる。つまり、ジェンダーと呼ばれる、社会的・文化的につくられた性別の影響を受けていると考えられる。しかし、抑えが利かなくなったときは、本来人間が身を守るために暴力的になるという姿が現れるという考え方ができるのではないだろうか。そうだと仮定すれば、精神障がいの場合、性別が暴力の発生率と関係ないことは説明できる。

②意図的でない

米国の調査では、危害を加える意図を持って相手に暴力行為を行った人は13%にとどまっていた[6)]。多くの精神障がい者は、故意に暴力をふるっているわけではないというのだ。では、健康な場合はどうだろうか。IPV や暴力の定義に「意図的」という言葉が含まれているように、暴力の結果がわかっているから暴力をふるうのだろう。コントロールのために暴力をふるうこともある。過去に暴力をふるったある男性（障がいのある方）は、「決して懲ら

6)　モナハン他、2011

しめてやろうと暴力をふるったわけではない」と言っていた。インタビューで把握した中でも、大抵の場合は、発病とともに暴力が起きていた。発病前は暴力などふるったことがない、どちらかというとおとなしい性格な人が多く、反社会的な性格の人は稀だった。以上から、精神障がいによる暴力は、多くの場合、意図的ではないと考えられる。

③病状に関連して起きる

暴力は病状悪化に伴って生じやすい。イスラエルで統合失調症患者3000人以上の事件発生と初回入院との関連を調べた調査[7)]がある。それによると、初回犯罪の65％は初回入院前に起きていた。そして、入院後に事件は減少していた。精神障がい者の暴力は、病態として捉えられる側面があると考えられる。

第２節の要点

▷著者は、精神障がい者から暴力を受ける家族が共依存症者であるとは考えない。また、精神障がい者の暴力と健康な人の暴力では、共通している部分はあるが、違う部分があるという立場をとる。

▷精神障がい者による暴力の主な特徴としては、①発生率の性差がない、②意図的でない、③病状に関連して起きる、という３点がある。

第３節　精神障がい者による暴力の要因やきっかけ

1．家族に限定しない暴力の発生要因

この節では精神障がいで起きる暴力についてその要因やきっかけを考える。暴力発生のメカニズムは未だ明らかになっているとは言えない。暴力の発生に関連する要因については多くの研究で様々な要因が関連すると報告されて

7）　Fleischman, 2014

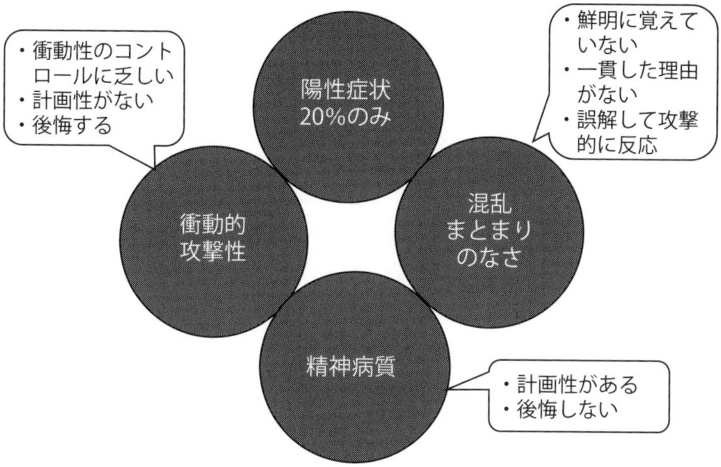

Nolan et al., Psychiatric Service, 54(7), 2003

図 2-3　統合失調症圏患者の暴力の原因

いる。しかし、これまでの研究で一致している見解は、物質依存との合併が暴力の発生に関連するということくらいで、その他の要因は未だ明確に関連があると言える段階ではない。アルコールや薬物を摂取した場合、抑制がはずれて羽目を外す。暴力が出やすくなることは、精神障がいにかかわらず、常識的に理解できる。

結論にはならないが、ヒントになる研究を紹介する。ノランらは、米国の精神科病棟にカメラを設置し、観察やインタビューを行い、入院中の統合失調症患者が暴力を起こしたとき、その直前に何があったかを把握し、分析した[8)]。その結果、暴力が起きる理由をあげている（図2-3）。一つ目の理由は陽性症状と言われる幻覚や妄想などで20％の人のみが該当した。陽性症状とは、統合失調症の主要な症状であり、幻覚や妄想といった、健康な時にはない思考や感覚で、本来ないはずのことを認知する症状である。福田は統合失調症の主な症状として陽性症状以外に、陰性症状や認知機能障害をあげている[9)]。二つ目が混乱、まとまりのなさで、鮮明に覚えていないが、誤解して

8）　Nolan et al, 2003
9）　福田正人、2016

攻撃的に反応してしまうなどがあった。三つ目が衝動的な攻撃性で、計画性がなく暴力をふるってしまい、あとで後悔していた。二つ目と三つ目は、混乱して衝動的に暴力が出るというように関連していると考えられ、認知機能障害に相当するものと捉えられる。最後が、精神病質と言われる性格で、計画性があり、後悔しないタイプだった。この精神病質、別名サイコパスというのは日本ではあまり耳慣れないが、連続殺人などマスコミで取り上げられ、精神疾患を誤解させるものだ。サイコパスという診断名はないが、DSM-V（アメリカ精神医学会出版の精神障害の診断と統計マニュアルであり、世界的に使われている診断基準である）の診断基準では反社会性パーソナリティ障害に該当する。衝動性や攻撃性などの問題行動、共感性や罪悪感の欠如、口が達者で表面は魅力的で目立ちたがりといった特徴があり、多い職業としては社長、弁護士、ジャーナリストなどがあると言われている。イギリスに司法精神医療の視察に行った日本のある医師は、病棟で患者にサイコパス傾向が著しく、日本と患者層が違うと思ったそうだ。帰国後、その医師は精神科病院でカルテ調査を2年間かけて行い、分析した。その結果、その病院の統合失調症患者では、統合失調症そのものの要素が暴力と強く関連し、依存症や反社会的な問題の関連はなかったと結論づけている[10)]。

その他、欧米のレビュー論文（いくつかの研究結果をまとめて検証した論文）では、統合失調症患者の暴力は、認知機能障害、反社会的な性格傾向、依存症、精神症状が関連しているという報告がある[11)12)13)]。未だ結論が出ないテーマであり、特に日本では研究が少なすぎるため検討さえ難しいが、陽性症状と認知機能障害は主な要因として考えておく必要があるだろう。

先のノランらの研究では、陽性症状が理由で暴力に至ったと判断された人が20％だった。これは入院患者であり、病状が悪化している人が多い集団での数値である。マッカーサー研究においては幻覚妄想といった陽性症状を活発に呈している際に事件が起きたものは10％以下とごく少数だったと報

10） Imai et al, 2014
11） Harris et al, 2014
12） Bo et al, 2011
13） Volavka, 2013

告されている。このデータも入院患者の退院後を1年間追いかけたデータなので、慢性期とは言いがたい。これらを考慮すると、幻覚妄想に左右された暴力というのは、急性期でさえ20%、慢性期になれば相当少ないと考えられる。マッカーサー研究では暴力的な事件の4分の1で服薬していなかったということも報告されている。服薬中断でおきた事件も4分の1のみである。これらから言えることは、治療につなげれば暴力はなくなると思っている支援者は多いが、投薬で抑えることができる暴力は、実はそれほど多くないだろうということだ。認知機能障害に働きかけることのほうが効果がある人が多いかもしれないのだ。薬で暴力が消失しない場合は、すぐに薬以外の治療や環境を変えることを検討したほうがよいと考える。

2. 家族への暴力の発生要因：アンケート調査

家族への暴力に関する研究は世界的に非常に限られている。これまでに行われた最も大規模な調査は、約30年前に米国の精神障がい者家族会連合会（NAMI：National Alliance on Mental Illness）が実施したものだ[14)]。その調査結果を掲載した論文には、精神科病院から退院する人の50-66%が家に戻ること、攻撃的で破壊的な行動が症状としてしばしば出現するため、それに直面する家族がいることが背景として書かれており、調査の必要性を論じている。これを読んで、30年前の米国の状況よりも現代の日本の家族負担のほうが大きいかもしれないと私は思った。なぜなら日本では、平成23年の患者調査でも、入院患者の退院先は、死亡、転院、老人施設を除くと、95%が自宅であるからだ。社会福祉施設に退院する人は5%に満たない。30年前のNAMIの調査では、障がい者と同居している回答者（主に母親）は42%であり、日本の家族会の同居率85%の半分である。

そのNAMIの調査では、暴力を受けていた家族が支援する障がい者は、暴力を受けていない家族が支援する障がい者と比べて、若く、入院回数が多く、あまり教育を受けていない、働いていない人で、収入の少ない親と同居

14) Swan and Lavitt, 1988

しており、よく飲酒し、治療を遵守していない、という特徴があったという結果を出している。障がい者の性別は関係なかった。暴力が起きる家庭の家族は、自分が楽しむことを控え、ケアをしていた。病気の息子や娘ともめ事を起こさないようにまるで卵の殻の上を歩くように（"walking on eggshells" 非常に用心して歩く）、批判しないように、対立しないように、反対しないように注意していた。私がNAMIの家族会に参加したときもある高齢の母親は、「物音ひとつ立てないように、ラジオもつけず静かにしている」などと話していた。調査結果を踏まえて論文では、暴力の有無にかかわらず、障がい者と同居せずに別に暮らすことを勧めている。日本でも大人になれば親に依存せずに、支援を受けながらでも自立して生活できるような支援が進む必要がある。それが暴力を減らすことでもあり、本人のリカバリーを促進することなのだ。

NAMIの調査以後、大規模な調査は報告されていない。その他の研究で、新たに報告された、家族への暴力に関連する要因としては、TCO症状（Threat-control override、個人的な脅威に感じられ、自己コントロールを圧倒するほどに侵入的に感じられる症状）や金銭管理がある。いずれもまだ明確に要因だと言える段階にない。

どのようなことが関連して家族への暴力が起きるのかを考えるときに使われる枠組みがある（図2-4）。家族への暴力を考えるときは、患者の要因だけでなく、家族の要因、患者と家族の関係も暴力発生に影響を及ぼすという捉え方である。

この枠組みを使って、筆者らは統合失調症患者の親400人の調査データを分析し、暴力を受けた人の特徴を検討した。その結果、①入院回数の多さ、②EE（Expressed Emotion, 感情表出）の敵意と批判的コメントの点数が高い親、③低所得の世帯、④女性患者の4つが、暴力を受けた経験と関連していた[15)]。そしてEEの敵意と批判的コメントの高さは、その人の精神的健康度の低さと関連していた。

15） Kageyama et al, 2016b

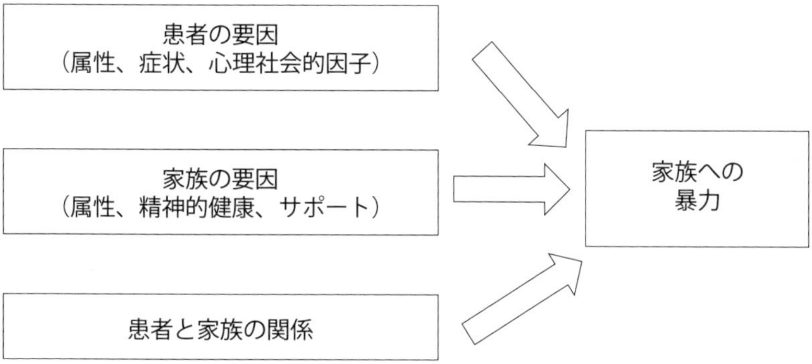

出典：Solomon et al, 2005

図 2-4　家族への暴力に関連する要因　分析枠組み

①入院回数の多さ

入院回数が多いということが何を意味しているかは明らかではない。暴力が起きれば入院するから単に入院回数が多くなるということもあるだろう。しかし、入院回数は、重症度や服薬遵守を表していると言われている[16)]。埼玉県の調査では、受診や服薬に関しては優等生だった。一方で障がい等級 2 級程度の方が多く、ある程度重度な人が多かった。これらを考慮すると、入院回数の多さが表していることは、障がいがある程度重いということであり、特に、暴力と関係すると言われている認知機能障害の重たさを反映している可能性がある。今回の調査では、本人の認知機能を測定していないので、推測の域を出ないが、認知機能への介入をすることによって親への暴力を減らせる可能性があるのではないかと私は考えている。

② EE の敵意と批判的コメント

高 EE の敵意と批判的コメントの値が高い親は、値の低い親にくらべて、暴力を受けている人が多かった。値が高い人とは、「私がどなったりする」「私の方がかっとなることがある」「言い争うことがある」「私のほうがかんかんに怒ることがある」「いじわるやいやみを言ってしまう」というようなコミュニケーションの仕方や、「私を疲れさせる」「ここにいてほしくない」

16）Fleischman et al, 2014

「世話をしなければならずうんざりする」「とても不満を感じる」「わざと私の手をわずらわせる」「私の手にはおえない」という感情や態度についての質問項目で点数が高い人のことである。

コミュニケーションの取り方が暴力の発生に影響しているということは、インタビューでも一部の親の語りから把握できた。それは、必ずしも高EEの親だから暴力が生まれるということではなく、暴力を受ければ親であっても傷つき、腹も立つだろう。いつまでも前向きな感情や態度で接することは難しい。つまり、悪循環でどちらが原因でも結果でもないという捉え方が現実的だ。また、高EEの親ほど、メンタルヘルス不調であり、精神的に不健康だった。暴力に耐える生活で、親も精神を病み、冷静に判断することが難しくなった結果、対応がうまくできずに批判的になり、それが本人の暴力につながってしまうということもある。そして暴力が起きれば、さらに親が精神を病むという悪循環だ。インタビューでも家族全員がうつ病などの病気になってしまった家庭があった。

この結果から言えることは、親が精神的に余裕を持ち、冷静に物事を考え、対応できるように支えることをまず第一に支援することが大切だということだろう。そのうえで、認知機能障害などによってコミュニケーションが難しい障がい者とどのように接すればよいかというコミュニケーション技術を学べばよいのだ。

私は、保健所職員として障がいのある方と接しているとき、トラブルを起こしたことはほとんどなかった。だから、自分には、障がいのある人とのコミュニケーション能力がある程度備わっていると自負していた。しかし、この研究をして、過去に暴力があり、今、回復過程にいる方と親しくなった。支援する側、される側という関係を超えて、対等にこちらも相談するような関係になった。すると、私の発言が誤解され、相手を混乱させてしまい、攻撃的になって関係が遮断された。この経験を経て、支援する側とされる側の関係では理解できない、親子や家族間のコミュニケーションの難しさを垣間見ることになった。その方の親は、私に対応の助言をしてくださった。それは非常に的確で、その助言を自分の判断で守らなかったときに私は失敗した。障がいのある方、特に認知機能障害の重い方とのコミュニケーションは、通常よりも高いスキルを必要とする。支援者と障がいのある方との距離感と、家族と障がいのある方との距離感は、相当に違うのだと気づかされた。

③低所得

低所得家庭で暴力が起きやすい主な理由は、逃げ場がないことや、住環境の問題が考えられる。暴力がまさに起きているとき、最も重要な対処は、その場から離れること、本人の視界から外れることである。家族は、暴力が起きたとき、起きそうな気配を感じたときに、外出して時間つぶしをして、しばらくして家族が帰宅すると本人は治まっているということが多い。しかし、病状が悪化している時期は、昼夜逆転していることが珍しくなく、しばしば夜に暴力が起きる。そうすると時間つぶしをする場所がない。経済的に余裕のある家庭では、ホテルに宿泊できるが、余裕がないと逃げ場がない。そのため、暴力を受けやすくなると考えられる。人によっては、逃げ場としてアパート賃貸、マンション購入をする人がいる。また、低所得では、住環境が不十分であることも多い。1人部屋を与えられない場合や、壁が薄く、隣や外の音が聞こえやすい住環境もまた、暴力を発生しやすくさせる要因だ。

また、病状が悪化した本人を病院に連れていくことが難しい場合、やむなく民間移送サービスを使う人がいる。そのサービスは概ね1回10万円程度だ。経済的余裕がなければ、そのサービスを使うことは難しい。私は民間移送サービスを使うことに賛成できないが（サービスの実態は後述）、これを使うことで暴力を家族が受ける期間が短縮されているという可能性は否定できない。

経済的余裕が暴力を受けることに関連している。これは、経済的格差からくる健康格差である。

④女性患者

この種の暴力が、通常の暴力と明らかに違うのは、暴力の発生率に男女差がないということである。今回の調査では、過去1年間に起きた暴力では女性患者のほうが身体的暴力が多く発生していた。この原因としては、女性の場合は、身体的暴力をふるっても男性のように力がそれほど強くないため、重大な問題として家族が捉えにくいという点があるだろう。暴力の解決に向けてなんとかしようと思うほど、切羽詰まっていないため、暴力が発生し続けていると考えられる。

3. 親が認識する暴力の発生要因：インタビュー調査

次に、インタビュー調査で親が暴力が起きる要因やきっかけをどのように捉えていたかを説明する。

大抵の親は、本人がなぜ暴力をふるうのかを直接本人に問うことができなかった。10年20年と暴力に悩み続けても、その理由を本人の口から聞けていない場合が多かった。それは、「刺激したくない」と暴力を引き起こすことを極力避けるためであり、また、「思い出したくない」話題のようだった。親は、経験から推測したり、本人や主治医に尋ねて、自分なりに原因を探していた。突然くる激しい暴力の原因を「理由があると思うけど、つかめなくて」とある親が述べたように、親にとってその理解は難しかった。しかし、①病状の悪化、②苦悩・トラウマ、③混乱、④家族とのコミュニケーション、⑤コントロールという原因やきっかけを親なりに考察していた。カッコ内や voice はインタビューの内容を抜粋したものである。

①病状の悪化

ある親がインタビューで「2、3か月ごとに病状の波が来ると、暴力が始まる」と語ったように、病状の悪化に伴って、「イライラすると物に当たる」「常にかっかしていて、ちょっとしたことで怒りだし泣き叫ぶ」と暴言や暴力が起きる事例は少なくなかった。また、妄想から暴力に発展することもあった。

voice ［彼が：当事者］突然、鬼の形相で［私を］殴る蹴る、血だらけになって裸足で駐在所に飛び込んだ。その後、［彼は］入院した。主治医から暴力の原因を聞くと、私が彼の彼女を妊娠させたと。だから腹を立てて殴ったんだと言っていると。私は、ただあっけにとられました。

病状の悪化から暴力が発生する場合は、服薬遵守や夜眠れているかを把握することで暴力が起きやすい状態であることを多くの親は予測していた。また、「2階から息子が降りてくるとき、自分からは話しかけない。息子が話すのを待って、話し方から今日の調子を確認するの」と、日々暴力が起きやすい状態かどうかを確認する人もいた。

②苦悩・トラウマ

インタビューの中では、服薬すれば暴力が治まる人もいたが、治療を受けて病状が安定しても暴力が治まらない人も少なくなかった。苦悩やトラウマ（心的外傷、心の傷）は、家族への暴力を引き起こす大きな原因と言っても過言ではなかった。

ある親が「年中ひきこもっていると欲求不満になる」と言ったように、ひきこもり状態では、しばしば暴力が慢性的に続いた。10年20年と続くことも珍しくなかった。ある患者は、いじめなど過去の辛かった経験がトラウマ（心の傷）となっていた。何年経っても思い出しては泣いたり叫んだりしていた。また、自分が同級生と比べて就職や結婚など通常の生活を送れていないことが本人の苦悩となっている者もいた。現状への不満や過去の辛い経験からこみあげる苦悩に満ちた感情は、行き場を失い、身近な家族に向かい、暴力につながる場合が多かった。ひきこもり状態では、親と本人だけの限定的な人間関係の中で生きていることが多く、外に出られない状態において、本人の暴力は必然的に親に向かった。

病院への入院自体が本人のトラウマになることも多かった。そのため、入院させたことで家族が恨まれていることがあった。

voice 本人にはちょっと行って診てもらおうって言って病院に行ったんですけども、やっぱり即入院になって。大変だったんですよね、とにかくほんとうに今思い出してもその頃がもう何とも言えないほんとうに、言葉に出すのも辛い時期っていうか。私たちも入院させたことについて恨まれてるし、すごく責められて。「お前たちはいつまでそうやって入院させておくんだ」っていう感じで。家に帰ってきてもね。また暴れるんですよね、もうそういうことの繰り返しでずーっときたんです。もう本当にとっても大変でした。

また、受診を促しても本人が病院に行きたがらないとき、どこに相談しても対応してもらえず、親がやむなく民間の移送サービスを使うことがある。いきなり知らない男性が部屋に押し入ってきて、何もわからないままに連れて行かれたことで本人は親を非常に恨む。入院までの強引な連れて行き方や、入院中の隔離拘束など、入院医療に絡む出来事は、「なんで入院させたんだ」と責め、「（親に）殺意を持った」というほど本人の心の傷となっていた。

思いどおりに物事が運ばないと耐えられずに暴力をふるう人もいた。ある人は、その度に入院して保護室に長期隔離されることを繰り返していた。

voice　1年入院して退院したその日、娘はコンピューターの修理を依頼したんです。そうしたら、夕方行きますって言われたんです。待っている間に娘の様子がだんだんおかしくなってきて、泣きわめいて荒れて、まずトイレぶち抜いてね、それから自分の部屋でその辺にある物をバリバリバリバリ壊し始めたんです。私は仕方がなく警察に電話して結局その日警察に娘を泊めてもらって、次の日に娘は他の病院に入院しました。

人生がうまくいかない苦悩から、特定の相手を攻撃するようになることもあった。発病したことで、下のきょうだいに抜かれて「プライドを傷つけられた」「（自分ができなかったのに）妹だけずるい」と苦悩から生じる妬みによって暴力が起きることがあった。母親だけに暴力が向く場合、「母親は養われる存在で甘く見られていた」「父親は怖い存在」という理由があると考えている親もいた。一方、父親だけに暴力が向く場合は、「父親にはお酒で迷惑をかけられた」「母親はご飯をつくってくれる人」だからと話した。甘えても許してくれる存在、力の弱い存在、自分にとって重要でない存在へと暴力が向いているように捉えていた。

③混乱

一貫した理由がなく、暴力をふるったことをはっきり思い出せない人は比較的多かった。本人が覚えていると言っても、具体的な場面を語れるほどに覚えているわけではないことが少なくなかった。

voice 先生が暴力をふるったときどんな気持ちだったとか、そのときの状況を教えてとかって、すごく先生がいろいろ工夫して本人に聞くんですけども、結局最後には本人が言うには私［母］すごく正直な言葉だなと思ったんですけどね、「先生、何にもないんです」って言ったんですよ。「ただムカムカしてきちゃって、いきなり暴力ふるっちゃった」って。ほとんどそのきっかけとか、どうしてそういうふうに暴力振るいたくなったかわからないって言うんでね、うちの場合は。私もほんとうによくぞ言ってくれたみたいに、先生がすごくとっても丁寧に、ほんとうに言葉を考えて、本人の気持ちに寄り添うように、どうしてその時どんな気持ちだったのとかって、そのときお母さんはどう言ったのとかね、何かすごくそういうふうに言うんですけどね、ですが本人はきっとそのとき無我夢中、もう何がなんだかわからない状態なんじゃないかなって。それである先生に、「先生その暴力ふるったときのことっていうのはどの程度覚えてるんですかね」って言ったら、「もう８割がたきっと覚えてないですね」って言われて私は愕然としたんです。

voice 初めは殴る程度だったんですが、そのうちに髪の毛引っ張ったり。それからちょっと怖かったのは、私が結婚したときから夫婦別室なので、私が寝てる所へ娘が入ってきて、いきなり首を絞めたんです。それで、あれ、手で絞められるもんじゃないんですね、首というのはね。なんかひもかなんか使わないと。手だったものですから、私がふり払って主人の部屋に逃げたんですね。主人が出てきて、何やってんだと言ったら、もうすぐ自分の部屋に入ってもう寝てるんですね。ですから、完全に無意識でやってる。かえって怖かったです。

④家族とのコミュニケーション

苦悩によるストレスが溜まってくると、日常のちょっとした会話が引き金となって暴力が始まることが多かった。「言い方が気に食わない、心に突き刺さる」と怒らせ、自分を責める本人に「そんなことないよ」と言うと怒らせ、親子間のコミュニケーションから暴力へと発展する場合があった。また、自分が話したことを覚えていないこともあった。「昨日言ったことと今日言ったことと、全然違うんですね」というように、会話が噛み合わず、怒り出すこともあった。

本人は、思うような人生を生きられていないため、自分の苦悩を親にわかってもらえていないと思ったときに暴力に発展することがあった。

voice いろんな障がいの人いるんだよって、目の見えない人も身体の不自由な人も、なんとか頑張って生きてるんだよって言ったら。じゃあ目つぶすかって言われて。このことは言っちゃダメなんだなって思って。

⑤コントロール

一般的に見て、暴力には、力で物事を手っ取り早く解決できたり、相手を思うままに動かせる「コントロール」という特性がある。インタビューの中では、コントロールのために暴力を使っていると考えられる人は少なかった。しかし、ゼロではなかった。「殺すかなぁと言いながらうろうろする」「馬乗りになって（本人に）殴られている父親を私（母親）が助けに入ったら、（母親が父親を助けるかどうか）試してみた」と母親の反応を見るために暴力をふるう人がいた。また、「暴力をふるわないと理解してもらえない」と自分を理解してもらうために暴力をふるう人がいた。「普段は夫婦喧嘩がすごいんですが、本人が暴言を吐き出すと喧嘩せずに静かにしている」と結果的に暴力が家族関係を制御している場合もあった。

家族に暴力をふるった後、110番して警察官が来ると、本人はそれなりに受け答えをして、対応できることも少なくなかった。また、「暴力は絶対にだめ」と家族や支援者に言われたことで、暴力を制御できるようになった人もいた。

多くの場合は、原因は重複していると捉えられており、明確に原因を特定できているわけではなかった。

voice やり取りしてて、すごくだんだんだんだんイライラして、がんと来

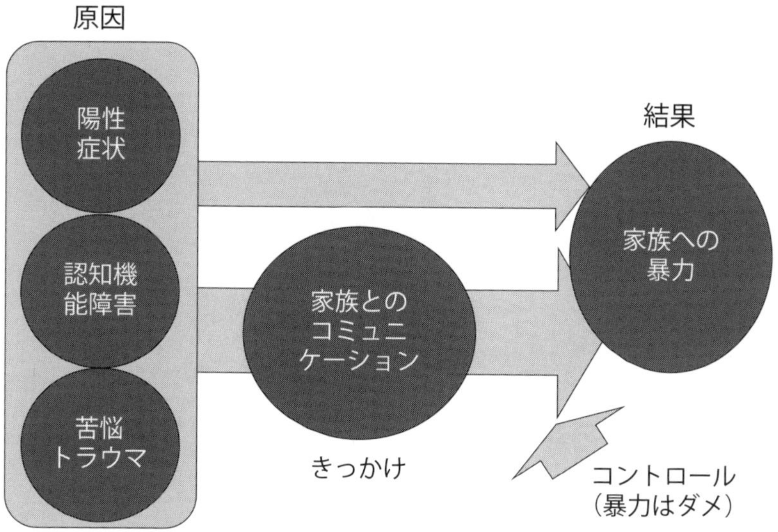

図 2-5　家族への暴力発生機序の蔭山仮説

るときもあれば、もう予期できずに、予兆もなく、突然顔つきが悪いまま起きてきて、もう「お前たちどうのこうのどうのこうの」って言って、ボカボカボカボカボカ始まるっていうのほうが多かった気がしますね。

4. 家族への暴力：発生機序の蔭山仮説

インタビューで語られた内容とこれまでの研究結果をもとに、家族への暴力がどのように起きるかを考え、仮説を立てた（図 2-5）。主な原因として陽性症状、認知機能障害、苦悩・トラウマが考えられる。これらは重複して存在していることが多い。突然暴力が起きる場合もあるが、家族とのコミュニケーションをきっかけとして、家族への暴力が起きる場合もある。暴力を制止したり、相手を選ぶなどコントロールが全く利いていないわけではなく、ある程度利いている。そのため、暴力はダメと言われたり、警察官が来たときは暴力を抑えられることができる。陽性症状から暴力が発生するときは、家族とのコミュニケーションというきっかけがない場合もあるだろう。認知機能障害や苦悩・トラウマから生じる暴力は、家族とのコミュニケーションをきっかけにする場合が多いと考えられる。
もう少し具体的に説明したい。統合失調症では、生活の質に影響を及ぼす認知機能障害が生じる。また、精神障がいの場合、発病前にいじめなど心に深い傷を負っていることは珍しくない。その経験は人間不信へとつながり、他人と接する勇気を失わせる。そのため、ひきこもり状態が続いてしまう。
ひきこもり状態では、家族との会話も少なくなり、他人と気を使って話す機会もなく、脳をフル回転させる機会はほとんどないだろう。それは、認知機能を低下させると考えられる。また、外に出られないため、運動量も少なくなる。歩くことは足から脳への刺激になるが、ひきこもり状態ではその刺激も少なくなるだろう。つまり、ひきこもり状態では、脳の機能は全般的に低下すると考えられ、認知機能障害は重たくなると考えるのが妥当だ。
ひきこもり状態では、思うように生きられない時期が続く。その事実自体が本人の苦悩を増す。現状の自分に満足できない苦悩から、もう傷つきたくない本人は自分を守るために、今の自分を正当化する原因探しを始めるだろう。それは親の育て方であることも少なくない。思うように生きられない苦悩は、行き場を失い、本人が家から出られない状態において、当然のように家族、特に親へと向かう。
家族は、本人が発病したこと自体ですでに十分な苦悩を抱えているが、暴力を受けると、更に心の傷を重ね、家族自身が健康でなくなってしまう。そして、家族は心のゆとりを失い、冷静な判断をすることも難しくなる。認知機能障害のある本人とのコミュニケーションは難しい。難しいコミュニケーションをその状態の家族が適切にできるとは思えない。コミュニケーションの不十分さは、次の暴力のきっかけを生んでしまう。
暴力が発生すると強制入院となることが多く、病院で隔離拘束されたり、場合によっては強制的な移送も行われる。このような体験は、本人の心に深い傷を負わせる。そして、医療者への人間不信、家族への人間不信となり、苦悩やトラウマを増大させてしまう。退院してもひきこもり状態が続き、認知機能障害は重くなり、家族とのコミュニケーションをきっかけとして暴力が起きて、再び入院となり、本人も家族も心の傷を負う。

このような悪循環が起きており、家族への暴力の原因を深刻化させ、きっかけとなる家族とのコミュニケーションも悪化させてしまうと考えられる。

第３節の要点

▷家族に限定しない、統合失調症患者の暴力が起きる原因には、陽性症状、認知機能障害が考えられる。陽性症状で起きる暴力は20%に満たない。服薬で抑えられる暴力はそれほど多くない。投薬で暴力が消失しない場合は、すぐに他の治療や環境を変えることを検討したほうがよいだろう。

▷家族への暴力は、苦悩・トラウマも要因だろう。過去の辛い出来事、思うように生きられない辛さ、入院での傷つきは、苦悩・トラウマとなり、家族とのコミュニケーションが引き金となって、家族に向かうと考えられる。

▷家族のコミュニケーションが家庭内の暴力に関連している。親が精神的に余裕を持てるようになることを第一とし、その次にコミュニケーションの技術を学ぶことが重要である。

▷低所得の人は、暴力から逃げる場を確保できなかったり、民間移送サービスを使えないなどの理由で、暴力を受けやすいと考えられる。

▷家族への暴力の発生機序に関する蔭山仮説では、主な原因として陽性症状、認知機能障害、苦悩・トラウマが重複して存在する。突然暴力が起きる場合もあるが、家族とのコミュニケーションがきっかけになる場合がある。また、コントロールが利くことがある。これらから家族への暴力が発生するという仮説である。ひきこもり状態になると、認知機能障害と苦悩・トラウマが深刻化する。暴力を受けた家族は疲弊し、コミュニケーションを適切にとれず、暴力のきっかけをつくってしまう。このような悪循環が起きていると考えられる。

第4節 暴力が起きやすい時期

インタビュー調査を通して、家族への暴力には、起きやすい時期があることがわかった。それは、急性期とひきこもり状態にある時だった（図2-6）。アンケート調査では、暴力は家族に向かうが、見ず知らずの人には向かわないことがわかった。この理由を病気の経過とあわせて考えると、暴力は家にこもっている状態、つまり、病状が悪い急性期か、障がいが重たい、ひきこもり状態で起きるということになる。家から出られない状態で起きるために、暴力は必然的に家族に向かってしまうということだ。

1. 急性期

病状悪化によって症状の一つとして暴力が出てくることは、よく知られている。私たち研究メンバーの1人が精神科医の学会で家族への暴力が深刻であることを話したときに、ある精神科医から「暴力なんか簡単になくなる。陰性症状への対処の方が難しいんだ」と言われたそうだ（陰性症状とは統合失調症の主要な症状の1つであり、健康な状態の機能よりも低くなる、感情鈍麻、思考の貧困、自閉などをさす）。つまり、暴力は薬で消失するものだという先入観があるのだろう。米国の研究で明らかになったように、激しい幻覚妄想のために暴力に至る人は、急性期でも20％に満たないのだ。それ以外の要因の方が多いということを知る必要がある。精神科医だけでなく、措置入院の対応や受診援助の相談にのっている保健所職員も治療につながれば暴力は消失するものだと思っている人が多い。学会で、治療につながっても暴力がなくならない人が結構いると説明すると、意外な顔をされる。急性期に暴力が起きても、治療につながり、服薬がしっかりとできれば、暴力がほぼ消失するタイプの人がいることも確かだが、服薬で消失するとは限らないという考えに変える必要がある。服薬で暴力が消失するという考え方は、暴力が起きれば処方薬を増やすという安易な対応につながってしまう。それは、暴力をな

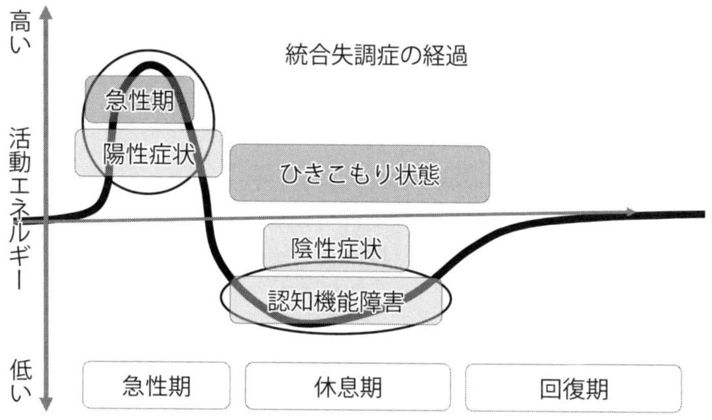

図 2-6　家族への暴力が起きやすい時期

くすかもしれないが、単なる過鎮静であり、リカバリーを遅らせてしまうことにもなる。暴力が起きれば、病状が悪くなったと安易に決めつけることは危険だ。

医療従事者は、暴力に至った本人なりの理由にきちんと耳を傾けているだろうか。暴力が起きたら、薬を増やし、保護室に入れる、そんな安易な対応は何の解決にもならないと思う。ある本人から聞いた話では、入院中にお金が無くなったということで職員に訴えたら、お金を持っていることが悪いということで口論になったと言う。母親が面会に行くと、どんどん重症患者向けの病棟へと転棟していくので驚いたそうだ。本人は今までのような覇気（はき）がなく、よだれを垂らしていて、これはいけないと思った母親が病院に交渉して転院させた。転院後は薬も減り、覇気が戻ったらしい。他の方からも同じような話を聴いた。ある父親は、本人が暴力を起こしたら「薬漬けで死んだ魚のようになった」と言った。ある娘は、入院の度に隔離拘束を繰り返して、入院したことで病状が悪化したかのようだった。その事例を紹介する。

voice　［事例］入院して隔離拘束を繰り返す

前の入院では、暴れて叩いたりするので、最後は保護室みたいな所に入れられました。私が保護室に面会に行くと、ベッドとトイレだけある部屋に鍵をかけられて寝てるわけですよ。そこで面会をするんですけど、まあ手足結われてね。それでも手がかかるので、８か月で強制退院させられちゃったんですね。

次の病院に入院した辺りから幻聴と妄想がものすごくひどくなりまして、まるで架空の人物が、自分の世界じゃなくて違う世界に住んでるように、私に言うんですね。面会に１週間に１回行ってますと、全く違う、自分は誰々さんと結婚して、それで子どもはこういう子がいるから、何人何人いるからっていうふうに。それでこの部屋には悪魔がいるとかいろんなこと言うようになったんです。その保護室にトイレがあるわけですね。鉄の棒がこう、ステンレスの棒があるんですね。そこで私が面会に行くんですけど、ステンレスの棒越しに、動物園と同じですよね。そこにトイレが隅にあって、それで最初布団が敷いてあったんですけど、それも全部破いて、トイレも壊してしまうので、大体あとはこういうぺらっとしたオムツをね、１枚だけ部屋の隅に置いてあるんですよ。それでおしっこもして、うんちもしなさい。お尻もそれで拭きなさい。だからティッシュペーパーもくれないんです。ティッシュペーパーは凶器になるから口の中に入れて死んじゃう人がいる。だからティッシュペーパーもくれない。だからオムツで自分でそこにうんちもおしっこもして、それで全部やりなさい。それでそういう生活がかなり続いたんですよ。その部屋から一切出されませんでした。鉄格子の部屋からは。退院まで一切出されなかったんですね。ホールには、時間的には出されたんですけど、その部屋を移されることはなかったんです。「この保護室からは出せませんから、この保護室はあと使う人がいますので、また何かあったら一応退院はするけれど、何かあったらすぐ警察に電話してください」。そういう言葉を言われて退院したんですよ。（入院中は）オムツオムツオムツでね。借りてる洋服はタオル生地で、全部破いてしまうので、今度は自分家で洋服を持ってきなさいって言われたんです。私はこんな大きなリュックを買いまして、１週間分洋服を背負って行ったんですよ。そして１週間分家に持って帰るわけですよ。その中におしっこしたのとかうんちしたのとか全部混じってるんですよ。看護師さんがそれどけてくれないので、そのまんま持って帰ってきて家で洗濯するわけなんですけど。それで今腰を痛めちゃってんですけどね。そういう状態が長く続いて、最後まで退院まで洋服は貸していただけなくて、破いちゃうからね、ダメで。1年ちょっとでその病院も出されました。

事例へのコメント

暴力があれば、薬を増やすか、隔離拘束するというのが今の入院医療の現実だろう。この娘さんのような生活が治療的だとは思えない。隔離拘束することで余計に悪化しているように見えてしまう。結局、病院ではどうにもならずに、手がかかるから、あるいは、次に保護室を使う人がいるからという理由で、何の退院支援もなく、自己都合で退院させる。保護室でしか生活できない状態からいきなり自宅へと退院させるという理解し難い入院医療だ。入院中に何も退院に向けた支援がない。隔離拘束で心の傷だけが深くなり、より暴力が起きやすい状態になっているとさえ言える。そのため、退院後も当然のように暴力が起きる。そして警察を呼んで入院するという繰り返しだ。こんなことを10回以上繰り返していて、娘さんと親の人生は一体なんなのだろうか。病棟では、この困難ケースに、どのような支援が必要かをどれだけ話し合ったのだろうか。どれだけ母親から自宅での様子を聴いて、母親と一緒に考える機会を持ったのだろうか。地域の支援機関と検討会議を持ったことはあるだろうか。この娘さんの場合はすべてNOだろう。困難ケースだからと言ってあきらめずに、考えていれば、何か解決方法を見出すことができたのではないか。もっと早い段階で支援をしてほしかった。

次に、医療の水準が患者の状態に影響するということを考えさせられた事例を紹介しよう。

voice ［事例］病院を変えて、がらりと変わった

埼玉の病院にはいくつも入院しました。この前の病院では、1週間足らずの間に患者さんとトラブルになって暴力をふるって。保護室に入ったって連絡が来て、病院に行きました。本人は保護室へ入って雁字搦《がんじがら》めにしてありますからって職員は言ってました。本人に様子を聞いてみますと、暴力を振るったと。医療行為を妨害したという理由なんですね。患者の中に点滴している方がいらして、点滴は殺人行為だと。病院はすぐ止めなければ、なんて言うんですね。それが刑法の何かにあてはまる行為だと。だからそういう行為は止めろっていうようなことですね。それで平身低頭して私帰ってきたんですね。そしたら、次の日にまた電話かかって来まして、来てくれっていうもんですから、行ったんですね。そうしたら、本人が暴れるから、保護室の寝台に縛られておったのがですね、どうしてかわからないんだけど、寝台を立たしてですね、自分のシャツですね、下着で首をあれして（かけて）真っ赤になってましたけどね。もうだから、はっきり言いますとね、その時１時間もね、それ発見できなければいいと思ったの僕は。ほんとにね。そこでもって死んじゃえばいいとまあ思ったんですよ。そんだけど、まあ女房はね、女房は自分の子ですからね、自分の腹をあれした子ですからね。そんなことは思わなかったでしょうけども。そう思ったんですけどもね、助かりまして。それで３か月でもって、またどこかへ転院と言われたものですから、次の病院をいろいろ探したんですけどなかなかない。それである病院行ったんです。そうしたらけんもほろろなんですね。私これでもって有料だったらこの野郎ってぶん殴って、俺が帰ってこようかなと思っていたぐらいな言い方なんですよ。ソーシャルワーカーかケースワーカーか知りませんけどね。こちらの言うことは本当に聞いてくれないし、もう埼玉の病院じゃだめだと。もう埼玉の病院はダメだからそれじゃ東京にしようと東京の病院を探しましてね。現在東京の病院に入院しております。現在では暴力はなくて、３か月経ったからご家族へ連絡してお話しようと先生がおっしゃって、退院後の相談などをしてきました。先生がちゃんと本人の様子を聞いて、薬を調整してくれて、それで飲まして落ち着いて３か月で良くなってね。埼玉の病院とは随分違うなと。埼玉の病院にいた時は、面会中はすごいもんですよ。もう殴りかかる寸前ですよ。それがね東京行ったら全然がらりと変わっちゃいましてね。なにしろおとなしくなっちゃってね。凶暴な男が女になっちゃったみたいなね、気持ちになっちゃって。おかしいなって。こんなになるもんかなっと思ってね。これはいい所に来たって。それにですね、僕が入院をしたときの看護師さんの言葉が僕はね、胸にジーンと来ているんですよ。「本人さんを入院させるということは、ご家族の方が休むことなんですから、休んでゆっくり静養をなさるのに本人を入院させるんだから、そんなに面会に来なくても我々に任せてください」と。「ご家族の方はゆっくり休んでください」と（涙)。ねえ。涙出ましたね。私は。

隔離拘束は本当に本人の治療に有効なのだろうか、有害ではないのだろうかと考えさせられる事例だ。病院では多少の口論も起きるだろう。そこには本人なりの理由がある。その理由をどれだけ医療従事者は聴いてくれたのだろうか。理由を聞かずに病状悪化と決めつけ、または、懲罰的に保護室を使っていないだろうか。この事例では、東京の病院で精神科医と患者が対話することで、病状が随分改善した。患者と話すことが何よりも大切なのではないかと考えさせられる。

親は、苦労の連続での中「死んでくれればいいのに」という考えが頭をよぎることもある。冷静に物事を判断する精神的余裕さえなくなっている。支援者は良くも悪くも家族に影響を及ぼす。支援者の言葉かけ一つで救われるときもあれば、怒りや無力感に苛まれることもある。この語りの中で、父親が唯一声をつまらせたのは、病院看護師が父親に労わりの言葉をかけてくれたことを話したときだった。支援者として家族の気持ちを理解することがどれだけ大切なことかと思わされると同時に、父親がこのような気持ちになるほど多くの関係機関から冷たく対応されてきたのだろうと推察した。

2．精神医療から始まる「力による支配」

入院中の医療従事者と患者の関係について、小山公一郎さん（本章第５節事例）は、「医療が絶対的に上で精神病患者は下」であり、患者が医療従事者に反感を持たれれば「問答無用に薬を増加されて保護室で拘束」されることもあったという。閉鎖病棟や保護室への隔離、拘束帯の使用といった合法的に力を行使できる仕組みが精神科病棟には存在する。「力」を手に入れた人間は、傲慢になるのが一般的であり、「力」を必要以上に行使してしまうこともある。どんな環境でも自制できるほど人間は強くないと思う。たとえ、初めは、疑問に思って力を行使することをためらっていたとしても、他の全員が行使していたらどうだろうか。自分もいつの間にか染まってしまう、人間とはそういう弱い存在なのではないかと思う。

入院中に患者が反論したり問題を起こせば、懲罰的に保護室に入れられることがある。患者は、早く退院するために問題を起こさないように「よい患者」でいようとする。病院でおとなしくなった患者が退院するときに「もう暴力はしません」と約束したが、退院後やはり暴力が始まる。ある家族は、そのような入院中の状態を「仮装」だと表現し、入院期間を延ばしてほしいと話した。しかし、その「仮装」した患者をつくりあげている真の問題は、患者に本当の治療が施されていないことにある。患者が本音で語ること、それが治療には必須だろう。しかし、「力による支配」がはびこっている病棟であれば、本音を出すことはできない。医療従事者と患者が対等な関係でない限り、本音を言えない。その場合、本当の治療を施すことは無理だろう。医療従事者が患者と対等な関係を築くために、与えられた「力」を使わないという選択ができるだろうか。そこまで覚悟のある精神科医や看護師がどれだけいるだろうか。また、残念ながら悪質な病院や医療従事者がいることも事実である。その状況下で患者が「力による支配」をされないためにできる唯一の方法は、彼らが「力」を合法的に使える場面を極力少なくすること、つまり、そういうしくみに変えることだと思っている。

家族への暴力について講演をすると、時々、支援者や当事者から「家族が暴力をふるうから、当事者が家族に暴力をふるうのではないか」と聞かれる。私がインタビューをした26人中、家族が当事者に手を挙げた人は1人だった。確かに、当事者と家族の関係性だけを表面的に見れば、追い詰められた家族が当事者に暴力をふるってしまうことがあることを否定しない。しかし、もっと深く考えてほしい。小山公一郎さんは、「やられたら倍にしてやり返す」（暴力に対して更に強い暴力）と思っていたという。つまり、当事者は、強制移送や強制入院という広い意味での暴力を医療従事者や支援者からふるわれて

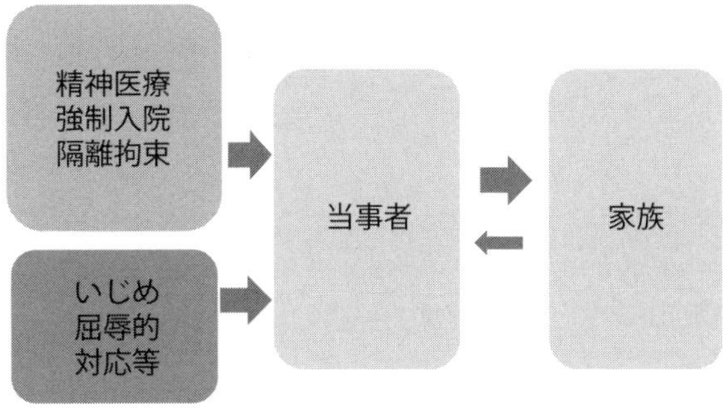

図 2-7　暴力の連鎖

いるということである。強制入院や隔離拘束といった、ある種の暴力は、家族からではなく、医療従事者から先に当事者に対して行われているという見方ができる。

ある当事者は「ぼくたちはストレスを抱えています。でも、発散する場がない。社会的弱者だから。だから家族にしか発散できないんです」と言った。つまり、苦悩が家族に対して、暴力として表出されている。社会での生きづらさから生じる苦悩だけでなく、「なぜあんなところに入院させたんだ」と家族を責める言葉からわかるように、当事者は、精神医療での辛いトラウマとも捉えられる経験にも苦しんでいる。暴力の連鎖は、家族から始まっているのではなく、医療従事者から始まっているとさえ言えるだろう。

3. ひきこもり状態

多くの場合、急性期に暴力が出現しても、治療につながれば、入院中に暴力がなくなり、自宅に退院する。しかし、自宅に退院した後、暴力が再び始まるタイプがある一定の割合で存在する。先ほどの、ノランの研究でも陽性症状から暴力が起きていたのは 20％しかなかったという結果と同じく、薬を飲んでも暴力のなくならない人が相当数いるということである。現段階では、その人たちに適切な支援が入っていないために、10 年も 20 年も抜け出せない人がいる。ひきこもり状態で暴力が遷延化するタイプであり、家族も追い詰められてしまう。大変な思いをして入院につなぎ、これで解決するかと思いきや、退院後再び暴力が始まる。これを何回も繰り返している。家族がやれることはすべてやっても、10年20年と続き、終わりが見えず、途方に暮れてしまう。

voice ［事例］人間不信からひきこもり状態、そして暴力へ

［本人は］昔、同級生にね、当時相当嫌な目に遭わされたらしいです。同級生とか教師とか病院の先生とかね、だんだん人が信用できなくなって、最終的にはほとんどの人間は信用できないと。周囲の人間のせいで自分は不幸になったんだとかね。これからもそういう人間には会っていくだろうから、もう他人とは接したくないんだと。結局ひきこもりになっていきました。それで本来自分はこんな状況でね、終わる人間じゃないのに、他人のせいでこうなったと。病気でないのに病気にされたと思っていて、もうこんな年齢になってしまうとね、たとえ今後病気が治ったとしてももう遅いと。もう自分の人生はもう終わったというね。早く安楽死させてくれって怒鳴って。暴力は母親に向かうんですよね。母親に対して叩いたり、蹴ったりするようになりました。

ひきこもり状態と言っても通院だけはかろうじて行い、その他の社会活動がない場合もあれば、通院も途絶えがちで薬を親がもらいに行っている場合もある。現在、精神科の訪問診療はほとんどの地域でまだ実施されていないため、自分で通院できなければ医療中断になる場合が多い。ひきこもり状態になっているときに行われている支援を考えてみよう。家で暴力があることを主治医に伝えると、薬が増えるのが通常である。そのため、すでに家から出られない状態なのに薬が多くなり、過鎮静になる場合が少なくない。それは、脳の機能を向上させるのではなく、脳の機能を低下させる方向に働いている可能性もあるのではないだろうか。そのようなひきこもりの生活から抜けられない状態は、生活、人生そのものが本人の苦悩である。それは、暴力の原因になってしまうのではないだろうか。そして、暴力が出れば、入院になることが多い。暴力が起きてからの入院は、隔離拘束という侵襲的な医療

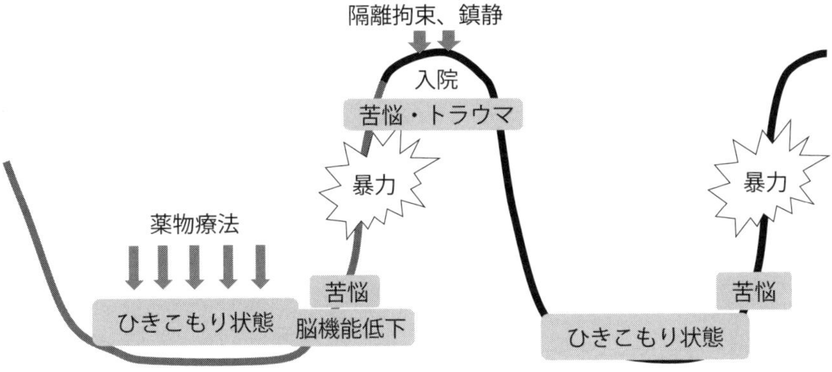

図 2-8　ひきこもり状態での暴力

となることが多い。そのため、入院自体がトラウマ体験となり、本人は苦悩を重ねることになる。本人の心は癒されるどころか、傷が深くなり、どんどん状態は悪いほうへと向かってしまうこともあるのではないか。暴力が遷延化する人の多くは、暴力がひどくなって入院することを繰り返していた。

入院は暴力の解決に向けて仕切り直しをする絶好のチャンスだ。入院中に退院後の環境を変える支援をしてほしい。本人への訪問看護や、必要なら自立に向けた訓練施設などにつなげてほしい。また、家族を家族会につなげたり、個別支援を行うことが必要だ。そうすれば、入退院を繰り返すことはなくなるのではないかと期待する。

ひきこもり状態で家庭内で暴力があるときは、薬に頼りすぎず、訪問看護など人を入れ、会話など薬以外の方法で認知機能障害を良くしていくことを積極的に実践する必要があるだろう。人との関わりによって、長年のひきこもり状態と暴力から脱した当事者の体験談（次節）を参照してほしい。

第 4 節の要点

▷家族へ暴力は家にこもっている状態、つまり、病状が悪い急性期か、ひきこもりになっている状態でおきやすい。家から出られない状態なので、暴力は必然的に家族にしか向かわない。

▷急性期の暴力は、まず服薬で対応される。しかし、服薬で暴力が消失するとは限らない。過剰投薬や隔離拘束は、暴力を悪化させる危険性さえあるだろう。困難ケースでも、他に解決方法はないか検討する努力が必要である。

▷精神医療における強制入院や隔離拘束は、広い意味で患者への暴力と捉えられる。精神医療における「力の支配」は、患者の家族への暴力を生み出している側面がある。医療従事者が合法的に行使できる「力」を持っている限り、患者と対等な関係は築けず、真の治療を提供することは難しい。

▷ひきこもり状態では、長期間に渡り、暴力が出現することがある。ひきこもり状態そのものが本人の苦悩を増す。薬に頼りすぎず、訪問看護など人を入れて、認知機能障害を改善に向かわせるような治療が必要である。

第5節 暴力が起きた時期の体験談

1. 強制移送・強制入院（小山公一郎、当事者）

私は現在40歳で20歳のときに精神分裂病（統合失調症）と診断されてから20年目になります。幼少の頃から落ち着きがなく感情表現が苦手で暴力的でした。中学生の頃、学校では成績も良くごく普通の生徒だったと思いますが、家族には感情的になり些細なきっかけで暴力をふるうといった一面があるいわばキレやすい少年でした。当時をふり返ると何故暴力をふるうようになったのかについて、おそらく感情表現が苦手な私にとって会話よりも感情をストレートにぶつける手段としては暴力が手っ取り早く簡単だったことと、そもそも暴力がなぜいけないのかということをあまり理解していなかったからだと思います。また時代の背景や幼少期における両親の暴力も多少影響しているとは思いますが、凶悪な事件を除きある程度の暴力は社会で許容されているのではないかと錯覚していました。高校生になった頃、勉強についてゆけず、また朝起きられずに毎朝遅刻していました。そしてクラスでも人目を避けるようになったため何となく居場所なくなり欠席する日が多くなりました。この頃、気力が沸かずに何となく気だるい状態が続いたので母の勧めで近所の心療内科に通い始めましたがこれといった原因が特定されるわけでもなく、症状は徐々に悪化していきました。やがて高校は出席日数が足りなくなり留年、その後自主退学となりました。高校を中退後、病気の兆候が現れ始めて学校を中退したのちに引きこもり状態で妄想もひどくなっていきました。そして暴力を頻繁にふるう時期は発症する20歳まで続きました。当時、母は私の症状（暴力を含む）に対してなんとかして医療につなげたかったらしく様々な場所（精神科や保健所など）に相談していたようです。私が自室に引きこもっているときに母が何度も病院に連れて行こうと説得を試みましたが、治療を受ける意思が断固としてない私は当然聞き入れるはずがありません。もはや本末転倒で本来の目的（暴力をやめさせるなど）からずれているようにも思いますが、ついに母は精神科への強制入院という手段に踏み切ったのです。それは母が立ち合いの下、移送会社の職員たちによる自室での拘束、拉致でした。車に乗せられて着いた先で「ここは病院です」とだけ告げられて小さな個室（保護室）に通されました。しかし鍵が掛けられて自由に出入りできないことに気づいたのちに薬を飲むように促されます。やがてそこが精神病院であることを知り私は恐怖と混乱に陥りました。そして後日、主治医から私が精神分裂病（統合失調症）であることを告げられました（当時の詳しい状況については記憶が曖昧であまり覚えていません）。入院中は強制的に抗精神薬を投与されて基本的に外出することはもちろん自由はほとんど認められません。それだけでなく病院によっては精神病患者というだけで不当で人権を無視した扱いをする場合があります。例えば医療が絶対的に上で精神病患者は下といった考え方は根強く、患者は理不尽な理由で医療側の都合のよい扱われ方をされることがしばしばです。場合によっては入院中医療スタッフに反感を持たれただけで、問答無用に薬を増加されて保護室で拘束されることもあります。また現在、医療保護入院という本人の意思（治療の有無や医療の選択など）に関係なく家族の意思によって強制的に入院させることができる法律があります。本人が混乱状態で治療の必要性について適切な判断ができない場合などでよく用いられますが、本人のプライバシーや人権が脅かされるだけでなく家族との関係をますます悪化させることにもなりかねないので社会的かつ倫理的にも懸念されており、慎重に扱わなければいけない問題だと私も思います。この制度の不条理で恐ろしい所は、仮にいくら本人が自傷や他害の恐れがなく正気であると訴えても、家族や医療がそうでないと判断すれば当事者を強制的に入院させて一定期間治療（拘束等を含む）させることができるという点です。私はその後10年に渡り少なくとも4〜5回は母によってこのような強制移送（拉致、拘束）と医療保護入院（計9回）をさせられることになり、事実私は母に対して強い殺意を覚えた時期がありました。当時の治療の必要性や対処の仕方に関しては未だに母とは前提や見解が異なっています。今振り返ると母による強制入院に関しては、第三者も通じ互いの関係性を築いたうえでもっと慎重に話し合うといった作業を行うべきであったのではないかと思います。そして結果的に医療につなげる必要性があったのかもしれませんがそもそも本当に正しい選択だったのか、そして本人が納得したうえでもっとスムーズな方法はなかったのか、今でも疑問に思うときがあります。しかし逆にこれらの出来事をきっかけに私の暴力に対する考え方が大きく変わっていくことになります。私の場合もそうでしたが、母による強制移送（拉致、拘束）や医療側の不当な扱いも広義においてはやはり暴力です。「やられたら倍にしてやり返す」（暴力に対して更に強い暴力）という考え方をこのままエスカレートさせれば、いずれ私自身が凶悪な事件を起こしかねないと思いました。まず私が暴力という手段に訴えるのは、単純に感情表現が下手であることを認めない自分の弱さであることに気付きました。そして暴力によって自分の将来を台無しにしていられないという気持ちや、当時の医療スタッフに暴力に対する考え方を改めるよう熱心に説得されたことによってようやくストップがかかりました。また私の場合は暴力の矛先がたまたま家族に向いていましたが、人によっては他者や社会に向く場合もあると思います。日頃から症状が改善されず、今後の見通しが立たないといった漠然とした不安や社会になかなか適合できないという焦りから、社会に対して慢性的に強い不満が募ることが原因の一つにあると思います。暴力は自分の思想や信念を率直に表現する手段としてはとても単純で容易ではありますが、本来伝えようとする意図がぼやけてしまうだけでなく、相手を恐怖や憎しみといった感情で支配することになりかねません。その一方で目的を果たしたり物事を決定するための手段として慎重に話し合うというやり方は実に紳士的かつ現代的な考え方であると思います。仮に自分にとって対話による交渉が煩わしく苦手であったとしても現代を生き抜くためには、常日頃コミュニケーション能力を高めていく必要性があることを私は学びました。現在はなるべく感情的になることを抑えて、また決して上手ではありませんが自分の感情や考えを会話によって人に伝える努力を日々積み重ねています。そして自分の障害について改めて振り返った際、10年間の入退院を経てようやく自分の弱さと障害に向き合い、それらも自分の一部で個性であると認めたうえで共に生きる決心をしました。その後、34歳のときに大学受験に合格し、試行錯誤を重ねた結果4年後に卒業しました。そして38歳のときに都内の一般企業に就職し社会人２年目の現在に至ります。治療を続けながらも最近ようやく自分らしい生き方ができるようになってきました。一方で医療は時に理不尽で不当な扱いをすることもありますが、中には優秀で熱意のある素晴らしい医療スタッフがいることも確かです。現在はそういった方々を味方に、医療を信頼して治療に専念し続けることが私の役割であり義務であると考えています。

家庭内暴力から発症へ（小山美枝子、母親）

息子10代の頃

私たち家族は昭和62年２月、厳寒の北海道から埼玉へ主人の転勤で引っ越して参りました。国鉄からJRになったための広域移動でした。小学校３年生と４年生、年子の息子たちは友達と別れることにかなり不満そうでしたが、それでも元気に新しい環境に馴染もうと頑張っていたようです。２年後、次男が６年生になり、中学生になった長男の様子に異変を感じるようになりました。始めは弟に対して何か理由をつけては暴力をふるっていましたが、止めに入る私へと対象が移っていきました。あの頃は、家庭内で頻繁に起きる暴力の中で毎日をそれぞれがぎりぎりの状態で過ごしていたようように思います。何時の頃からか家の中から主人の姿が消え、私は弟に怪我をさせないように何とか持ちこたえていたように思います。そして暴力をふるう息子を犯罪者にしないために怪我をしても病院へ行くことは決してありませんでした。今、冷静に考えるとそれは間違いだったと思います。警察に被害届を出していたなら流れは違っていたかもしれないのです。私は２人の息子を導くための理性も知恵もすべてを失っていました。学校を始め各所の教育相談、保健所、警察、教育委員会（相談情報を得るため）、相談のできそうな所へはあらゆる機関を回りました。どこからも打開策を得られないまま時間だけが過ぎていき、気がついたときは振り出しに戻っていました。そのような状況にありながらも長男は高校受験を迎え、本人とのコミュニケーションもままならない状態でしたので単願で内定していた高校へ進みました。しかし２年生の３学期末、出席日数が不足のため留年が確定、本人の希望で退学しました。印鑑を持って１人で息子の退学届けの手続きに行ったあの日のことを今でもはっきり覚えています。もう二度と通うことのない通学路を歩きながら、息子の無念さを噛みしめていました。校長室で退学届に印鑑を押した瞬間、息子のこれからの人生の扉がすべて音を立てて閉ざされたように感じました。退学後、大学検定だけはなんとか取得したようですが息子の状態は変わらず、加えて体調も悪くなり、本人をなんとか説得して２度程精神科の受診もしましたが、どちらの精神科医の方も、変わった様子が見られないので又何かあったら改めて受診するようにと、そこでも何の突破口もないまま返されてしまいました。八方ふさがりのまま息子の10代が終わろうとしていました。

発症から入退院の20代

長男が20歳を目前にした頃から寝たきり状態になり、再度精神科へつなげようとしましたが、本人は殆ど家族を避け、話しかけようと部屋のドアを開けると入るなと大声で怒鳴る等、状況は深刻化するばかりでした。その頃から、私は県立の精神病院へ入院をさせてほしいとお願いをしていました。電話で何度も初診は受け入れていないと断られましたが、私の狭い知識の中で最良の治療を受けさせるにはここしかないとの思いで何度も何度もお願いし、紹介状を用意できるのならと渋々受け入れて頂きました。あのときのケースワーカーの方に今でも感謝しています。ベッドの空き待ちの３か月の間、入院させる手段を模索し、保健所に相談に行きましたが警察に行くように促され、疑問を感じながらも藁をも掴む気持ちで警察へ、しかし大勢の署員の前で幹部らしき人に「うちは運び屋じゃない」と怒鳴られました。惨めで涙が溢れました。入院時には強制入院しか私には手段が見つかりませんでした。○月○日○時に連れて来たら診察すると言う病院側と、全く会話にならない息子との間で無力な私が考えに考えた結果でした。息子の人生を再開するために一刻も早く医療につなげ、治療を開始することが大優先と考えていました。そして入院１週間程で精神分裂病（統合失調症）と診断されました。これまでの経過をふり返り正直、私自身の中で原因がはっきりしたことで長い間の屈折した時間からやっと解放された思いがしました。息子は３か月程で退院し、自宅で服薬をしながら静養していましたが１年程で薬を中断して再発、そして強制入院。その後、何度も入退院を繰り返していました。その中で２年半程は援護寮、そして１人暮らしと家を離れ自活に向け訓練をしていましたが、再び服薬を中断し再発、そのまま援護寮のつながりで民間の精神病院に入院しました。その時の経験ですが、半年を過ぎても退院の目途がなく、担当医にいつ頃退院できるのかと伺ったところ、「息子さんは退院の見込みはありません」と言われました。その後、なんとか県立の精神科病棟に転院することができ、事無きを得ましたが、原因はとても些細なことでスタッフへの対応が素直で従順ではなかったことでした。怖い世界だと思いました。こうして息子は20代の殆どを入退院の繰り返しで費やしていたように思います。そんな状況の中、次男が大学を卒業し、就職、結婚と自分の軌道を外すことなく成長してくれたことが唯一の救いでした。

事例へのコメント……………………………………………

お２人揃ってお話を伺う機会があった。公一郎さんは来客用にケーキをわざわざ買ってきてくださり、美枝子さんは駅まで車で迎えにきてくださった。

公一郎さんは非常に努力家で、強い信念を持つ好青年であり、美枝子さんはとてもしっかりした強い母親というのが私の印象である。この親子が波乱万丈の人生を送ってきたということは、にわかには信じ難いことだが、本当なのだ。

母親は、息子を強制的に移送させ、強制入院させるという方法をとった。その行為は、息子が母親に殺意を抱くほど恨まれる行為だった。しかし、当時、息子の将来を案じた母親が下した、母親にとっては最善の選択だった。誰が母親を責めることができるだろうか。息子の高校の退学届を持っていくときの「息子の無念さ」を想像すると、息子を想う母親の気持ちに胸が痛くなる。

私を含め、支援者は本人や家族を知らず知らずのうちに傷つけているのだと知った。しっかり者に見える母親なので、私が担当していたら「警察にも相談してみるように」と言っていてもおかしくない。その後、警察で怒鳴られ、惨めで涙を流すことになるとは知らずに。私も随分多くの方を傷つけてきたのだと思う。

病院では、精神疾患患者というだけで「不当に人権を無視した扱い」をされ、「入院中医療スタッフに反感を持たれただけで、問答無用に薬を増加されて保護室で拘束」になった。そして、母親は担当医から「息子さんは退院の見込みはありません」と言われた。私は入院医療のあり方を問いたい。しかし、本人のために暴力をふるわないよう説得してくれるスタッフも少ないが存在した。その人は彼にとって「味方」だった。彼は、医療従事者に「味方」と「敵」がいると話した。そのような診療科とは一体何なのだろう。精神医療の世界は、何か間違っている。

この事例を通して、危機介入の相談や仕組みの問題、民間移送サービスの問題、入院医療のあり方を考えさせられた。

2. ひきこもり状態での暴力（沼田大市、当事者）

僕は、もうすぐ38歳になります。中学２年の頃から不登校でした。高校を中退してしまいました。そこから、だんだん家にひきこもりになって、家族と年ごろの僕が家の中でずーっと暗い空気の中で、父は職場へ行き、母と僕だけが自宅に居るという状態が延々と続いたんです。病院で心療内科を勧められました。右も左もわからないものですから「薬をまず飲みなさい」「はい、わかりました」ということで、薬を飲んだらずーっと寝っぱなしの状態になってしまいました。思考回路も全然働かなくなってしまって、学業どころじゃなくてですね、本当に大変な思いをしました。

18歳のときに1年位入院しました。1年入って退院した後からが地獄でした。薬は毎日30錠飲まされて、退院後のアフターケアもなく、そこから10年間、ずっと天井を見ながら寝っぱなしで一言も誰ともしゃべらず、ただ音楽を聴いて、上を向いて寝るか、音楽を聴くだけの生活が続きました。そういう状態の10年間で、暴力がありました。暴力が始まったのは心療内科にかかってからなんですね。心療内科にかかるまで学校に行っていた頃は、外に行って発散する場所、外に行ける場所があるのでいいんですが、やっぱり家の内にずーっと引きこもって空気がよどんできますと、どうしてもお互いピリピリしてきまして、それで衝動的にですよね、憎しみはないですけれども当たる場所がないので、壁に穴をあけたりとかですね、あとはまあだんだんエスカレートすると本当に母に大変な想いをさせてしまって。その状態が続きまして、相変わらず医者の薬を30錠も毎日飲まされて、やっぱりそのまんまの状態で、ほとんど生きてるか死んでるかほんとにただ植物のようにベットの上にいる状態が続きました。母は、当時、兄と祖母と僕の3人の入院と介護で大変だったんですけど、当時は僕も薬を30錠飲んでいて、よくわからなかったんです。

当事者の息子さんや娘さんを抱え込んだままでいるとどうしてもギクシャクしてくるので、絶対にお勧めしたいのはアウトリーチという訪問を受け入れることです。高齢者介護と同じように、家族ですべてを抱え込まないでほしいです。外からの風を入れるのは本当に効果てきめんで、薬以上の効果があると思います。公益社団法人「やどかりの里」の職員に訪問してもらったことで、僕に転機が訪れました。そこから僕はそれまでの10年間が嘘のように、もう快進撃になりました。初めは、庭にでることすらできなかったんです。庭に出ることも怖かったのですが、「サッカーしようよ」って一緒にサッカーしたのが最初でした。そこから、訪問看護師さんと一緒に外に出るようになって世界が広がって、更には、グアムに１人で行ったりとか、全国を回ったりとか、遅れて青春を取り戻したような感じでした。クラブとかコンサートを100回も行き音楽を聴いて、音楽系のアカデミーにも合格しました。そうして信頼できる人を少しずつ増やしていくと薬よりもはるかに効果がありました。絶対に言えるのは、薬で暴力や症状を抑えられない。それが僕の結論です。

以前、大学生から「暴力をしているとき、薬で抑えられなかったらどうしたらいいんですか？」と聞かれたとき、僕は答えられなかったんですが、やっぱり専門家じゃなくてもいいので、同世代の人であればいいのでしょうけれど、例えば「今日は何のドラマが面白かったなあ」とか「音楽どうだったのかなあ」とか「この先どうする？」とか、他愛ない話をすることが大切だと思います。そして、それが実現していくことが回復につながると思います。やっぱり訪問してもらって、外から風をゆっくり入れてくれるのが結構お勧めです。いいお医者さんやいい職員さんや仕事上の付き合いであっても、たとえビジネスであっても、必ず外からの風を入れることが大切です。外からの風を入れないまま家族だけで抱えてしまうと、100パーセント潰れると僕は思っています。そこだけは何とかしてもらいたいと思います。

今、ちょっと暴力があったときのことを思い出すと辛いです。フラッシュバックして僕も辛かったんですが、明るく楽しく１度切りの人生なので暴力だけは本当に避けなければならないことですね。是非話合いで。僕の体格みたいにこんな体をしてるんで、お父さんを持ち上げたりできるんですよ。だから、仕方がないので自分の身銭でサンドバックを買ってですね、それを外に置いているんです。ストレスは皆さんも多分お持ちで、僕も持ってまして、老若男女みんな持ってると思うので、何かしらストレス解消とか気分転換することは、非常に大事だと思います。

事例へのコメント

この体験談は、家族への暴力をテーマにした講演会で語ってくださった逐語録をもとに、私が多少の加工をしたものだ。私は、大市さんと会って驚いた。長年ひきこもり状態で暴力をふるっていたと想像ができないほどの回復ぶりだったのだ。まだ病状の波があり、自分を責めたり、落ち込んだりすることもあるが、調子のよいときは、会話はスムーズでユーモアさえある。容姿もお洒落すぎるくらいお洒落だった。

ひきこもり状態をひき起こした原因は何だったのだろうか。おそらく最も大きな要因は、薬の過剰投与だろう。本人も親も医師の指示どおりにすれば、良くなると思い、良かれと思って従ってきたに違いない。家族への暴力は、精神医療によってひき起こされたと言っても過言ではない。薬に頼りすぎず、訪問して人による対話で治療をする、そのような精神医療が当たり前になる時代が到来することを願って止まない。

暴力は家族を懲らしめようとしてふるっているわけではなかった。暴力が起きていた状況のとき、大市さんは周囲の状況を理解できるような状況ではなかった。冷静な判断力がない状況で、暴力が起きていたと考えられる。また、暴力をふるったことを後悔して、苦しんでいた。ひきこもり状態で起きる家族への暴力とは、このような状態で起きるのだと私たちに教えてくれた。

3. 震えて泣きながらの暴力（母親）

「お前はいつも、俺の自尊心をズタズタにしてきた～!!」と叫びながら、息子が次女に襲いかかって、栃木市の実家近くにある巴波川の畔まで追いまわしたあの日は、今から何年前になるでしょうか。次女が希望した美術系大学に入学して、運転免許証を取得した19歳の秋のことでしたから、息子は21歳になった23年前のことでした。

娘の心に大きな痛手を与えたその出来事は、慌てて止めに入った私たち夫婦にも、衝撃的な出来事となりました。そのとき次女は殴られたものと思い込んできましたが、最近改めて聴きましたところ、上から覆いかぶさり手をふり上げたけれど、泣いて震えていたそうです。

中学３年生の終わり頃から見え出した変調の中で、数校の高校を受験しては失敗を重ね、確約のとれていた高校に不承不承の想いで通った息子でした。苦労しながら卒業をして、ようやく治療につなげた１年後に、コンビニのアルバイトを始めていました。父母の記念の日を祝って、子どもや孫たちが全員集まることになったあの日、私たちは息子も連れていくかどうかに散々迷ったものです。部屋に閉じこもって１年後に、治療により落ち着きを取りもどした息子は、アルバイトができるまでになり、ほっとしていました。

母（本人の祖母）は２人の娘たちを大層かわいがって、その日も記念にブルーの大きなカメオのブローチを用意していました。また、無事に大学生となった２人を大いに褒めました。不本意な高校を卒業した息子は、アルバイトを続ける中で不安を一杯に抱えていたのです。私たちはその気持ちに気づきませんでした。順調な歩みを始めた妹に怒りを爆発させたのは、当然の成り行きだったのかもしれません。

中学３年生の終わりの頃に始まった変調は、高校に入ってからよりはっきりしていきました。それをいち早く察知したのは、隣の部屋で暮らす２歳下の次女でした。「部屋の中で、ぶつぶつ独り言を言っているよ」。そう教えられても、受験の重圧と失敗を重ねた結果だと捉えた私たちは、よもや精神疾患の始まりだとは少しも思いませんでした。

後々、次女が大学受験を控えて大変だった頃に、親が気づけなかった小さな暴言は始まっていたようです。大学２年生になると、３回乗り換えて通学するのが大変だと言って、次女はよく友人の下宿に泊めてもらうようになり、卒業後は神奈川県にある会社に就職先を決めて、早々と家から旅立っていきました。

順調に自立への歩みを始めた妹によるストレスがなくなって、落ち着いた環境の中で息子はコンビニでのアルバイトを４年間続けました。しかし、人の出入りが激しい店内で過ごすうちに、次第にストレスが高まっていき、４年目の後半には疲れからかイライラすることが多くなりました。アルバイトを卒業して、早くしっかりした仕事に就かなければという焦りに囚われ、また店長も独立させようと考えていました。金銭のまとめ方や銀行への預け方なども任せるようになって、それが息子を一層追い詰めていき、再発して入院という最悪の事態に陥りました。

疲れて帰ってきた後に、数時間手洗いを続けたり、お風呂に３時間も入っていたり、真夜中に壁に大きな穴をあけては掃除をしていた当時、私たちは寝室でそーっと身を潜めていました。一度、興奮してコップや掃除機を投げつけた息子を叱ったことがあります。ランランとした目で私を睨みつけた瞬間、見事な早業で私の唇に足蹴りをしたのは、窮鼠猫をかむ事態にまで息子を追い詰めたからでしょう。医療につなげてからも、疾患の正しい理解や経過、適切な対応などを学ばなかった私は、過去の自分を嘆き悲しむことになりました。初期の家族には、正しい知識と情報とがいかに大切かを、身をもって知ったのです。

いろいろな経過を経て、今はまた家にこもりがちな息子は、周りの生活音により湧いてくる被害妄想に悩んでいます。作業所には拒否反応をし、グループホームの生活は耐えられないと考えています。80代の高齢家族が何とか50代の障がい者を支えているという、8050（ハチマルゴーマル）問題は、私にもすぐそこまで来ている問題であり、限られた資源を活用しつつ支援策を考えているところです。

事例へのコメント

この母親は、愛情溢れる、優しさの中にたくましさのある方である。この文章を読めば、息子がなぜ手をあげたか、その背景を母親がよく理解していることが伝わってくる。

この話を読んで、息子さんがどれだけ悔しかったか、どのような想いで妹に手を振り上げたのかと思うと、涙が出てきた。精神疾患を発症すると、その発症時期が学業にとって重要な時期であるがゆえに、中退せざるをえなかったり、受験できずに進学できないことは珍しくない。今の時代、高校は卒業するのが当たり前、そして、大学に行こうと思えば比較的簡単に行ける。自分がやりたくても病気のせいであきらめざるをえなかったことを、下の妹や弟が成し遂げ、自分の手に入れる。努力していないのではない。誰よりも成し遂げたい気持ちがある。それを病気が阻む。周りに理解してもらえず、ぞんざいに扱われれば、その辛さはいかほどかと思う。

このような苦悩は、日本人の価値観が生み出している部分も大きいと思う。日本人は、「人様に迷惑をかける人間にはなるな」と、他人との調和を大切にする。他人への意識の高さは、気遣いを生む素晴らしい側面がある。他方で、大勢の標準から外れることを良しとしない側面がある。標準とは、今の時代の、この文化の標準であり、一つの基準の物差しで測ったものに過ぎない。例えば、東京大学の学生は今の時代の、今の基準の、試験問題をよく解けるだけなのに、人生の勝ち組だと多くの人が認識している。だが、今使っている物差しが違う物差しに変われば、全く違う結果になるのだ。学歴が高い、大企業で働いている、お金持ちである、ということを良しとする大勢の価値観にふり回されることはないのだ。私は、そのようなありきたりの価値観に染まらず、人の内面を重視する人間でいたい。誰にも長所、短所がある。世間の一律的な価値観を気にせず、堂々と生きてほしい。

家族への暴力は、どうにもならない助けを求める声、本人から発せられるSOSであることをこの話は物語っている。

4. 衝撃だった防犯カメラとIQ（母親）

私（母親）は、平成27年1月に娘から暴力行為を受けたため、警察に通報しました。同日午後7時警察から呼び出しがあり、夫婦ともども出頭しました。そのときは、親子の暴力行為の調書とりかなと思っていました。しかし、そこで見たものは、平成26年7月JR構内にて見知らぬ男性への「暴力行為」を行っている娘の防犯カメラの映像でした。娘の姿が鮮明に映し出されていました。私は、「家の娘です」と思わず叫んでしまいました。それは、私たち夫婦にとってあまりにもショッキングな写真でした。そして暴行事件として立証され逮捕となりました。拘置され事情聴取一泊二日、検察に移動してさらに事情聴取を二泊三日、その後精神科病院への入院を条件にさせることで釈放されました。

娘ははじめて精神科を受診しました。そして、統合失調症と診断されました。入院期間は３か月にも及びました。入院中も同室の方々に暴言・物を投げつける行為を頻繁に繰り返していたようですが、私共と面談するときはいつも自分に非はないとの一点張りでした。自分の病気に対して、病気の認識がないまま経過することに私は多少いらだちを持ちながら、主治医との話を繰り返す日々を送っていました。時として、「隔離病棟」に入る状況もあったようでした。その後、自宅で母親がしている掃除・洗濯を手伝うことを条件に退院し、３か月後にはアルバイト先が見つかり通うようになりました。

退院後、主治医との面談でIQが平均より低いことが告げられました。それは予期せぬことであり、ちょっぴりショックでした。私たち夫婦から見ても、「気分が良いときと悪いときの落差が極端」「コミュニケーションの面で随分と齟齬がある」ことは薄々感じてはいたことでした。常に被害的意識（私の病気は産んだ母親に問題がある）が付きまとい、自分の出来不出来やその日の気分によって八つ当たりするため、アルバイト先でも会社から業務遂行困難と判断され、結局２か月で退職勧告を受け、退職を余儀なくされました。

現在は、アルバイトを探すためハローワークの相談室に通い、面談をしています。「自分は仕事をして自立したい」と一途に思っていることに不憫でなりません。親の立場から見て娘は、「自分の意思は自分にあらず」他人事のように思うところが見られ良し悪しの判断があいまいなところが散見されます。

最後に、「薬は友達、意識は生きる糧」として親子が最低の絆を保持することを娘と自問自答している日々です。

事例へのコメント

精神疾患という認識のないまま、家庭内の暴力をきっかけに、警察につながり、他人への暴力行為を知るに至った。両親は「まさか」という衝撃に襲われたであろう。また、入院中に他の患者に暴力をふるい、自分の非を認めていない。IQの低さもある。

この事例の方が知的障がいを合併しているか否かはわからないが、家族への暴力を研究していると、統合失調症だけでなく、知的障がいや発達障がいを合併しているのではないかと思う方がいる。統合失調症ならば、混乱して衝動的に暴力が出ても、落ち着いた後に反省して謝るということが多い。常に自分の非を認めないということは珍しい。また、誰にでも同じように暴力がでるというところも統合失調症だけの場合と異なる部分である。知的障がいや発達障がいの場合は、家族以外にも暴力が出ることが多いようだ。そのため、職員も困るため、家族が暴力のことを抱え込むことは少なく、課題を共有しやすいということを聞いたことがある。

娘さんは明るく積極性のある方のように見受けられる。周りは巻き込まれて大変だと思うが、ご本人は、たくましく生きていかれるのではないか。生きる力を感じた。

第５節の要点

▷強制移送や医療側の不当な扱いも広義においてはやはり暴力。「やられたら倍にしてやり返す」（暴力に対して更に強い暴力）という暴力の悪循環を生む。

▷医療につなげようと家族が相談しても有効な支援が得られないのが現状である。

▷家族が仕方なく民間業者による移送を使うことで、本人は心に深い傷を負い、家族に強い殺意を抱くほど関係性が悪化することもある。

▷医療スタッフが親身になって、暴力をふるわないよう熱心に説得してくれることで自暴自棄な考え方を変えられることもある。信頼できる支援者との出会いが重要である。

▷服薬していても、ひきこもり状態にあるときには暴力が起きやすい。暴力があると薬を増やすという安易な対処によって、暴力が悪化することさえある。

▷ひきこもり状態では、訪問による人との対話が回復のきっかけになることが期待できる。

▷冷静な判断力がない状態で本人が暴力をふるった場合、本人が後で後悔し、苦しむこともある。
▷障がいがあることで自分が思うように生きられない苦しさは、時に暴力へとつながる。家族への暴力は、どうにもならない助けを求める声、本人から発せられるSOSである。
▷知的障がいや発達障がいを合併している場合は、精神障がいだけの場合とは異なる暴力の出方が見受けられる。

第3章
親が暴力と闘う長い道のり

この章では、インタビューで語られた内容をもとに親が統合失調症本人からの暴力をどのように捉え、どう対処してきたかを紹介する。「　」と voice はインタビューの言葉を示している。

第1節 家族への暴力の発生と日常化

1. 生まれつきの気質

インタビューで語った親の多くは、暴力的言動を生まれつきの気質ではないと捉えていた。彼らは、本人の幼少期をふり返って、どちらかというと自閉的で、気になる子だったと述べた。「おとなしい」「すごく緊張する」「自閉的で内気」「冗談を真に受ける」「新しい環境に馴染めない」などと語っていた。中には「弟は文句なしにかわいかった」「妹とこんなに違うのかと思った」と他のきょうだいと比べて、育てにくさを感じていた親もいた。のちに、発達障がいとの合併が疑われる事例もあった。

2. 暴力の出現

インタビューの語りによると初回の暴力は、多くの場合、発病の前後に起きていた。ほとんどの親は、初めて暴力が起きたときを具体的に覚えていた。

中学校や高校でいじめに遭い、不登校や中退になったり、大学受験に失敗するなどの変調があった頃から暴力が出てきたと述べた。思春期に重なることが多く、治療が始まる前に暴力が起きた場合は「反抗期かもしれない」「思春期の男の子にありがち」と初めは病気と捉えていない親が多かった。

voice 高校で不登校になったんだけど、私は、息子に学校に通ってほしくて。朝、寝てたところ年頃の男の子の布団を剥ぐっていうのもどうかと思うんですけど、「もうまだ寝てんの」なんて言って剥いだんです。布団剥がれたら、まあ普通でも怒るとは思う。怒る、怒りの表現がパンチできたのが一番最初でした。いきなりガー、バーってきました。それ以来、私は顔を絶対に守るようになったんですよね。いきなりバーン。身構える暇もなく。ビックリですよね。それでも仕事に行かないといけないので、それから１週間すごい厚化粧が続いたの。内出血を隠すために。

3. 精神科での治療開始と暴力の消失

インタビューで語った親の多くは、暴力に対応しながらも、精神疾患だという確信に至るまでにある程度時間を要していた。ある母親は「これはおかしい。見た感じが普通じゃないと精神科を直感」して精神科受診につなげた。十分な治療をしたことで暴力がなくなる事例や、暴言のみになる事例があった。

voice （ある母親）娘の暴力は、急性期が始まって半年ぐらい経ってから急にね、家族全員に始まりました。父親、私、妹に、背中を思いっきり叩くんですよ。思いっきり叩くからすごい痛いんですよね。妹なんかは、病気のことは知らないから、叩き返すんですよ。叩いたら叩き返すいう感じでね。主人はもうね、病気だと思ってるから、そのままで、私も叩かれるんですけど、あまりにも酷かった、私も叩き返して。もう何でそんなことするんだってね、叩き返したりして。「ごめんごめんごめん」って謝るんですけど。病院には相談はしなかったですね。夜中に走り回ったり、何か怖かったんですよ、多分ね。音に敏感ですよね。夏なんか窓を開けてね、「わー」って叫んで。悪口は言わないんですけど、「わー」って言うだけ叫んで、また入ってくるっていう感じだったんですけど。暴力が収まったのはやっぱり薬が多分効いてきたからかなって。半年ぐらいはやっぱり暴力が結構あって。家族中がもう我慢ができないからもう入院させようかっていう話にまでいってたんですよ。本人も入院してもいいってね、言い出して、私もこんな大変だからっていうので言い出したんですけど、娘はクリニックに通院していたから、入院先の精神科病院を探すのも大変だなと思って、とにかく我慢してたら、だんだんだんだん暴力の回数が少なくなってきて。今思うには、薬がね、先生に相談はしてないんですけど、薬が効いてきたんじゃないかな。それからは、もうあんまり立て続けにやらなくなって。たまにはやってましたけど、今はもう全然、もうやってないんですけどね。

4. 治療を開始しても暴力が消失しない

インタビューでは、治療を開始しても暴力がなくならないと語った親が珍しくなかった。服薬中断など十分な治療がされないと、病状の悪化とともに暴力がひどくなることを繰り返す事例があった。また、治療開始した後に、初回の暴力が起きる事例も珍しくなかった。突然、「おまえたちが自分の悪口を言うからだ」とドアを蹴って穴をあけたり、家族が注意したら「足蹴り」というこれまでにない反応の暴力が起きた場合もあった。服薬を遵守してもなお暴力が収まらないことが少なくなかった。ある親は、「大変な病気なんだ」と認識したことを語った。

voice （ある母親）これまでは、息子がちゃんと薬を飲まないから、突然に暴力が出たりとか、そういうのがあるのかなと思ってたんですけれども、ちゃんと薬を飲んでいるにもかかわらず、暴力が出たということは、「こりゃ、大変な病気なんだな」と思いましたね。状況の変化で随分変わってしまうんだなっていうことも思いましたね。今では、外に出ることができなくなってしまって。玄関から一歩も出ないですね。ほとんど家の中ですね。だから、そういうストレスも、こうどこかにたまってると思うんですね。ストレスと幻聴が入ってくるとひどいです。もう、目を見るとわかりますので。もう目つきが違ってきます。普段接してる目つきと違って、鋭くなって。キラキラ光る。もう、ああ、やばいなあと思うと、もうなるたけ当たり障りのないような感じで接しますね。

5. 暴力の日常化、暴力をしのぐ日々

何年も毎日のように暴力が続くと、ある親が「一緒に生活しないとわからない。もうすごいです」「先が全然見えない」と語ったように、いつ終わるかわからない極度の緊張状態が日常化していた。多くの親は、日々繰り返される暴力をしのぐために「いたちごっこ」で試行錯誤を繰り返し、様々な対処をしていた。日頃から「足音を立てずに歩く」「口の利き方にとても気を遣う」など「腫れ物に触るよう」刺激を避けた。

voice もう年中壁に穴あけるので、そこに額を飾って、ぶら下げて。あっちこっちに額がぶら下がってます。みんな穴があいています。トイレは何回ぶち抜かれたかわからないので、今も穴があいてそこでガムテープ貼ってあるんですけど、何て言いますかね、もう布団は破く、こたつは壊すで。またこたつ買い替えたらまたそのこたつも壊すで、もう毎日恐怖の、恐怖恐怖恐怖で。だから口の利き方もとっても気遣って。

voice 暴力がこうきたら警戒するっていうのを反射的に日常的にやっていた。それは日常生活。毎日の生活がそれでもう慣れちゃってて、それが当たり前になってることが異常だと思う。(私が) 警察をどうして呼ばなかったのかは、自分でもわからない。客観視できない。自分で自分がなんでそんなことやってるかがわかんなくなるほど。日常で。

親の中には、「包丁やハンマーは隠す」と言う人が珍しくなかった。本人

の暴力から身を守るために「庭に小屋を作った」「近くにアパートを借りる」などの避難場所を確保する人もいた。夜も「パジャマに着替えないで寝る」。それで暴力が起きてしまったら、本人の苛立ちが収まるまで「ホテルや親戚の家に泊まる」といった一時的避難、「逆らうと100倍返しになるから逆らわない」と耐えるなど多くの親は危険を回避するための工夫をしていた。「暴力ふるったときは入院させるしか方法がない」と暴力がひどくなると入院することを繰り返す人も少なくなかった。暴力をしのぐだけの日々を繰り返し、ある親は「やり過ごしてるうちに今日になってしまった」と20年をふり返った。ある親は10年以上続いた暴力の日々を次のように話した。

voice 暴力の度に親戚が来てくれたわけじゃないから、もう弟のちょっと勉強部屋みたいな小屋を作ったんですね、もうしょうがないから庭に。そこによく避難しました。それでも（本人は）その小屋の壁を蹴飛ばしたり、なんか物で突いたりしてました。生きた心地がしなかったです。

voice 今思い出すのも、もうとにかくあまりにもひどくて、私も辛くて辛くて、もう主人に言って、親戚の家に泊まらしてもらったり、あとホテルに泊まったりもしたりしました。きょうだいの受験期にも重なって、もう就職にも重なって、とにかく家が落ち着いた状況じゃなかったんで、家が荒れ放題だったんです。とにかく大変でした。どうなっちゃうんだろうと思って。弟ももしかしたらグレるかなとか。学校にも相談にも行きました。

voice パジャマに着替えないで、もう、昼間の服のままで、すぐ出られるようにしていましたけども。でも、ドアの前に立ちはだかられたら、どうにもならないですよね。トイレにちょっと行くからっていうと、トイレのドア、壊されたり。だから、その恐怖心っていうのは、ちょっと一般の人にはわからないです。穏やかなときは本当に優しくて、親思いで、きょうだい思いで。だからそれだけにちょっと、私たちも彼を、何ていうかしら、あきらめることができなくって。

6. 暴力を大きな出来事と捉えられない

身体的暴力はなくても発病して本人が変わってしまったことでほとんどの親はショックを受けた。ある母は、身体的暴力よりも「なぜ産んだの、死んだ方がましと言われたことがすごく辛かった」と話した。本人が発病してから色々なことがあり、「ショックなこといっぱいあるので。暴力が際立っている感じはしない」と語られたように、大抵の親は、暴力を特別なこととして捉えていなかった。

第 1 節の要点

▷多くの親は、暴力的言動を生まれつきの気質ではないと捉えていた。幼少期の本人は、どちらかというと自閉的で、気になる子だった。

▷初回の暴力は、多くの場合、発病の前後に起きた。

▷精神科につながり、十分な治療をしたことで暴力がなくなる事例や、暴言のみになる事例があった。一方で、治療を開始しても暴力がなくならないことも珍しくなかった。親は改めて「大変な病気」だと認識していた。

▷何年も毎日のように暴力が続き、極度の緊張状態が日常化していた。暴力をしのぐだけの日々が 10 年 20 年も続くことは珍しくなかった。

第2節 家族の葛藤と孤立

インタビューで語られた親の感情には、多くの否定的感情が含まれていた。暴力が日常化している状態でもなお、親は暴力を必死で抱え込もうとする。暴力を抱え込む親の心理は、核となる愛情が、恐怖、恥の意識、罪の意識によって覆われていた（図 3-1）。

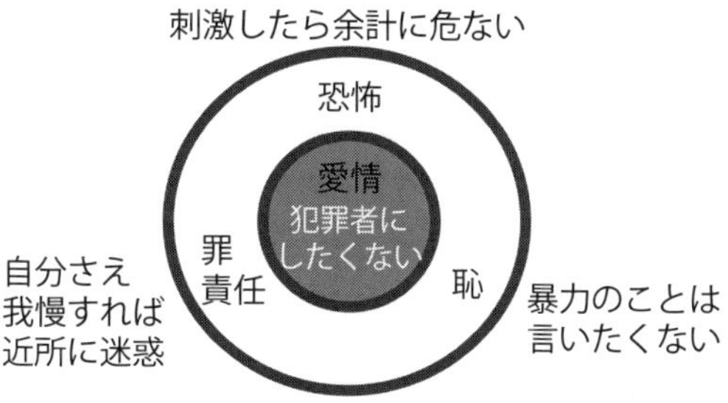

図 3-1　暴力を抱え込む親の心理

1．恐怖

暴力は理由はどうであれ、受けた者に強い恐怖を抱かせるという性質がある。インタビューで語った親の暴力への反応は、人によって異なった。中には一度暴力を受けただけで本人から逃げ回るようにして、一緒に住まない選択をした人もいた。しかし、ほとんどの親は、暴力を受けても本人と同居を続けた。暴力を繰り返し受けるうちに、「毎日恐怖恐怖恐怖」、本人が「そこにいるだけで、恐怖で緊張する」と語られたように、ほとんどの親は強い恐怖心を抱いていた。

voice 息子から暴言だの暴力だのありました。例えば、部屋に入ってないのに「部屋に入っただろう」って何回もそれを言うんですよね。そのたんびに顔を殴られたりとか、足を蹴られたりとか、そういう暴力がちょっと頻繁にありました。そのときはもう本当に私も昼間は、一つの部屋にこもってる状態。もう出られない感じの状況がずっと続いてました。主人が帰ってくるまでとか、もうずっと部屋でこもってるみたいな感じで。もう、当時はとにかく恐怖心がありました。

voice 私がボヤッとして。もう一発殴られただけで、ガクンと来ちゃったんですね。私はもう怖くて、自宅にいられないということで、きょうだいの所へ逃げちゃったんです。私はそのショックというか、長年、子を思う気持ちでやってきたところへ殴られて、その一発だけだったんですけど。もう本人とは暮らせないと思ったんですね。それで主治医に話しして、「私はもう彼と別に暮らしたい。今の家も全部処分して、もう別の所へ私１人で住むようにする」と言いました。

2. 恥の意識

家族が暴力を受けながら孤立していく大きな要因に、恥意識がある。恥意識とは、社会による偏見を自分が取り込んでしまった状態で、内なる偏見とも言われている。インタビューで語った多くの親は、暴力が日常的に続いてもなかなか解決に向けて行動することができなかった。彼らは暴力を隠そうと必死になっていた。ある親は身内が精神疾患を発病したことだけでも「親戚にも知られたくない」と語った。そのうえ、暴力は、精神障がい者をケアする家族が集まる家族会の中でも「家の恥」で「事実の何分の１だけしか言わない」と語られるほど、最もタブーな領域として認識されていた。

voice 椅子で殴られたんです。脳内出血でも起こしてたら嫌なので、近くの外科に飛び込んでいきまして、「あら、どうされたんですか？」って、まさか、やっぱり世間体、近くの外科なので、「実は階段から落ちまして」って言って、先生にはそういうふうに言って診てもらったんです。

voice 家族の人が暴力の話をするとき、私は10分の１に聞いてるんです。自分がそうだったから。ここまで言えるんだなあとか、こんなふうに表現するんだなあと思う。この10倍はやられてるなあと思いながら聞いてます。

voice 私の場合、私の妹が割と近くに住んでるんですよ。具合の悪いときは一切来ませんしね、私も呼びませんし。だから会ったときにこんなことやっちゃったのよってその事実の何分の１かを言うだけです。やっぱり他人の家にそういう不幸なことをあんまり言うのは嫌だなっていうふうに思います。楽しい話はいっぱいするんですけど、暴力のことは本当にかいつまんで。こんなことがあったのよって言うぐらいです。どこの病院行ったのよ、どこに入院したのよってそういうことは言いますよ。すごいことやったのよ。それは、その10分の1ぐらいとか、こんな壁破いたりしたのよって言ったりね。家遊びに来ますから、ここに額がぼっぼっぼっと貼ってみんなそこ穴あいてるんですから。だからこんなところでちょっとやっちゃったのよなんて言いますけど、絶対暗く言わないんですよ。こんなことやっちゃったのよって（明るく）言って、そこに花の額でもちょっとこう飾って。

3. 罪の意識、責任感

他者に迷惑をかけてはいけないという罪の意識や責任感もまた、暴力を家庭で抱え込ませる。ある親は、「夜中に騒いだら、近所の人は眠れない」と語った。近所に迷惑をかけたくないという思いから、家庭内で暴力を収めようとしていた。

voice すごいときはもう、世間に聞いてもらうんだって言ってわざわざ窓開けて、戸を開けて外に向かって叫ぶこともたまにあったりするものですからもう、近隣の住民に当然大迷惑ですからね、夜中に大声出されて。親としては、現実に困ってるのはこれが一番辛いことなんですよね。夜中にね、夜中の12時だ、2時だ3時にね、大声でわーわー騒がれたら、みんな周りの人たちは眠れませんよね。実害を与えます。だから日中はまだいいんですよ。起きてるはずだから。夜中ほぼ全員が眠ってるでしょ。明日仕事だ、明日学校だっていう人たちもいっぱいいるわけですね。その人たちみんな起こしちゃうわけですから。そういう実害があるんです。

voice 犯罪者ってそこまではいかないですけど、まあ迷惑かけちゃいけないっていう。お隣すぐ隣がもうくっついてて、お年寄りが、私よりかなり年の人がいて。だから夜なんかね、大きな声でお風呂で怒鳴ったり叩いたりやるわけですよ、桶を叩いたり。するともうハラハラしてもうね、いたたまれなくなってしまう。昼はそういうことはやりませんけど、でも何があるかわからないので、気をつけてっていうことで、（本人を家に）１人にはさせないようにしてたんですね。

voice 家のほうはやっぱりね、大声を出すんで、隣近所に迷惑がかかります。まあ言葉に出して（隣近所から）言われたことはないんですけどね。隣近所には迷惑かけたくない。

voice 最近テレビを見ますとね、駅でもって包丁ふり回してどうのこうのとかそういう人ばっかりですよね。ああいうのはみんな精神がおかしいと思うんですよ僕は。何かテレビで見ますとね、みんなそういうふうに見えちゃうんですよ。ああうちの子がもしもああいうことをしたら、今度はだからって。今は入院してるけど、出てきてこんなことをしたら俺はどうしたらいいのかなと。そこでもって昔で言う切腹しなきゃならない。何かがあった場合に、親戚中に影響しちゃうだろうと。本当に迷惑ですよ。僕がね他の人の、親戚でもってそういうことがもしもあってね、耳にしたら嫌な感じしますよ。嫌がるっていうか、そういうね、殺人事件を起こしたりする人が、もしもいるとすれば。これはうちの親戚、遠い親戚かもしれないとかね、何とかかんとかっていう噂にはなりますよ。

4．愛情

何人かの親は、受診が必要なほどの怪我をしても「この子を犯罪者にしたくない」と言い、受診をせず、暴力を隠そうとしていた。暴力をふるわれても多くの親は、本人を責めるのではなく、「今日は私が対応を失敗した」と自分を責め、「やっぱり苦しんだろう」と本人の気持ちを理解していた。ある親は、本人が暴力をふるっても「穏やかなときは本当に優しくて、親思いで、弟思いな子」と本人の良いところを大切していた。

voice あの子、優しい気持ちもすごく持ってるんですよ。母の日とかね、父の日とか、誕生日とか必ずおめでとうの手紙とかはがきを病院からくれるんです。先日も敬老の日に交換日記に「お母さん、いつもありがとう」と時間をかけて上手な字で書いてくれた。

親はただ本人の幸せを願っていた。

voice 本当に自分の人生が幸せだというふうに言ってもらえるようにするにはどうしたらいいかみたいなことばかり考えていたの。

子の暴力が始まる前から暴力がなくなった後も一貫して、親が子に抱いていた感情は愛情だけだった。そして、暴力を解決するために親がとる行動は、「愛情」を軸として変化していた。そのため、精神障がい者から親に向かう暴力については、親の心理を理解しようとするとき核となる感情は、子への愛情だと考えられた。

5. 暴力の密室化

家庭内における暴力は、恐怖であり、恥であり、人様に迷惑をかけられない問題として多くの親に捉えられていた。また、親は、本人を「犯罪者にしたくない」と愛情あるがゆえに暴力をなんとか家庭の中で収めようと必死に闘っていた。

図 3-2 暴力の密室化

暴力を頑なに隠そうとし、抱え込む親の心理を崩すためには、「このままだと本当に犯罪者になってしまいますよ」など、核となる感情、つまり親の本人への愛情に働きかけることだった。

voice 外で、大変なことされちゃったら困るんです。他人に危害を加えたり、もちろん家族にもそうですけども、彼を犯罪者にしたくない。間違えたら重大な結果になるかもしれませんからね。そうなっちゃうかもしれないっていうね。そういうぎりぎりのところで頑張っている。多くの人たちがね。それであまり我慢してね、結局息子を犯罪者にしないためにも、大変なときには警察に訴えたほうが、警察を頼んだほうがいいんです。すごい我慢してるっていうか、耐えてる人がいる。

第２節の要点

▷暴力を抱え込む親の心理は、核となる愛情が、恐怖、恥の意識、罪の意識によって覆われている。

▷暴力は理由はどうであれ、受けたものに強い恐怖を抱かせるという性質をもつ。

▷家庭内の暴力は家の恥と捉えられ、家族会の中でさえ最もタブーな話題である。

▷人様、近所に迷惑をかけたくないという思いから親は暴力を家庭の中で収めようと必死になる。

▷「この子を犯罪者にしたくない」という親の愛情があるため、相談、受診、警察を呼ぶことを躊躇し、暴力をなんとか家庭の中で収めようと必死に闘う。

▷家庭で暴力を抱え込む状態を打破するためには、中核である愛情に働きかけることが有効である。

第３節　支援を求めて

インタビューで語った多くの親は必死に暴力を隠し、自分たちの力で対処しようと頑張ってきたが、それも限界に達した。何人かの親は、何年越しかで、やっとの思いで誰かに助けを求めた。しかし、彼らが助けを求めてもなかなか支援は得られなかった。

暴力について親が相談する相手は、家族会を除くと、主治医、保健所・保健センター、主治医以外の医療従事者、警察と続く（図3-3）。どこに相談しても有効な解決策が得られないことが多かった。生死がかかっているほど暴力で困った状況において、支援を求めても支援されないのが、今の精神保健医療の実態だと言えるだろう。その対応、システムは、家族をより一層孤立させた。

1．主治医

家族が真っ先に相談する相手は主治医というのが通常だろう。しかし、主治医の中には、過度に本人中心に医療を行い、家族の話は聞かない人もいる。インタビューでは、何人かの親は主治医から、家族が悪いという言い方をされていた。

voice　それほどの暴力ではないと。怪我するまで行かなかったですから。ただ、クリニックの先生に相談に行って、大したことないからと言われました。先生がね。大したことないから辛抱しなさいと。

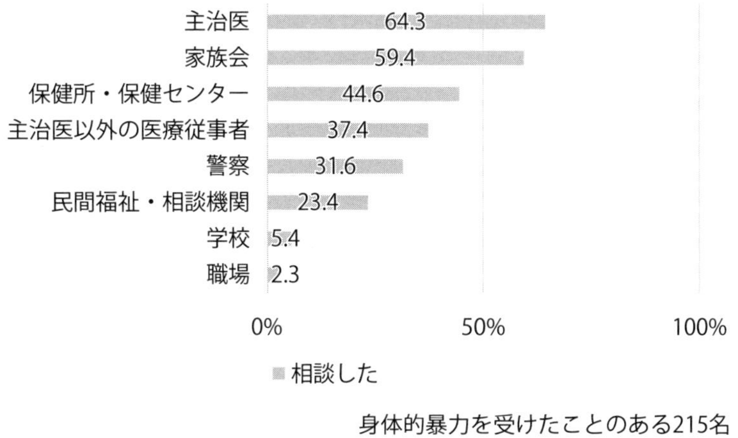

文献　Kageyama et al., in press

図3-3　家族が受ける暴力について家族が相談した関係機関・関係者

voice 暴力のこと言ってるけど、医療機関は、頑張ってくださいとか言うの。先生は。私、何を頑張るのかなって思った。

voice 先生は、私が過干渉だと思ってらしたんじゃないかと、思ってます。親御さんに問題があってというふうに受け取られてる。主治医以外に暴力について相談した人はいない。

voice ちょっと暴力のことを先生に相談したんですね、薬もらいに行ったときに。そうしたら「本人に言ってください。あんまりひどい場合は入院させますよって言ってください」って、それだけですもん。

2. 保健所

治療につなげる支援や危機介入の支援は、保健所の役割である。しかし、保健所は近年統廃合が進み、遠い存在になったと聞くことが多い。そのしわ寄せが家族に来ているとも考えられる。インタビューでは、多くの親が保健所での支援に不満を抱いていた。

voice 保健所に行って。子どもはこういう状態だから、何とかしてくれ、はっきり言いました。警察の手を動かして、入院させるような手を打ってくれないかっていうことを、頼みに行ったんだけど。ところが、「そういう制度はない」って言った。今、保健所で、警察をどうのこうのっていうことはないって。

voice 保健所っていうのは、あんまり頼りにできない。はっきり申し上げて、頼りにできない。

3. 警察

暴力があった時に警察を呼ぶということについて、インタビューで多くの親は、気持ちの整理が必要だったと述べた。やっとの思いで警察に相談しても、「なんかの行動がない以上は、病院に連れて行くことはできない」と助けてもらえないことが多かった。

voice 暴力がほんとうに日常的にずーっとあって、それでもう警察を呼ぶのにも、私はすごくやはり、まだ大人になってない年齢の子のことで警察を呼ぶっていうのはとっても勇気がいって、できなかったんですよね。暴れたらもう絶対警察って私が決断するまでに5、6年経っちゃったんですよね。それからはひどい暴力のときには、もう警察を呼んで、それも何回もやっぱり呼びました。

voice 私は警察は呼べなかった。だめ。呼んでもいい機会や状況はいくらでもあったの。だけど全然呼べない。警察を呼ぶっていう気持ちになれない。

voice 相談に行ったら、何か事件が起きないとやってくれないって言われた。ちょっと、もう、事件、起きるの待って。そこが非常につらいです。

voice 警察はいずれにしても、本人が逆上して暴力をふるったら何って（危害を加えた）事実がないと、動かないんですよね。

4. 福祉機関

インタビューの中で多くの親は、相談対応をしている多くの機関に支援を依頼していた。その中には、数としては少ないが、福祉機関も含まれていた。

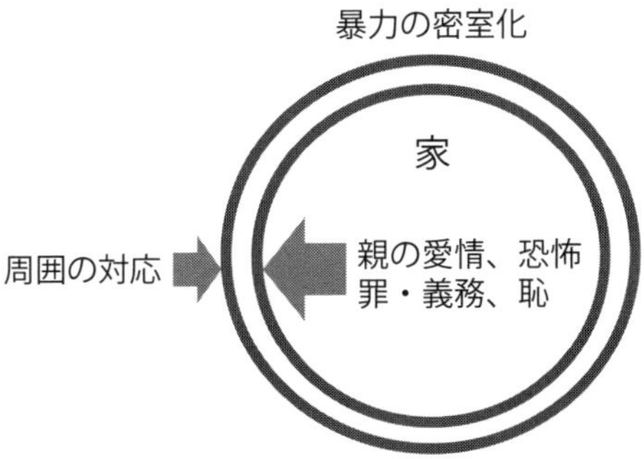

図 3-4　暴力の密室化と家族の孤立

voice 職員に相談しても、「それはとにかくうちに来てくれない限りは対処の仕方がないんです。うちは、通ってこれる当事者が対象ですから」ってはっきり言われましたから、「だからこちらからお伺いすることはしておりません」と、当時はですよ。まさか大きな体を首に縄を付けるわけにもいかないし、もうどうにもならなかったですよね。

あらゆる相談機関を訪ね歩いても、支援の手が差し伸べられることがないと、親は暴力を抱え込まざるをえない状況に追い込まれ、絶望の淵に立たされた。

第３節の要点

▷親は何年越しかで、やっとの思いで誰かに助けを求めるが、なかなか有効な支援を得られないのが現状である。
▷相談先としては、主治医などの医療従事者、保健所、警察が多い。
▷支援が得られない状況で、家族はより一層孤立する。

第４節　家庭崩壊そして決心

インタビューで多くの親は、本人が服薬を遵守しても暴力が収まらなかったと語り、有効な支援も得られずに苦しんでいた。日常的な暴力が10年20年と続いた家庭は少なくなかった。そのうちに家族自身が精神的に病み、家を出るなど家族間に亀裂が入った。死を覚悟するまで追い詰められ、家庭が崩壊し始めてやっと、何人かの親はこのままの生活を続けてはいけないと考えを変えた。

1. 家族間の亀裂

ある親は暴力の連続で「家族みんな健康を害した」「体重が10kgも減った」と語った。親やきょうだいが精神的不調をきたすことは珍しくなかった。「父親は1、2回殴られたら家に帰らなくなった」「姉2人は逃げた」と家族の誰かが家を出たり、別居する場合があった。

voice 私、13kg痩せちゃったの。くたびれちゃって。ほんと。だから姪っ子にね。おばちゃんはね、太っているの？痩せてるの？って言われちゃったことあったわ。急に痩せちゃったの。

voice 私はちょっとうつ病になって、体重も7キロぐらい減っちゃって、病院通いをしました。きょうだいもやっぱり病気になって病院通いも始まって。20年ぐらいはもうめちゃめちゃな感じでかなり辛かったですね。

voice （母）主人は、1回か2回殴られたんですが、その後帰ってきませんでしたね家に。自宅には戻ってきません。怖かったんだと思います。単に怖かったんだと思います。何回か殴られていましたね。

2. 追い詰められる

疲れ果てた親の中には、自殺を考えるほど追いつめられ、「もう本当に自分が情けなくなって。もう死んだらどんなに楽だろうと思った」と当時をふり返った。また、追い詰められて、死という形で終わらせたいという気持ちを持つ人は珍しくなかった。

voice この苦しみからなんとか逃れたい。これ延々と続くんですよ。お互いに生きてる限り。苦しみからの逃避。お友達も言っています。死んでほしいって。愛情がないわけじゃないけど、死んでほしいって。

voice じゃあ死ぬところを探そうということになりましてね。田舎暮らしという本が何冊も出ておりまして、それを見ながら、古い家を買って、そこでもってなんとか山の中の家を買ってやろう、そこでもってもう最後になろうと、もうくたびれたということを僕らも話しました。

3. 決心する

何人かの親は、このままの生活を続けてはいけないと考えを変えた。考えを変えたときは、「取り返しのつかない大事件が起きてしまってからでは遅い」というように、事件になってもおかしくないと思ったときだった。

親の決心から、暴力の解決へと事態が動く。

voice 家族だけで情報が何にも入ってこない状態っていうのは、もうそれこそ本当に何か大事件が起きちゃう。そこまで私なんかは（危ないことが）あったんで、もう取り返しのつかない大事件が起きちゃってからでは遅いんで。幸いに人様には向かってやらなかったんです。暴力とか暴言も。それにしても家族の誰かが１人欠けたり、もう本当にそういうところまで切羽詰ったものがあったんで、それがやっぱりまずそういうふうに決断したいちばんのことだと思いますよ。だって何かがあってからでは遅いですもん。

第４節の要点

▷日常的に暴力が続くと、家族自身が精神的に病むことは珍しくない。きょうだいや片親が家を出るなど家族間に亀裂が入ることも多い。

▷疲れ果てた親の中には、死を覚悟するまで追い詰められる人がいた。

▷いつ事件が起きてもおかしくない状況になってはじめて、本人と離れて暮らすことを決意する親が多い。

第5節　暴力が解決に向かう

誰かが死んでもおかしくないという極限状態まで追い詰められて、やっと暴力を解決しなければいけないと強い決意に至った親は少なくなかった。対人の暴力まで至らずに、物を壊すだけの場合、親の対応を変えることで、暴力が解決に向かう人がいた。その場合は、極限状態まで追い詰められることはなかった。

暴力を解決するうえで最も重要なことは、本人と家族だけで孤立しないということ、密室化している家庭に風穴をあけ、風を通すことだ。ひきこもり状態にある本人が第三者とつながることは現実的に難しい。この段階では、なかなか相談できなかった家族もやっと家族会などに参加して、外につながる。その次に、本人が第三者とつながるように外からの支援を家庭に入れることに成功した人もいた。しかし、多くの家庭で第三者を入れることは難しく、親は、本人のひとり暮らしという道を選択していた。

1. 親が家族会につながる

ある父親は、「暴力をふるわないと理解してもらえない」との理由で息子から頭を軽く小突かれていた。親が家族会につながったり、家族ピア教育プログラム「家族による家族学習会」で勉強することで、本人を理解できるようになり、対応が変わり、暴力が次第に消失した家庭もあった。

voice 私も家族会活動してて自分自身で落ち着きが出てきたんだと思う、おそらく。いろんな人の話聞いてるからね。いろんな人の話聞いてるから、自分も安定してきたなって思うんですよ。それがやっぱり子どもにも、そういうあれが移っていってるんだと思うんですよね。自分がばーっとすぐ目くじら立てることが多かったんだと思うんです、おそらくね。そういう点では確かに家族会のその力っていうのはすごいね。

voice 家族会の方がとても親身に個人的な話を聞いてくださったので、その方にすごく大きく支えられて、その方にも相談して家族会の方にも相談して、いろんな方のそのお家のケースをね、いろいろ教えていただいたりして、やっぱりこれがいちばんうちには必要かなと、この方法だなっていうことに。やっぱりそのいろんな方の支えがあって、お話を聞いて、家族とも勿論話し合いしたけども、家族会の方と話すことでだんだん（自分の）考えがまとまっていきました。

voice 「家族による家族学習会」というプログラムがありまして、それが結構勉強になって、それから少しずつ本人が変わってきまして。２年ぐらい前からほとんど暴力をふるわなくなったんです。話もよくするようになったし、家族に対する思いやりみたいな言葉も出るようになってきたと。ここ１年ぐらい話し合いをした結果が、作業所を利用してみようということで、現在、週３回ほど作業所に行ってるんですけどね。

2. 第三者が家庭に入り、風穴をあける

暴力が激しい場合は、親の力だけで家庭内の暴力を解決することは難しかった。第三者の関与が入って家庭に風穴が通ると、解決へと動き出す場合があった。ある親は、専門家の訪問開始を本人に納得させることに成功し、ひきこもりから脱出したことで暴力がなくなった。

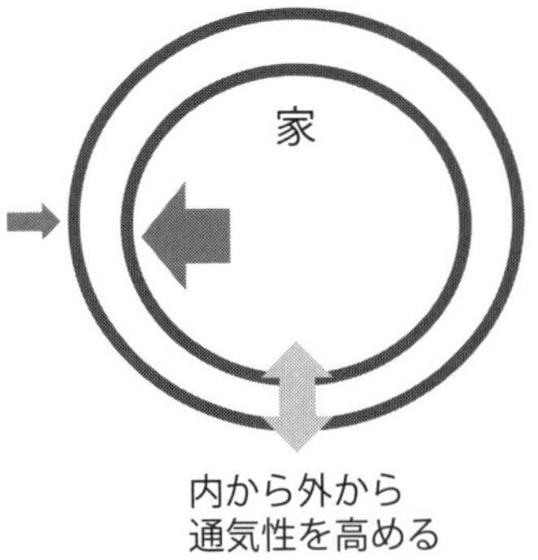

図 3-5　家庭に風穴を開ける

voice 本当にもう、20 年ですよね。不登校から数えて 20 年の間、本当にオオカミ少年のような生活でしたから、髪は伸び放題、爪は伸び放題、お風呂にもろくろく入らず、爪は腐っていくような、本人、人には言えないような状態だったんですね。

それで、外で、今、JRでスイカありますよね。昔は切符でしたから、なんでこんなものができて、ってもう、浦島太郎ですよ。そういうふうな、本当に銀行のお金の出し入れも全然できない、それも訪問看護師さんと同行してですね、本当に赤ちゃんのような状態から今日までなったんですよね。だから本当に親の力はなんの足しにもならないって、つくづく思いました。

voice ACT（Assertive Community Treatment）チームの中で、「私はお母さん担当になりますから。こちらが息子さん担当です」とか３人いて、「何かあったら私の所へ言ってきてください」と言って、お話聞いてもらえるので、それで気持ちが本当楽になりました。

3. ひとり暮らしに向けて支援する

インタビューに協力してくれた26名の親のうち、暴力が繰り返されるからという理由で、保健所からひとり暮らしを勧められた親が1名だけいた。ひとり暮らしを勧められても「たぶん出せない」と思いきることができない親もいた。しかし、「暴力が繰り返されたら、そのうち僕が死んじゃいますよ」「一緒に暮らしたいけど、やっぱり無理」とやむをえず、同居を断念する親が多かった。

暴力とは別に、ひとり暮らしは本人が自立するためにいずれ必要なことだと多くの親は認識していた。しかし、日本では、成人しても未婚であれば、親と同居することが多く、障がいをもっている息子に、あえてひとり暮らしという選択肢を選ばせるには、覚悟が必要だった。

voice 家族でも何回も集まっていろいろ姉（本人）のことで話し合いしました。やっぱり一緒に暮らすことはもう無理だということで全員が一致しました。ちょっと辛かったですけどね、

インタビューの中では、子が息子の場合、ひとり暮らしを選択するように

息子を説得する役割は、父親が担っていた。その息子と父親の話し合いは、母親を交えることなく、2人きりで行われており、男と男の話のようだった。自立に向けた訓練を受け、ひとり暮らしをした後は、母親や父親が定期的に本人の家を訪れ、距離を置いて支援していた。

voice 本人が入院中に、「お願いだから、もう退院させてください。お願いします」って頭下げたんですよ、座って、正座して。このときに、ちょっとチャンスだなって思ったので、はっきり私（母親）も言ったほうがいいと思って。主人も本人に、「二十歳を境に今度暴れたり何だりしたら、もう裁判所に訴えるからな」って、もう言ったんですよ。もう本人、二十歳としての自覚を持って大人扱いするからっていうのに、主人がもう断言したので。本人も「じゃあ俺もあれだったら、お父さんを訴えるよ」みたいなこと言ってましたけれども。でも、そういうあれで私もちょっと踏ん切りがついて、本人にそういうことも言えましたし、本人も病気だってことを認識できてきてたようだったので、チャンスだと思って言って。「もうひとり暮らししてもらうから」って。やっぱり、うちもきょうだいもいるんですけど、今大学生ですけど「もう私もお兄ちゃんの面倒は見れません」と断言されたんですよ。だから、もう本人にも言いました。「もうきょうだいも『お兄ちゃんの面倒は将来見れない』って言ってるから。だから自分1人でちゃんと生きていかなきゃだめだよ。お母さんたちも年取ると、もうあなたを、どこまで面倒見れるか分からないから、今から自立して自分なりに生活して、失敗はあるかもしれないけど、やってってほしい」っていうことを言いました。

第5節の要点

▷暴力を解決するうえで最も重要なことは、本人と家族だけで孤立しないこと、密室化している家庭に風穴をあけることである。
▷まずは親が家族会につながることが重要である。
▷ひきこもりの状態では、家族以外の第三者が家庭に入ることで解決に向かう場合がある。

▷家庭にサービスを入れることが難しく、暴力が解消されない場合は、ひとり暮らしに向けて訓練を受けるなど、家族と離れて暮らすという選択肢をとる家族が多かった。

第6節　残る傷と癒し

暴力から解放された親は、平穏な生活を取り戻したと語った。しかし、辛い暴力を受けた経験を自分の中で消化できているわけではなかった。また、暴力がなくなっても本人の心配ごとがなくなるわけでもなく、親にとって問題は解決していないと認識されていた。

1. 暴力の傷跡

ほとんどの親は暴力は消失した後も、「頭を掻くのに手をあげただけで叩かれると思ってしまう」「なんかちょっと言葉が荒々しくなったりとか予兆があると、記憶が呼び起こされちゃうんですよね」など言い、暴力の恐怖が完全に消失しているわけではなかった。暴力をふるわれて難聴や腕が動かしにくいなど身体的後遺症がある人もいた。

voice テレビのたとえばドラマの中で暴力シーンなんかがありますよね、それはたとえば家庭の中で奥さんに暴力をふるうようなシーンは見れないです。それはちょっと、フラッシュバックっていうんですか。そういうような感じで、やっぱりそこは見れない。その後がわかっちゃうっていうか、だめですね。そこら辺が今でも傷だなっていうふうに自分でも自覚できます。

voice ストレスが凝縮してね、われわれ近くの者に向かってこなければいいなっていう願望が、思いがあるんですけどね。今のところ落ち着いてるんですけど。ふとね。PTSDじゃないですけどね、思い出します、やっぱり。なんかね、そういうことが起きなきゃいいなっていうね。

2. 平穏な生活と本来の自分を取り戻す

インタビューで語った親の中で、本人の暴力が完全に消失したと語った親は多くなかった。暴力から解放されたある母親は、「10年間の暮らしがまるでドラマだったのかと思うほど、今は平和で穏やかで幸せに過ごしている」と明るく語った。また、趣味を再開したり、旧友に会うなど、本来の自分を取り戻していった親もいた。ある家庭では、家族にも、本人にも、それぞれに相談できる支援者ができた。そのことは、家族に安心感をもたらし、本人と「一緒に料理をしたり、買い物をしたい」と、以前のような関係性を取り戻していた。

voice 私、（本人と別居して）初めて友人とか、この病気のことを話せるようになった。それまでは、ちょっと濁しちゃっていた。実は、これこれこうなのよと、言ったら、だいぶ気持ちが楽になりました。息子とも、別れて、１人で今度は、私自分１人のことを考えないとならないということもありますよね。今まで長く疎遠にしていて、ようやくこちらから声をかけて、遊びに行きましょうよ、と言えるようになった。言ったら、うちもそういうときあったわよと、何十年も手紙でやり取りしていた人から、初めて聞いたようなことがあるんですよね。それだけで、あー特別なことではないんだよなという気持ちがあった。

voice 家族会入ってその前のこともいろんなことも消化しているので、そういう意味ではその家族会の仲間がいるのといないのとでは、全然その暴力を受けたとかそういう記憶も違ってくるかもしれない。

第６節の要点

▷暴力がなくなると、家族は平穏な生活を送り、本来の自分を取り戻していく。
▷暴力がなくなっても、暴力の恐怖が完全に消失するわけではない。

第7節　司法との闘い

暴力は、死と隣り合わせの深刻な問題である。第1章4節で、兄が本人を運悪く殺害するに至ってしまった愛媛県の事例を紹介した。家庭内の事件になってしまった場合、家族は深い傷を負っているにもかかわらず、司法に対応しなければいけない。司法で更に傷を負う場合も少なくない。その事例で親はどのような体験をしたのか、紹介する。

voice　［事例］病気を理解した判断を司法に望む（岡田節：父）

下された判決は、懲役９年というものでありました。私どもはあえて正当防衛を主張してきましたが、過剰防衛と判断され、それにしましても重い、９年でありました。

裁判にあたり、精一杯準備致しました。何より、周囲の方々は皆、長男（本人の兄）の日頃からの人となりを知って頂いており、事故の顛末を知るや、有難くも、あらゆる関係各位が呼びかけて頂き、嘆願書を集めて頂きました。その数6000名に及び、感謝に耐えません。

私どもとしましては、被害者の親の立場でもあり、主張の限りを尽くして、長男を救うべく全力をあげたときでした。しかしながら、わずか１回の裁判で、わずか２か月間だけの裁判員裁判において、「そのとき、発病したかどうかは、わからない」の一文のみ。この病気との関わりについて、全く語られないままに出た判決でした。

後に、長男は「生命の危険を生じさせるものでなかった」との判決文に、私どもと共にあきれ果て、間違っていると叫びました。この事故（事件）は、次男の統合失調症たる精神疾患が原因で起こったことに他なりません。次男の豹変がなければ、それに対して、想像すらしなかった長男の「殺されるかもしれない」の場面こそが原因に間違いないことです。

司法はこれをあえて全く取り上げようとしてくれませんでした。理解しようとしてくれませんでした。確かに「統合失調症」のすべての患者が次男のようではないですし、あえて病気が原因だと語ることは、他の患者さま、世間へのリスクもあったと思います。また、この問題に深く立ち入ること自体が判決の長引きや、知識の習得、議論時間の延長等必要とされる。それほど深い内容のものであろうと思うのです。現に、裁判長は、判決後に、周囲に対し、「この件、審議し足りなさ感がある」といみじくも語っております。「し足りなかった審議」のために、この本当に深い、この事件の、本当のところを見て頂くことができず、いわば、何の関係もない、何の責任もない、本来であるならば、すべての責任たる親を差し置いて、その責任を一身に背負い込んでしまった。将来ある、有能な人間（親バカですが）を、このような事故に巻き込んでしまったのは、すべて親の責任であります。今はただ、その長男が不憫でならず、申し訳なさ感に心傷める今日であります。

司法とは、ここまで厳しいものなのでしょうか。確かに長男は、恐怖のあまり背中を10か所、刺したことは事実です。1か所より10か所が重いのでしょう。現場には、2人しか居ませんでした。証言する者がいないのも事実でしょう。しかし、彼は本当に次男の病の何たるか、どのような症状たるかを知りませんでした。知っていれば、あえて次男に向き合って、話すことがどれだけ無謀かわかるはずでした。ひとつ聞きたいのです。

もし、長男がすべてを知っていて、親がひどい目に遭っている。それを救うために、思い余って次男に手をかけてしまった。としたら、これは、東京都八王子市の事件での「家族を守るため」と同じように刑が軽くなるのでしょうか。単純に比較することはできないでしょうが、どちらも、人様を傷つけたわけではなく、身内で起きたこと。まして、ケンカでもなく、きっかけは暴力でした。こちらは、悪意や計画性もなく。この刑は、あまりに重すぎると思うのは、私ども身内だけでしょうか。

今となりましては、1日も早い釈放を願うのみでございます。

〈あとがき〉

どのような評論をされましょうとも、これは当事者が声を大にして言えることですが、身内に統合失調症患者をもち、暴力を受け続けるとき、これは誰にも言えず、相談できず、隠し続ける日々を続けざるをえません。理論のようにはまいりません。「身を伏して」「声を潜めて」の、筆舌に尽くし難い生活が続くのです。まして、この病気は完治しません。延々と続きます。行きつく所まで行ってしまうこと、こうなってしまうこと、よくよく解せます。世の中の、あるいは、システムの患者フォロー体制の確立を一日も早く期待します。二度とこのようなことがないように。

著者による補足：

・東京都八王子市の事件：2014年6月6日精神障がいのある三男を父親が殺害した事件。懲役3年、執行猶予5年の判決が出た。三男は家庭内で母親等に暴力を繰り返しており、保健所、病院、警察に相談するも解決されなかった。父親は法廷で「私は、妻と娘を守る義務がある」「いまの精神医療の社会的しくみでは、私たち家族は救えないのではないか。そう思いました」と述べている。

・統合失調症の経過：病気の経過は人によって異なる。最近では、就労できるほど回復される方も珍しくない。

事例へのコメント

精神疾患というのは、いまや国民病である。5人に1人は、死ぬまでに精神疾患を患うと報告されている。ありふれた病気ではあるが、身体科と違って目に見えない病気であるため、理解が難しい。そのような理解の難しい疾患なので、裁判の審議には時間がかかるだろう。しかし、是非時間をかけて理解したうえで判断していただきたい。私たちの研究がもう少し早く実施できていれば、もしかして、裁判員の判断材料になったかもしれないと思うと悔しい。今回執筆に応じてくださったのも、二度と同じような悲劇を繰り返さないようにというお気持ちからである。

第７節の要点

▷家庭内の事件になってしまった場合、深い傷を負っているにもかかわらず、司法に対応しなければいけない。司法で更に傷を負う場合も少なくない。

▷裁判官には、精神疾患を理解したうえでの判断を望む。

第4章
解決に向けてできること

第1節　支援の限界と歪み

現在の精神保健医療福祉の支援実態について、精神疾患の発病から時間軸にそって説明する。

1．前駆期や発病初期の支援

精神疾患というのは、目に見えないため、わかりにくく、また、偏見のために受容されにくい性質がある。近年、うつ病に関する報道も増え、精神科診療所を受診する敷居は低くなったと言われている。また、新薬の登場やリハビリテーションの向上によって、入院せずに自宅で急性期を乗り切る人も増加傾向にあると言われている。しかし、初診時における治療や対応についての説明は未だ不足しており、家族は、本人が治療につながったことで安堵してしまう。服薬継続の必要性や症状悪化の可能性などを理解できず、治療中断を招くことも少なくない。そうしているうち、症状が悪化し、家族はこれまでの本人と違う姿、不可解な行動に翻弄されてしまうことが多い。発病初期は確定診断もつけにくく、本人や家族にどの程度説明するかは難しい判断だろう。しかし、主治医等からの説明が不十分なために、事態を悪化させていることが少なくない。

2. 急性期の支援

東京で2014年6月に精神障がいの三男を父親が殺害する事件が起きた。発病前は仲のよかった父子だったらしい。家で激しい暴力が繰り返され、主治医、保健所、警察に相談を重ねたが、解決に至らなかった。父親は殺害に至った理由を法廷で「いまの精神医療の社会的しくみでは、私たち家族は救えないのではないか。そう思いました」と述べている。

この事件を見ても急性期の支援の仕組みが機能していないことがわかる。よく経験するパターンを説明しよう（83ページ図2-6）。

家族はまず公的な相談機関や医療機関に相談することが多い。しかし、多くの場合、有効な支援策がなく、途方に暮れる。困った家族は、民間の移送会社にお金を払って、病院まで連れて行ってもらうことも少なくない。移送会社を利用しない（できない）場合は、家族は耐えに耐えることになる。家は安全ではなくなり、公的な避難場所もなく、車中泊などでしのぐ。事件が起きそうなほど病状が悪化した状態になってようやく警察に保護される。警察署の保護室は概ね刑務所の独房を想像するとよいだろう。そこから警察官通報や受診援助によって、精神科病院に連れられ、概ね強制入院になる。その移送する間や診察場面、診察場所から病棟へ連れて行かれる場面など、親は身を引き裂かれるような想いで「本人のため」と信じて入院を見守る。病状が悪化した状態なので、保護室に入り、拘束、鎮静の投薬、という処置がバタバタと看護師に囲まれて行われる。そして、保護室に1人になる。精神科病院の保護室は綺麗な独房を想像するとよいだろう。

以上が急性期に経験するよくあるパターンである。このようにして入院に至ったら、どんな気持ちになるだろうか。もし何も知らされていないのに、理解していないのに、このような扱いを突然受けたら、「拉致」同然の連れ去り、犯罪を犯していないのに「犯罪者扱い」、病院かと疑うような「監禁」状態、に思ってしまっても不思議ではない。大きな混乱と恐怖に襲われてしまうだろう。

現状の支援システムでは、あえて病状が悪化するまで待って対応するようなものだ。しかも警察対応は、問題である。なぜなら、暴力は病気に伴って発生しているため、必要とするのは医療であり、保安処分ではないからだ。病状がひどくなる前に、警察ではなく、医師を含む専門家が対応することが必要だろう。

このような急性期の対応について、私が報道関係者にこの実態を話すと、「それって日本ですか？」と驚かれる。普通の感覚では想像もつかない扱いである。精神疾患の世界は、中が見えないようにまるで隠されているようだ。だから、外の人が異様な世界を知ることは難しい。この世界が普通ではないことに中にいる人が気づき、外の人に知ってもらうことが重要である。なぜなら、外から見えない世界において、最も不利益を被るのは患者なのだ。

精神疾患に罹る人が歩く道は、最初が最も過酷ないばらの道で、ゴールに近づくほど舗装された道になっているように私には見える。最初に心を傷つけてしまうと、傷を癒すまでに時間がかかり、なかなか前に進めないはずだ。あえて医療との出会いを悪くしているとは考えられないだろうか。今の支援では、患者が医療不信、治療中断になるのは当たり前である。

3. 入院中の支援

病状がとても悪くなってから入院すると、保護室、拘束という強制的な処遇をしなくては対応ができないのが普通だろう。それは、患者の心をさらに傷つけてしまう。そのように始まる入院医療では、患者は医療を信頼することは難しい。

入院中は、「いかに問題なく過ごすか」が重要だとある当事者が言った。入院中に暴力を振るえば、保護室に逆戻りだからだ。なぜ暴力をふるったのか、本人なりの理由があるはずだが、それを職員はじっくりと聴いてくれない。残念ながら、保護室を「懲罰」として使う病院があることは事実だ。しかし、保護室に入れることで病状が良くなるとは限らないだろう。ある病院で入院中保護室にずっと入っていた人が、病院を変えたら、すっかり落ち着いて退院の話ができたという事例を本書でも紹介した。病状悪化、暴力、隔離拘束というのは、原因と結果の関係だけでなく、その反対も起き、悪循環になっていると考えるのが妥当だろう。

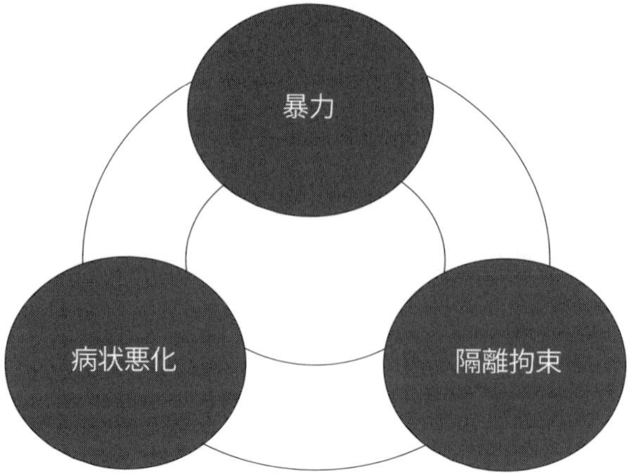

図 4-1　病状悪化、暴力、隔離拘束の関係

入院中は、医療的判断によって合法的に患者を隔離拘束できてしまう。そのような権力を職員は持っている。権力を持っている人と持っていない人、これは医療の世界に限らず、支配関係を生む。そのような環境に置かれて、本当の意味でリカバリーを追求する医療など実現することができるのだろうか。狭い箱の中で、支配される関係で治療などできるのだろうか。入院医療は、その環境を変えなければ、つまり、権力を職員から失くさなければ、いくら職員が患者のことを想っていても限界がある。支配関係の中で提供される医療を受け、傷ついた本人は、退院後「なんであんなところに入院させたんだ」と家族を責め、家族への暴力に発展してしまう。家族への暴力は、精神医療から持ちこまれる側面があるのだ。「入院してよかった」と言ってもらえる医療を提供することが、退院後の家族への暴力をなくすことにつながる。医療従事者は、自らの医療を真剣に見つめなおす必要がある。

家族への暴力が起きると、家族が大変困るし、本人の病状も悪化しているので、入院に至る事が多い。つまり、家族への暴力を繰り返す人は、入退院を繰り返すことが多い。同じことを繰り返しているわけなので、入院中から退院調整を行い、訪問看護等の支援を入れることや、ひとり暮らしという選択肢を検討することが提案されるのが普通だ。専門家でなくてもわかるように思う。しかし、精神科では家族への暴力があって入院になっても、暴力に

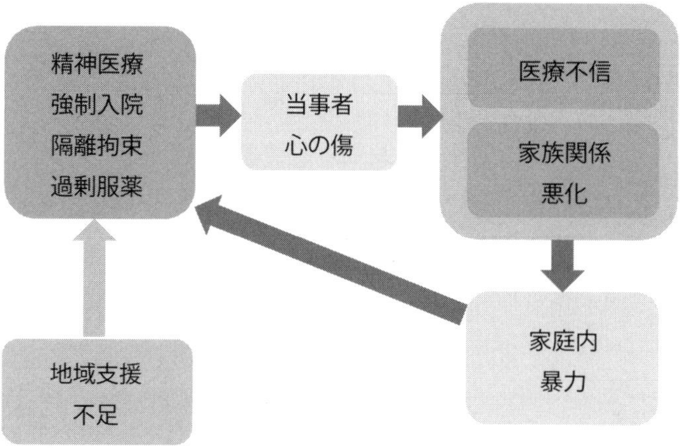

図 4-2　家庭内暴力が精神医療からもたらされる

ついて家族から話を聴くこともなければ、アセスメントをして、暴力の再発予防を検討することも行われることがないという方が多いようだ。これは、不思議である。人手不足という理由で済まされる問題ではない。ある看護師は「入院前のエピソードで家族への暴力はよく聞くことでしたが、その裏で家族がこんなに大変な思いをされていることを知りませんでした」と言った。また、ある看護師は「家族のことは家族で責任をとるのが当たり前という他人事のような意識があった」と言った。つまり、看護師が家族の気持ちや生活を知らないから支援の必要性を感じていない、あるいは、暴力が起きるのは家族の責任だという家族への偏見があるのではないだろうか。家族への暴力は、タブー中のタブーであり、家族会でさえ話すことを躊躇するような話題である。しかし、これを知ってもらわない限りは、支援を得ることは難しいのだ。家族がどのような想いでどのような生活をしているのかを知ってもらう努力をしなければ、支援者はその必要性を感じることもなければ、支援者から家族への偏見を払拭されることもないのだと思う。

4．自宅でのひきこもり状態

多くの人は、入院中に退院調整が行われないまま自宅に退院となる。そして、本人、親だけの限定的な人間関係の中で生活することになる。特に母親は自宅にいることが多く、本人と母親は四六時中、密室化した家で同じ空気を吸う。現在提供されている支援は、主に通所型であり、自分で通所できなければリハビリテーションを受けることができない。近年、就労支援が充実してきたことは大変喜ばしいことだが、外に出ることができない人たちへの訪問型の支援も充実させる必要がある。

社会的孤立は人を追い詰める。過去の人間関係や医療不信があれば、他人と関係を持つことに臆病になる。ひきこもり状態の生活では、自分が生きていることに価値を見出せなくなっても不思議ではないし、ストレスが溜まらない方が不自然だ。その苦悩に満ちた感情は本人が生きている唯一の環境である家の中で、唯一の人間である、家族に向かう。それは環境がなす必然である。他に選択の余地がないのだ。

この状態で提供する支援は、薬に頼りすぎず、人との関係による支援だろう。人との関わりは、暴力の発生に関連すると言われる、前頭前野の機能を向上させる効果があるという報告もある。安心できる人との関係には、頑なな本人の心を開き、外へ出てみようかなという気持ちを育てるだろう。そうすれば、脳の機能が低下した状態で苦悩を増し、暴力が起き、入院して更に傷つくという悪循環を断ち切ることができると考える。

親が訪問看護などを導入したいとしても、他人と関わることに臆病な本人には、なかなか勇気が持てないということもある。本人が他人とつながれなくても、家族はつながることができる。家族会に参加して、自分の辛い気持ちを話して共感してもらうことで安心するし、他の人の話を聴いて対応のヒントをもらうことも多い。訪問看護などサービスを使った経験のある人から話を聴くことも有益である。その身近な地域の情報を家で本人に伝えることができる。終わりの見えない凄まじい生活に絶望していた人も、そこから抜け出した他の人の話を聴けば、希望を見出せる。命を絶つことを防ぐためには、親だけでも同じ家族とつなげてあげることだと思う。

第1節の要点

▷前駆期や病状不安定の段階：治療や対応の説明が不足。

▷急性期：公的な相談機関や医療機関で支援されず、民間移送会社を使う人がいる。公的避難場所もなく、逃げ場がない。症状がひどくなってから入院するので強制入院、保護室、拘束といった侵襲的な治療になりやすい。それは本人の心を傷つける。病状がひどくなる前に精神科医を含む専門家が対応することが必要。

▷入院中：隔離拘束は、医療不信につながる。隔離拘束して傷ついた人が暴力を起こすという悪循環も考えられる。合法的な権力を持った医療従事者は、患者との間に支配関係を生み出してしまう危険性がある。「なんであんなところに入院させたんだ」と家族を責め、家族関係の悪化につながる。入院中に暴力のアセスメントを行い、繰り返さないように退院調整をする必要がある。医療従事者は、退院後の患者と家族の生活を知る必要がある。

▷自宅でのひきこもり状態：生きている価値を見出せず、苦悩を味わうことが多い。訪問型支援で人と関わることが重要。

第2節　支援者による家族支援：支援者全般の心得

この節では、家族への暴力の発生や悪化を防ぐために、支援者がどのように家族を支援すればよいか、その基本を説明する。

1．予防的支援

家族への暴力というものは、予防できる類の問題である。そしてたとえ一回の暴力でも、また、ふるう側に悪意が無くても、受ける側に与える傷は大きい。手当てがなければ元に戻れない。その影響力の大きさを考えれば、予防がいかに重要であるかということがわかる。しかし、実際に発生を予防することは簡単ではない。たとえ発生を予防できなくても、暴力を繰り返し受けないことや、ひどくならないことを予防することは可能である。

家族への暴力を予防するために最も重要なことは、家族への暴力は「起こりうる」という認識を支援者が持つことであり、家族に持ってもらうことだ。それは恥でも何でもなく、精神疾患という脳の病気では、しばしば起きる、仕方がない側面があるということである。家族への暴力は、服薬中断すると起こりやすくなるというリスクがあることや、暴力が起きたときにその場を離れることが本人にとっても大切なことであるとあらかじめ伝えておく。病状が悪化すると家族への暴力を含めて様々な問題行動が出現する。その可能性が高いときは、予防的に教育しておく必要がある。家族への暴力も起きる前から伝えておけば、家族は逃げるなど何らかの対処ができるものと考える。暴力は予防できる課題であるのだから、事後対応ではなく、予防に力を入れることが望ましい。

2. アセスメント

家族への暴力と言っても、人や状況によって要因は異なる。なぜ家族への暴力が起きたのか、家族と本人と別々に話を聴き、アセスメントを行うことが今後の対策を考えるうえで重要である。家族に暴力が起きる状況を5W1Hで具体的に把握する（図4-3）。

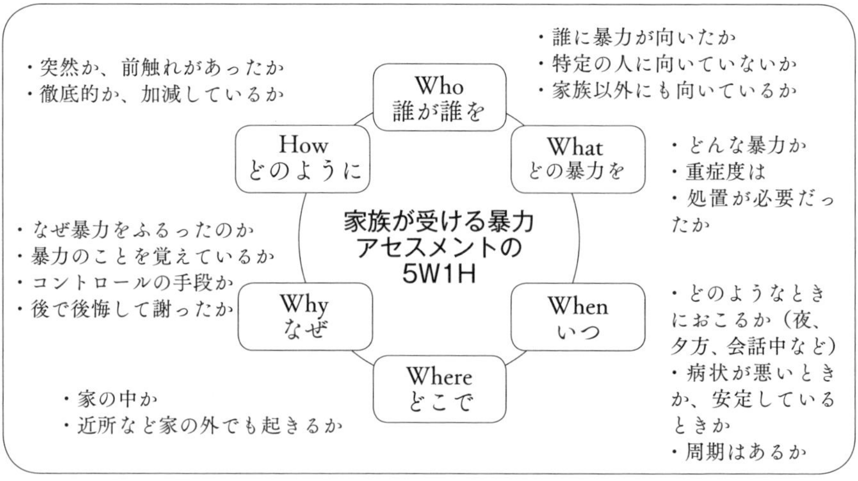

図4-3　アセスメントの視点

表 4-1　アセスメントの視点と対応

アセスメントの側面		アセスメントの視点や考えられる対応
本人	治療・服薬遵守	未治療、治療・服薬中断の場合は、治療による改善が期待できる。
	幻覚妄想	暴力が幻覚や妄想に誘発されていたり、症状悪化とともに出現している場合は、薬物治療による改善が期待できる。
	衝動性	衝動性のコントロールに乏しく、計画性のない暴力である。
	認知機能障害	通常のコミュニケーションで暴力が起きる場合は、本人の認知機能をアセスメントする。認知機能に焦点を当てた治療法が有効。周囲の対応に工夫が必要になる。
	繰り返される暴力	どのくらい暴力が繰り返されているのかを把握する。入院回数が多いと暴力が原因で入退院を繰り返している可能性が高く、その場合、再入院を防ぐために有効な手段は暴力への対応になる。暴力が発生するときの状況を記録し、要因を探る。
	発達障害の合併	こだわりなどがあれば､生育歴などから発達障害のアセスメントをする。周囲の対応に工夫が必要となる。
	苦悩・トラウマ	暴力は、障害程度が比較的重く、リハビリテーションにつながらずに家にひきこもっている場合に発生しやすい。思うように生きられないこと自体が苦悩となり、暴力で発散される場合がある。本人が目標を持って生きることを支援する必要がある。また、いじめや虐待の他、強制移送や隔離拘束を受けたこともトラウマとなりうる。トラウマは暴力の発生に関係する。
	他者との交流	家族だけとの人間関係では､暴力がエスカレートする｡リハビリテーションを利用するなど他者との交流の機会を持てるようにする。
	物質依存の合併	アルコール、薬物等の物質依存の合併は、暴力のリスクを高める。
	近所との関係	些細なことから近隣住民を被害的に捉えている場合にも暴力に発展する。
	住環境	遮音性が低い、相部屋で暮らすなども妄想や病状の悪化につながることがある。
本人と家族	暴力が向く相手特にきょうだい	暴力が特定の家族にのみ向く場合は、その家族との関係性が暴力の発生に関係している可能性がある。また、弱い立場の家族に暴力が向くことが多いため、妹など、きょうだいのことも把握する。
	家族が責められていないか	本人は「親のせいで病気になった」と自分の辛さを親に向けがちである。家族は暴力を甘んじて受けてしまうので、親のせいで病気になったわけではないことを本人と親にはっきり伝える。
	家族とのコミュニケーション	家族と会話している際に暴力が起きる場合は、家族が精神障がい者へのコミュニケーションの仕方を学ぶことで暴力が軽減する場合がある。
家族	家族の精神状態	PTSD、うつ、不安障害など家族自身が精神科治療を必要とするほどの精神状態である場合がある。その場合は、家族への教育より先に治療が優先される。
	家族へのサポート	家族は孤立すると追い詰められる｡いつでも相談できる支援者の存在や、安心して話せる場があるかを把握する。支援者や家族会などにつなげることが重要。
	経済的困窮	暴力から避難するためには、ホテル代など経済的な余裕が必要になる。経済的に困窮している家庭では、逃げ場さえ確保することができない。

アセスメントの視点と考えられる対応を表4-1に示す。家族への暴力の場合は、家族の特性や、家族と本人の関係性も暴力の発生に関係している。

3．家族を継続的に支援する

家族と本人の関係が固着している場合は、すぐに家族への暴力を解決できないことも多い。それでも多くの家族は、支援者が継続的な個別支援を行い、家族に寄り添って一緒に問題を考え続けてくれることを望んでいる。家族が相談に訪れるとき、主訴は本人を入院させたいという内容が多いかもしれない。しかし、話を聴いてみるとすぐに入院という方法を選択することが必ずしも適切でないと判断できる場合がある。家族は、家庭でなんとか対処しようとぎりぎりまで耐えてから相談に行くので、支援者がすぐに入院を手伝ってくれないとなると、「役に立たない」という捉え方をすることもあるだろう。そのような場合でも、支援者は家族の心情を理解して、解決に向けてともに考えていく姿勢を示してほしい。家族と一緒に暴力が起きた状況をアセスメントすることで、入院以外に解決の糸口が見えることもあるだろう。家族の中には、いつでも相談できる人を見つけて、安心感を得ることで、本人のリカバリーに向けた建設的な話し合いができるようになった人もいた。

4．家族の認識を変える

家族への暴力を抱え込む親の心理は、愛情を核として、恐怖、恥の意識、罪の意識によって覆われている（115ページ図3-1参照）。本人を「犯罪者にしたくない」「私さえ我慢すれば」「近所に迷惑がかからないように受け止めないと」「暴力のことは家族会でも言いたくない」などと思い、必死に暴力を家庭の中だけで抱えようとする。しかし、暴力がエスカレートすれば、家族の誰かが怪我をしたり、最悪の場合は死ぬかもしれない。本人は、本当に犯罪者になってしまう。また、長く親が暴力に耐え続けているということは、本人がリカバリーに向けた方向に進んでいないということを意味する。暴力に耐える時間は年単位で過ぎてしまい、気づいたら10年20年経っていたということもある。そして、やっと親が暴力を解決しようと決心して、本人がリカバリーの道を歩み出しても、すでに過ぎ去った時間を取り戻すことができない現実にぶつかってしまう。親も、暴力を受ければ、いくら愛情があっても恐怖心を拭えず、相手に心を許すことは難しくなる。そして、きょうだいとの関係も難しくなるかもしれない。これらを考えると、家族が暴力を甘んじて受けることは、結果的に本人を孤立させ、リカバリーを遅らせてしまい、本人を不幸にさせてしまう。家族にこのことに気づいてもらうことがまず必要である。

5. 本人のひとり暮らしを支援

家庭内暴力やひきこもり状態が長く続いている場合は、親子一体化して、なかなか子離れができないということも事実だ。しかし、親亡き後に備えて、本人がひとり暮らしができるように親が元気なうちから試しに離れて暮らしてみるということが重要だ。治療をしていても長期間に渡って家族への暴力が続くときは、家族から離れた生活をすることが、残された少ない解決策になるだろう。暴力がひどくなると入院することが多い。病院では、入院をきっかけにして、入院中にひとり暮らしを検討してほしい。また、入院後も地域から積極的に働きかけることが必要だ。地域の支援者から病院職員に連絡し、家族の元へと安易に退院させることなく、居宅サービス等を使いながら、家族から離れた生活ができないかを検討することを提案してほしい。

6. 家族の社会的孤立を防ぐために家族会につなぐ

暴力は、長い間、タブー視されてきた問題である。家族は、暴力を家の恥と捉えたり、本人を悪者にしたくないと、相談できずに孤立しがちだ。家族会は、家族が暴力のことを話せる数少ない貴重な場である。家族会で他の家族と体験を共有することで、自分の考えを整理して、固着した本人との関係を崩すことができた人もいる。また、事件になった場合は、近隣や友人からも孤立していくことが多い。そのようなとき、家族会の存在が救いになるだろう。

家族会の多くは、高齢化が進み、なかなか若い家族が入会しないという悩みを持っている。行政の支援も手薄になり、運営さえままならない家族会も多く、家族会の数は減少している。社会的孤立は、心中や家族間殺人という悲惨な結末につながるリスクを高めるだろう。社会的孤立を解消するための重要な社会資源が家族会である。行政機関や医療機関では、必ず家族会を案内するくらいの気持ちで対応する必要がある。とは言っても、家族会にいざ新しい家族が参加しても、家族が安心して悩みや体験を語れる場になっていないため、次から参加しなくなったという場合があることも事実だ。語れる場をいかに提供できるかが家族会の課題である。家族ピア教育プログラム「家族による家族学習会」をすれば、家族はタブーな話題でも語れる可能性がある。このような新しい取り組みを積極的に取り入れ、家族会自身も変わってほしい。また、支援者には家族会を支援してほしい。

7. 家族教室などで対処方法を伝える

ほとんどの家族は暴力の対処方法を支援者から教えてもらったことはない。そのため、家族が暴力に適切に対処することができないのは、当たり前のことだ。家族は、何年もかけて、試行錯誤で対処方法を見出している。そのような回り道をさせることのないよう家族教室などで、家族に向かう暴力について対処方法を伝えることが有効である。

第２節の要点

▷家族への暴力は、その発生や悪化を予防することができる。そのためには、家族への暴力は起こりうるものという認識が必要である。病状悪化や暴力などの問題が出現する可能性を予防的に教育することが重要である。

▷家族への暴力が起きた後は、その要因をアセスメントする必要がある。

▷暴力がすぐに解決できないときも継続的に支援者が相談にのってくれることを多くの家族は望んでいる。

▷家族が暴力を甘んじて受けることは、結果的に本人を孤立させ、リカバリーを遅らせて、本人を不幸にさせてしまうことに気づいてもらうことが必要である。

▷本人のひとり暮らしを検討することは重要である。

▷社会的孤立は家族を追い詰める。家族会につなげることが重要である。

第3節　入院医療：医療者の心得

1．日本の精神医療の現状

①進まない脱施設化とその背景

2014（平成26）年の患者調査によれば、日本の精神障がい者数は392万4000人と推計されている。そのうち、入院は1割弱の31万3000人で、9割以上は外来で治療している。

日本の精神科医療は、欧米諸国と大きな違いがある。欧米では、1960～70年代以降、脱施設化と呼ばれる動きが盛んになり、地域精神保健福祉サービスが整備され、長期入院患者は退院して地域での生活を始めた。収容所のようだった大きな精神科病院が次々に閉鎖され、入院医療から地域精神医療へと大きな転換が図られた。しかし、日本だけは90年代まで精神科病床数が増え続け、その後も横ばい状態である。日本は、人口1万人あたりの精神科病床数は27床と、世界一の多さである。日本では、精神科病床全体の90％を民間病院が占めていることが特徴である。民間病院は、経営を維持するために病床を減らすことが難しく、病床には常に入院患者の確保が必要になってしまう。他方、先進諸国では、多くの病院が公立だったために精神科病床を削減できた。先進諸国とは対照的な日本の姿がある。

表4-2　人員配置基準

	一般病床	精神科病床
医師	16対1	48対1
看護職員	3対1	4対1

②精神科特例によるスタッフの少なさ

日本では一般科病棟に比べて、精神

科医や看護師の数が少なくてよいという、「精神科特例」という問題もある。精神科病床の医師は一般病床の3分の1、看護師は4分の3（平成24年3月までは、なんと2分の1）で、精神科治療や看護を法律的に差別している。スタッフ1人あたりの病床数が多いことによって、長期入院患者の退院促進や退院後の地域資源の活用など、患者が地域で孤立しないで暮らせるための支援がなかなかとれない。このように、精神科医療の構造改革が進まないため、多くの予算が入院医療に注がれ続けて、地域精神保健医療や福祉の整備が進まないのである。

家庭の中の暴力に関する問題は、地域精神保健医療の遅れた日本の現状を背景にしている。地域精神保健医療が乏しいため、精神疾患を発症しても、受診につながるまでには、長い時間がかかり、病状が悪化することで、家庭内の暴力の問題が起きやすい状況を作っている。また、入院から地域に戻る際の、患者への丁寧な支援ができないために、家庭の中でひきこもりになる状況を作り出しているのである。

③医療保護入院と家族による同意

医療保護入院は本人の同意がない、家族等の同意による入院であるため、様々な課題を持っている。つい最近まで、「保護者制度」という問題があった。これは家族の1人が特別に「保護者」とされる制度で、精神障がい者に治療を受けさせる義務等の責務が課されていた。精神保健福祉法の改正により、平成26年4月1日に保護者制度が廃止された。現在は、家族（3親等以内）又は後見人・保佐人のいずれかが入院の同意をすることになっている。

医療保護入院は、本人の意思に反した入院となるため、保護者制度のもとでは、本人と保護者の間にあつれきが生まれやすく、保護者には大きな負担となっていた。しかし、「保護者制度」廃止後も、家族の同意による入院であることは変わらず、家族関係の悪化や家族の負担については継続している。

もともと、本人の権利擁護者として家族が期待されていたためであるが、家族は万全の権利擁護者にはなりえない。「家族等の同意」は、本人の自己決定権を安易に否定し、人権侵害になる可能性もあり、本人に判断能力があ

表 4-3　精神保健福祉法に基づく主な入院形態

形態	趣旨	精神保健指定医	同意書
任意入院	本人の自由意思による入院。ただし、精神保健指定医の診察で72時間、特定医師の診察で12時間の退院制限が可能。	不要	本人
医療保護入院	精神保健指定医により医療及び保護のため入院の必要があると認められたもので、本人の同意が得られにくい場合の入院。	要	家族等
措置入院	入院させなければ自傷他害の恐れのある精神障害者の入院。	要（2名以上診察結果が一致）	都道府県知事

注）この他に応急入院、緊急措置入院がある。

るかないかの判断は、公的専門機関が行う必要があるという意見がある [1)]。

医療保護入院では、自分は入院したくなかったのに、「家族のせいで入院させられた」と、家族を恨んでしまう状況が起きがちである。中には、そのことを恨みに思って、何十年も家族を責め続ける患者もいる。

家族は、何とか入院できてほっとする半面、自分が大切な身内を入院させてしまったことを後悔したり、自分を責めたりしがちである。入院させた際に、閉鎖病棟の重い鉄板の扉が「ガチャン」と閉まる音を聞いて、「涙が出て止まらなかった」と話した家族がいた。家族にとっても、本人の同意によらない強制的な入院は、大きなショックとなるのである。さらに、このような強制入院の経験は、本人の医療に対する否定的な感情を引き起こすことにもなり、またあのような入院体験をするではないかと、具合が悪くなっても、病院に行くことを嫌うことになる。

医療保護入院においては、入院の判断は「精神保健指定医」がするわけであるから、医師は、「入院という環境が治療のために必要かどうか」を、「病状等による医療的必要性」から主治医自身が判断したのだということを、明確に本人に伝える必要がある。特に、暴力をきっかけとして入院した場合には、医療保護入院となるケースが多い。入院に際しての、主治医の本人に対する入院説明は非常に大切になると考える。

1）『月刊みんなねっと』7、pp14-15、2016

2. 世界で進む早期介入

「精神病未治療期間（Duration of Untreated Psychosis：DUP）」という言葉がある。症状の発現から治療が始まるまでの期間のことで、この未治療期間が長くなると、治療効果が減少すると言われる。早期の治療・支援が遅れることで、病気からの回復が遅れ、予後が不良となるのである。その結果、勉学や就労などの社会生活の中断、自殺の危険、医療コストの増大につながっている。精神疾患においても早期発見、早期治療が不可欠であり、DUP を短くし、病気の初期に適切な相談や治療が受けられる社会的環境を整えることが求められている。

イギリスではすべての地域で、支援を必要とする精神障がい者に対して、地域精神保健チーム（Community Mental Health Team：CMHT）が積極的訪問をしている。頻回の入院に至るような事例に対しては、危機解決在宅治療（Crisis Resolution/Home Treatment：CRHT）チームに移行する。チームには、認定された看護師、心理士、作業療法士、ソーシャルワーカーの４職種が従事している。早期介入チームも、こうした特別チームの一つである[2)]。

このような、精神病に対する早期介入の活動は、他の先進諸国においても実施されている。具体的には、①ハイリスク集団に対する発病予防、②前駆症状に対する早期診断と早期介入、③最初の精神病エピソード後の早期治療、④精神病発病後２～５年の集中的・包括的・継続的支援、である。先進諸国の中では、唯一日本だけが実践に至っていないのである[3)]。

また、フィンランドで実践されている「オープンダイアローグ（開かれた対話）」[4)] という、対話を中心とした新しい統合失調症の治療法が注目されている。精神的危機にある人に対して、患者、家族、医師、看護師らが同じ部屋に集い、全く対等な立場で治療ミーティングを繰り返す手法で、薬についても、全員で意見を出し合い、より良い道を探る。すると、患者自身が自分の言葉で思いを語れるようになり、自己決定力を取り戻していく。このミー

2） 野中、2011
3） 『こころの科学』133、5月号3、2007
4） 斉藤、2015

ティングを繰り返すことで、統合失調症の症状が出現していた患者も、多くが薬を使うことなく治り、社会復帰を果たしていくという。

短時間の診療で、「統合失調症」と診断を下し、患者と医療者のコミュニケーションが不足したまま、薬や治療を強要する日本の精神医療とは、正反対の関わりである。「オープンダイアローグ」が示すように、心を病んだ人の傷ついた心を癒すためには、患者を中心にして、徹底して支持的に関わる医療者の姿勢が、今、改めて求められているのではないかと考える。

暴力に対しても同様であり、苦しんでいる患者を中心にして、家族と一緒に、耳を澄まして聴いていく医療者の姿勢が何よりも大切である。そこから、この暴力の問題の解決に向けた支援が始まるのだと考える。

3. キーパーソンとなる医療者

発病から受診までに長い時間を要した場合、外来での治療だけでは症状がおさまらず、入院が必要になってしまうことが多い。それは、初診だけでなく、病気の再発や精神症状の再燃の際にも、同様のことが起きる。病院に早めに受診させたいと思っても、家族の力だけではどうにもできないまま時間が経過することで、本人が自分の状況を判断できない混乱状態に陥ってしまう。その結果、自分の意思で入院する任意入院ではなく、医療保護入院や措置入院など、非自発的な強制的入院の形態をとらざるをえない現状があるのである。

精神疾患の発病によって、やっとたどり着いたのが医療機関である。医療者は、ここに至るまでの状況を認識する必要があり、受診してきた患者、家族の思いを理解しようとする姿勢が不可欠である。本人や家族の思いに積極的に耳を傾けたい。

今回のアンケート結果からも、本人から家族への暴力の実態は、医療者が認識している以上に深刻であることが理解できる。家族が暴力について相談するとき、相談

表 4-4　身体的暴力を受けた人が相談した相手

（215 名）

主治医	64.3%
その他の医療者	37.4%
家族会	59.4%
保健所等	44.6%
警察	31.6%

出典：Kageyama et al., in press

先の多くは、主治医を含む医療者である。しかし、家族の助けを求める声に、医療者は十分な対応をしてきただろうか。

医療者は、家族の最も危機的な状況に立ち会う存在であり、隠してきた暴力の問題、家庭の状況が明らかになるチャンスである。家庭での自宅での暴力の問題は稀ではないことを認識し、家庭での暴力に関しても積極的に対応する必要がある。医療者は、家族が受ける暴力に対応するキーパーソンなのである。

4. 外来受診時の支援

①患者の暴力のアセスメントを行う

家族は、病気への偏見から、暴力は家庭の恥と考えたり、本人を犯罪者にしたくないと考えて、自分自身が受けた暴力を積極的に話そうとしないのが現状である。その思いは、家族だけでなく、医療者も同様であり、暴力の問題を扱うことを避けてきた傾向があった。

医療機関を訪れるのは、発病間もない急性期であることが多く、混乱した本人の病状悪化時には家族は暴力の危険にさらされる可能性が高い。受診した家族のすべてに必ず、医療者は暴力を受けていないかを尋ねることが必要である。また、今はなくても、病状の変化から暴力の起きる可能性があることを率直に伝えるとともに、その時の対応についても、一緒に考えておくことが必要である。

暴力をすでに受けている家族に対しては、医療者は家族に寄り添って、一緒に暴力の問題を解決する方法を考えることが必要である。家族から情報収集を行い、暴力の背景を分析することが必要である。家族は、患者の暴力を話すと、本人が不利益な処遇を受けるのでないかと心配して、控えめに言う傾向がある。家族が安心して率直に話せるように対応することが必要である。また、この家族の話に耳を傾ける姿勢こそが、その後の家族との信頼関係を築くスタートとなる。家族は、本人の治療協力者である前に、支援を必要としている存在なのである。

特に主治医が本人の暴力について知ることは、適切な治療を提供していくうえで、非常に重要である。主治医は家族から直接相談を受けることもあれば、コメディカルスタッフから情報を把握することもあるだろう。いずれの場合も、本人とは別に家族から話を聴く機会をもってほしい。状況に応じて、コメディカルスタッフと家族との面談を設定したり、家族に自宅での本人の状況を手紙などに書いてきてもらったり、できるだけ多角的な情報収集を行うことが必要である。最近、本人主体に治療するとして、外来の診察場面で、家族の話を聞かない医師がいると聞く。本人、家族の両者から、きちんと聞くことが、適切な治療につながることを認識してほしい。

暴力への対応を検討するためには、薬物療法の見直しや入院の適否の判断、家族への助言、環境調整、訪問サービスやその他の地域資源の導入の必要性等、適切なアセスメントが前提となる。その際に主治医は、他のコメディカルスタッフとの話し合いを行って、医療的側面以外の心理・社会的側面も十分に考慮に入れるようにしてほしい。

②本人に対して、暴力の再発防止に向けた教育を行う

本人が混乱状態にあったとしても、できる限り本人の話に耳を傾けることが必要である。本人も暴力を振るってしまうことを良くは思っていないであろうし、困っているかもしれない。暴力の問題について率直に伝え、一緒に考えることが必要である。その際、暴力という行為に頼らないで、自分の気持ちや意思を言語化し、周囲に伝達する方法を学べるようにするなど、本人への教育も必要である。こうした関わりが、医療者との信頼感の構築につながり、その後の家族や周囲との関わりにも良い影響があると考える。

③医療者は家族がいつでも相談できる相手になる

暴力の問題は、簡単に解決するものではないことを念頭に置き、家族がいつでも相談できるよう、寄り添う支援を行うことである。家族を本人の治療協力者（介護者）という見方で関わるのではなく、家族自身が支援を必要としている存在であることを理解して、家族自身の健康に気を遣い、気持ちを聴くようにすることである。

④家族に疾患に対する正しい知識や対処方法を伝える

暴力を予防するには、家族自身が治療継続の必要性、コミュニケーションの仕方などについての知識を持つことが必要である。病院やクリニックなどの医療機関では、家族教室（家族心理教育）を実施して頂きたい。発病早期の家族に、精神疾患に対する正しい知識や対処方法を学ぶ機会を提供することは、その後の本人の回復や家族関係に大きく影響する。また、家族教室での家族同士の出会いは、家族の孤独感を和らげる機会となるであろう。さらに、地域の保健所や保健センターなどで実施している家族教室の情報提供も必要である。

医療者は地域の機関と連携しながら、家族に役に立つ情報を収集し、積極的に提供していく必要がある。

⑤家族自身が孤立しないよう地域の家族会への参加を勧める

地域の精神障がい者家族会は、家族自身の有効な資源である。家族自身が地域で孤立しないように、家族会への参加を勧めることが必要である。また、病院やクリニックの家族教室において、家族会の家族を講師として招いて話をしてもらうと、家族会が身近に感じられて安心し、つながりやすい。

⑥地域の保健所・保健センター、福祉機関につなぎ孤立させない

本人や家族が孤立してしまうと、暴力がエスカレートする危険性が高まる。本人や家族を医療機関だけでなく、地域の保健所・保健センター、福祉機関などにつなぐことが大切である。暴力の程度によっては、警察などにも協力を求めることが必要である。この際、ただ単に家族に相談することを勧めるだけではなく、つなぎ先の関係機関に連絡して、丁寧につないでいくことが重要である。

5. 入院時の支援

①入院時に家族の精神状態をアセスメントし、相談関係を構築する

統合失調症で長期に入院している患者の家族では、57.9％がPTSD（心的外傷後ストレス障害）のハイリスクだったという調査がある[5)]。家族への暴力がひどくなって入院に至ることは珍しくない。暴力を受けていなくても、家族は、本人の変わり果てた姿にショックを受け、混乱し、大きなストレスを抱

5） 梶谷他、2008

えているのが通常である。その結果、家族自身が気分障害やPTSDなどの治療を要することもあるだろう。医療者は、家族の苦労をねぎらうとともに、家族の精神状態をアセスメントすることが重要である。アセスメントを行うと同時に、家族をしっかりとサポートしたいという気持ちを伝え、入院時から相談関係を構築するよう努めることである。本人の入院は、支援構築の絶好の機会となるのである。

家族は、医療者の一言で深く傷つくこともあれば、「大変でしたね」という優しい言葉に、涙するほど癒されることもある。医療者の言葉は、家族の人生に大きな影響を及ぼすのである。サポートを受けて、家族が安心することができれば、自然に本人との健康的な関係を取り戻すこともできるのだと考える。

家族の精神状態を確認し、サポートすることを伝えよう。家族のことを気遣い、いつでも相談できる存在であり続けることが家族の大きな支えとなる。個別支援の他に、家族教室などの家族支援プログラムを紹介するなど、家族をどのように支援できるかを計画するとともに、家族に伝えることが必要である。

②入院が原因で家族関係を悪化させない

暴力をきっかけとして入院となった場合、医療保護入院となるケースも多い。その場合、主治医の本人に対する入院の必要性についての説明のしかたは非常に重要である。医療保護入院には「家族の同意」が必要とされるため、本人が「家族のせいで入院させられた」と、家族を恨んでしまうという状況も想定しなくてはならない。主治医は、医療保護入院には「家族の同意」が必要であったとしても、入院の適否は、主治医自身が判断したのだということを、明確に伝える必要がある。

6. 入院中の支援

①安易な隔離や拘束は本人の心の傷となる

精神運動興奮を伴う急性期では、医療保護入院になることが多く、入院すると隔離や身体的拘束を行うことが多い。急性期だけでなく、家庭内で暴力があるとの情報があれば、多くは隔離・拘束から始まることになる。精神科の入院医療では、患者の病状によって生じる危険な行為から、本人自身とともに、他の患者、医療者の安全を確保する必要がある。また、医療者が安全に接近し、治療ケアを提供するためには、隔離・拘束をせざるをえない場合がある。

最近は、精神科病院でも短期入院を促進する流れとなり、精神科急性期病棟を有する病院が多くなった。精神科急性期病棟は90日以内の入院とされるが、日本の隔離や身体拘束の時間は、諸外国に比べて、大変長い。イギリスでは身体拘束すら行われておらず、対照的である。隔離や拘束に影響しているのは、スタッフ配置、病床数といった病棟構造度であると言われ、スタッフの人数の確保は、隔離や拘束に至る前の不穏状態への、きめ細かい個別の対応を可能にできる。日本では患者1人当たりのスタッフが少ないことが、隔離や身体拘束の時間が長期化してしまう背景にある問題である。

強制的入院においては、納得していない入院をさせられたうえに、隔離や拘束をされることは、患者にとってはひどく理不尽な行為に映る。隔離される場は、保護室や個室であり、扉のないトイレ、あるいはポータブルトイレで排泄をしなければならない。拘束をされれば、ベッド上でのおむつの着用となり、おむつに排せつをしなければならない。この状況は、患者自身に罪の意識を抱かせ、人としての尊厳が損なわれたと感じさせる。入院における隔離や拘束は、患者の心に大きな傷を残し、もう入院はしたくないと思わせるのである。

精神科急性期病棟の中に、スーパー救急病棟（精神科救急入院料病棟）がある。スタッフ数も多く、職員の構成も決まっているので、急性期の状態に濃厚な治療が行えるのだが、病棟の半分が保護室だったりするような、重装備な病棟環境がある。そういう環境では、入院の始まりは、必ず保護室で始めるという了解があり、保護室で患者の精神状態を確認してから一般室に移すというようなことが、ルチーン化されていたりする。

このような背景もあり、最近は隔離や拘束が増えているというデータがある。強制入院中の隔離・拘束のデータでは、拘束件数は、平成16年に5242件だったのが、平成24年には9695件、隔離件数は、平成16年に7673件だったのが、平成24年には9791件となっている[6]。行動制限を最小化にすることが推奨されているなかで、精神科病院では、むしろ行動制限を受けている患者が増えている状況である。隔離や拘束が本人に与える影響を認識し、行動制限は、精神症状や身体症状の治療を行うにあたって必要不可欠な場合にのみ、必要最小限に行われるべきことを再確認すべきである。

②看護師が病棟で受ける暴力は家族の状況と似ている

精神医療の現場では、スタッフが本人から暴力を受けることは稀ではない。看護師に対する暴力が発生した場面を分析した結果、患者と看護師間の対立場面の多くが、服薬、行動制限、金銭管理など、精神科医療の管理的側面が、患者-看護師間の対立場面の背景になっていたという報告[7]がある。援助場面における対立場面は、けっして稀なことではなく、特に閉鎖された環境では、患者の自由な行動を制限せざるをえず、日常的に暴力が発生する可能性があるのだと考える。

安永[8]の調査では、精神科病棟に勤務する看護師の約7割が、過去5年間に患者からの暴力を経験していた。暴力を受けた看護師はショックや怒り、恐怖心、無力感を抱いていたと報告している。武井ら[9]は、病棟で暴力が起これば、暴力をふるった側もふるわれた側も双方とも自尊心が傷つき、相手に対する嫌悪感や恥の意識、罪悪感といった様々な否定的な感情が恐怖と共に残り、当事者だけでなく人間一般に対する基本的信頼が損なわれてしまうと述べている。また、その場に遭遇した目撃者にとっても、強い恐怖体験となり、無力感や罪悪感を生み出すのだと言う。

看護師が病棟で受けた暴力についての状況は、家の中で暴力を受けた家族の状況と大変似ている。閉鎖的な生活場面で最も身近な存在は家族であるから、最も暴力を受ける可能性が高いのは家族になる。同様に、閉鎖病棟において最も長時間関わるのは看護師であるから、最も多く暴力を受けるのは看護師となる。それは家族や看護師が本人の最も身近な存在だからである。暴

6) 『月刊みんなネット』7、p17、2016
7) 岡田、2012
8) 安永、2006
9) 武井他、2015

力を受けた際に、自分の対応が悪かったと自分を責める点、被害感情を否認し、感情を自分の中に収めてしまうこと、恐怖を感じながらも、それでも再び患者と接しなければならない点は、家族と共通している。その場から逃れられないのは家族も看護師も共通である。看護師の中には、患者から受けた暴力の体験から、メンタルヘルス不全を起こし、休職や退職に追い込まれる看護師がいるのも現状である。暴力は、閉鎖的な環境では改善しないのである。

③病院で家族教室や家族がつながることのできる場を設ける

入院中は、本人の介護から離れ、家族が落ち着いて学習できる絶好の機会である。家族教室などの家族支援プログラムを紹介するなど、家族をどのように支援できるかを計画し、サポートすることが大切である。特に、暴力の対処方法について、これまで家族が学ぶ機会は、ほとんどなかったはずである。家族が暴力に適切に対処できないのは、当然である。

家族への暴力は、家族とのコミュニケーションをきっかけとして起きる場合が多い。医療機関では、是非、家族教室や家族心理教育を実施し、入院患者の家族に、精神疾患に対する正しい知識やコミュニケーション方法を学ぶ機会を提供してほしい。その中で、暴力に対する問題も安心して話せる場を設けて、家族の体験を開示してもらうことである。解決の難しい問題であるからこそ、医療者に相談できる場としてほしい。

7. 退院時の支援

①退院前にクライシス・プランを作成する

入院中に、本人や家族を交えて、「クライシス・プラン」を考えることが、地域での生活の安定につながる。「クライシス・プラン」とは、退院後、自分の調子を崩す兆候が見られた場合にどのような対処をするか、あらかじめ手順を決めた計画書である。状態悪化の早期のサインは人によって違うので、それらのサインが認められた際の、対処法や連絡先を決めておく。例えば、身体の不調、自分や他人を傷つけたくなる気持ち、気持ちが落ち着かなくなる不安など、自分１人では対処しきれない状況（クライシス）に陥り、混乱が生じる状況に対して、その対処方法をあらかじめ想定しておくのである。

作成した「クライシス・プラン」は自宅の目に付きやすいところに貼っておくほか、地域の支援者とも共有できることが望ましい。本人自ら「クライシス・プラン」作りに参加してもらうことにより、本人が主体的に治療に取り組めるように支援することが大切である。

②別居を視野に入れた退院支援を検討

家族への暴力のリスクの高い患者に関しては、家族と本人との別居を考慮して、サポートしていく。家族が離れて暮らすことは、本人にとっても、家族にとっても大きな決断である。何度も家庭内で暴力があり、一緒に暮らすことが難しいと思っていても、家族は他人に任せることに躊躇する。どこかで、「1人暮らしは無理」「他人に迷惑はかけられない」という気持ち、「身内のことを知られるのは、家の恥」という気持ちもあるのである。それは家族の中にある内なる偏見であると考える。暴力があって、入退院を繰り返していた患者の家族が、支援者から「1人暮らしへの準備をしましょう」と言われて、やっと決断がついたという。実際に1人暮らしに向けたプログラムを始めてみると、人への暴力もなくなり、支援者の援助を受けながらも、自分の生活への責任を持ち、生き生きと暮らし始めている患者の姿を目の当たりにして、驚いたそうである。「できないと決めつけ、本人の成長を阻んでいたのは、実は自分たちだったのだと、初めて気付いた。」と語った。支援者には、本人が自立した生活ができるように、本人の次のステップへの決断に、家族の背中を押していただきたいと思う。

別居を視野に入れた退院支援は、入院後のなるべく早い段階で開始することが必要である。時間切れで、結局、これまでと変わらずに家族との同居になってしまったということがないようにしてほしい。

第3節の要点

▷家庭の中の暴力の問題は、入院医療からの転換が図れず、地域精神保健医療の遅れが背景にある。

▷医療者は、家庭における暴力に対応するキーパーソンである。自宅での暴力の問題は稀ではないことを認識し、積極的に対応する必要のある問題である。

▷地域での早期介入が必要である。

▷受診した家族のすべてに、暴力の問題をアセスメントする。また、病状の変化から暴力の起きる可能性があることを率直に伝える。

▷家族は、本人の治療協力者である前に、支援を必要としている存在である。本人とは別に、家族から話を聴く機会を持つ。

▷医療保護入院は「家族のせいで入院させられた」という、本人との軋轢を生じやすい。医療保護入院の適否は、主治医が判断したことを本人に伝える。

▷入院時に、家族の精神状態をアセスメントする。家族に精神疾患に対する正しい知識や対処方法を学ぶ機会を提供する。また、地域の家族会への参加を勧める。

▷隔離や拘束が本人に与える影響を認識し、行動制限は必要不可欠な場合にのみ、必要最小限に行われるべきことを再確認すべきである。

▷看護師が病棟で受ける暴力は、家の中で受ける家族の状況と似ており、休職や退職に追い込まれる看護師がいる。

▷退院時には、本人や家族とクライシス・プランを立てる。

▷家族への暴力が繰り返される場合は、別居を視野に入れ退院支援をする。入院後のなるべく早い段階で開始することが必要である。

第4節　地域保健行政：行政関係者の心得

精神障がい者から家族が受ける暴力については、対応する施策がほとんどなく、施策的課題が大きいことは否めない。家族相談を受けている支援者は、個別支援から把握した課題を施策や組織的対応へと反映することが求められる。ここでは筆者の考えとして、行政・関係機関による危機介入のしくみ、暴力からの避難の支援、家族支援について述べる。

1. 危機介入の仕組み

①危機介入が機能していない現状

親へのインタビューから危機介入の仕組みが機能していないことを伺い知ることができる。

voice （本人が受診を拒否している状態では）保護室に入って、がんじがらめにされちゃうでしょう。だから、どうしても、治療してもなかなかいい結果に導かれない。（病院に連れて行くときに）警察はあんまりよろしくない。状態が悪いときに、入院につなげるのに、警察がそこに登場するっていうのは。そこまで考えてやったのかっていうような、いわゆる恨み言葉になっちゃうと思う。

voice 僕が言いたいのは、普段の言動、１週間なり10日間ぐらいの様子を見て、そういう（他害の）可能性があるっていうことを、私は保健所にでも言いに行くから、そのときに動いてくれって言いたいの。可能性のときに。私の場合は結果的には、そういうふうになっちゃったんだもん。私が保健所に行ったときに動いてくれれば、警察沙汰にならなかったんだ。ただ話を聞くだけですからね、保健所。何のために保健所ってあるのかなって。昔はちゃんと動いてくれたんですよね。だから、本当に悪くなった状態で、外で何かをやって捕まって、保護されてっていう感じなんですよね。

voice 実はこうこうこういうわけで、前の日に保健所に行って、何とか警察の手を借りて、入院させてくれっていうことを頼んでいるのに、それが何にも本人が動かないからできなかったと。一晩、二晩、警察に拘留されたんですよね。私があそこの警察の拘留って所に行ったら、いわゆる犯罪者というような格好だな、あれじゃ。

②なぜ機能しないのか

精神疾患で病状が悪化した際の危機介入の仕組みは、なぜ機能していないのかについて、対応する関係機関別に考える。

▶精神科病院：入院前　病院に家族が入院の相談に行くと必ずと言っていいほど、「連れて来てください」とあっさりと言われる。家族は「連れていけるくらいなら苦労しない」と、こんなに困っているのになぜそんなに冷たく言えるのかと耳を疑った人も多いだろう。連れて行くのが無理だと言うと、保健所や警察、場合によっては、民間移送サービスを案内される。

日本では、精神科病院のベッドの多くは長期入院者で占められており、残り少ないベッドを回転させているため、病院から日時指定で連れてくるように言われることがほとんどだ。その時間に大幅に遅れると入院できないこともある。家庭内で暴力が起きたり、幻覚妄想状態がある急性期においての時間厳守は至難の技である。本人と十分に話し合ってから病院へ行くというような時間的余裕もない。説得しても、時間切れになってしまえば、ある程度強引に病院に連れて行くということになってしまう。患者のペースよりも病院のペースが優先されている。

▶保健所　保健所による受診援助に関しては、厚生労働省の通知「保健所及び市町村における精神保健福祉業務について」の中で、「訪問指導は、原則として本人、家族に対する十分な説明と同意の下に行うが、危機介入的な訪問など所長等が必要と認めた場合にも行うことができる」「訪問指導は、医療の継続又は受診についての相談援助や勧奨のほか、生活指導、職業に関する指導等の社会復帰援助や生活支援、家庭内暴力やいわゆるひきこもりの相談その他の家族がかかえる問題等についての相談指導を行う」とされている。つまり、保健所は、受診援助・受診勧奨、家庭内暴力、ひきこもりなどの相談および訪問をする役割がある。しかし、保健所は受診援助には慎重になる。近年、精神保健福祉法警察官通報の件数が増加しており、対応不可欠な業務が増加している。また、保健所は統廃合され、人員も少なくなっているのが全国的傾向である。家族の多くは「昔は保健所や警察が病院に連れて行ってくれたのに、最近は全然だめ」と言う。地域性もあるとは思うが、全国的にみるとマンパワーが不足している傾向はあるだろう。

次に、責任問題がある。受診援助は家族が本人を受診につなげることを手伝う形になる。家族主導を前提に支援する場合が多いだろう。しかし、家族は受診を嫌がる本人を病院に連れて行くことに躊躇することが多い。受診につなげたいと言っても、保健所職員が訪問してみたら家族は怖がって本人を説得しないこともある。家族主導であることが守れない時や、やれるだけのことをやれない時、受診援助は難しくなる。家族は、すぐにでも強引にでも病院に連れて行ってほしいと言うが、保健所は移送業者ではない。相談機関としての保健所の対応は、家族のニーズと温度差があるだろう。幻覚妄想や混乱状態にある本人は、入院後に受診援助を行った保健所職員を訴えることもある。入院後に本人から家族が責められ、家族が心変わりすれば保健所職員の立場は危うくなる。このように保健所の役割として、受診援助があげられているものの、支援の後ろ盾が十分ではない。そのため、一つ一つ手順を踏んで、これしかないという状況に至るまで慎重に努力を重ねるのが通常である。そのため、時間がかかる。保健所では、警察官通報（精神保健福祉法第23条）、医療保護入院のための移送（同34条）、一般人通報（同22条）といった法的根拠のある手段もあわせて検討されていると思うが、運用ルール等の問題で受診援助が難航することは少なくない。

▶民間移送サービス　民間移送サービスというのは、福祉タクシーや警備会社などが有料で行うもので、自宅にスタッフが行き、本人を車で病院まで連れて行く仕事である。料金は企業によって異なるが10万円程度かかると聞く。どのくらい説得するかなど対応は様々のようだ。しかし、いきなり知らない人が本人の寝室に入り込んで、説得もほとんどないまま、病院まで連れて行かれることもあり、本人が「拉致」と表現するように、心が傷つく行為であり、依頼した家族を恨むことは少なくない。このような民間移送サービスは、精神科病院で案内される他、保健所でも案内するところがあると聞くので驚く。職務放棄を公認しているかのようだ。このビジネスが成り立っていること自体が危機介入の仕組みが破たんしていることを証明しているようなものだ。埼玉県精神障害者家族会の調査では、年収400万円未満の世帯が4分の3を占めていた。入退院を繰り返す場合、入院費以外に民間移送サービスを使い、家計はまさに火の車だ。そのため、おそらく相当困っても民間移送サービスを使えない家庭があるだろう。所得格差から生まれる健康格差である。生命に関わるような緊急事態では、所得が低い人も同じように救ってもらえる世の中であってほしい。そういう点から見ても民間サービスは適さないと思う。

民間移送サービスが問題視され、精神保健福祉法第34条の医療保護入院のための移送制度が創設された（平成12年施行）。しかし、この運用も自治体によって様々であるが、緊急対応を想定した運用になっていない都道府県が多い。仮に、事前調査や検討が十分にされなくても移送できることになれば、すぐに入院できるようになり、喜ぶ人がいるかもしれないが、患者がどんどん病院に運ばれてしまうかもしれない。それは隔離収容への逆戻りであり、重大な人権侵害にもなりうる。

▶警察　「危険なときは110番してください」。私も保健所職員のときによく言ったフレーズだ。特に夜間休日は、精神科救急情報センターで相談窓口はあるものの、専門家が自宅訪問することはまずないだろう。そのため、警察頼みになってしまう。精神疾患の場合、病状悪化時は昼夜逆転することが多いので、夜間休日の対応ができないことはこの疾患については重大なシステム上の欠陥である。警察を呼んでも5分10分かかる。そうすると、到着したときはすでに本人は落ち着いていることがほとんどである。また、いくら病状が悪くても制服を着た警察官を見たら、姿勢を正し、比較的しっかりと受け答えできてしまうものだ。警察に保護される状態というのは、警察官が来ても理性が働かないくらい、混乱している状態であり、非常に具合が悪いのだ。家族は、かわいい我が子が犯罪を犯したわけでもなく、病気なのに110番することは身を切る思いであり、警察を呼ぶまでに何年も要することもある。また、警察がパトカーで来る場合もあり、近所に知られてしまい、肩身の狭い思いをする。そのような思いをしてやっと警察に来てもらってもなかなか保護してもらえない。何度も繰り返さないといけない。あえて病状が悪化するのを待っているそういう仕組みである。

警察に保護されたら、警察署の保護室に入れられることが多い。概ね刑務所の独房を想像するとよいだろう。そこから警察官通報や受診援助によって、精神科病院に連れられ、やっと入院になる。犯罪を犯していないのに、警察に捕まった格好になることは、本人の自尊心を相当に傷つけるだろう。

警察官通報とは、精神保健福祉法第23条で規定されている法的根拠のある対応である。自傷他害の恐れがあるとき、警察官は最寄りの保健所に通報を出す。通報を受けた保健所は調査をした結果、措置診察の必要性を判断したら、診察をする精神保健指定医のところまで移送を行い、診察にかける。これは行政処分であり、家族の意向は関係ない。そのため、家族への恨みにはつながりにくい。ただ、本人は裁かれているようで傷が深くなるかもしれない。

▶精神科病院：入院後　病状が相当に悪化した状態で入院することになるので、保護室に入り、拘束、鎮静の投薬、という対応になるのが一般的である。私も保健所職員として付き添ったとき、本人を看護師が囲んでバタバタと対応され、どうぞお帰りください、という感じで出るように指示されていた。本人はどんな思いだったかと思うと、胸が痛い。処置が終わると、綺麗な独房のような、保護室に1人残される。呼んでも叫んでもなかなか看護師は来てくれないという話もよく聞く。ある本人は面会のときに「お母さん、僕のこと見捨てないでね」と言ったことを、母親が声をつまらせて教えてくれた。また、ある人は、保護室で一番辛い時に家族が対応してくれたことについて「(母親が) 毎日会いに来てくれて、持ってきてくれるおにぎりが楽しみだっ

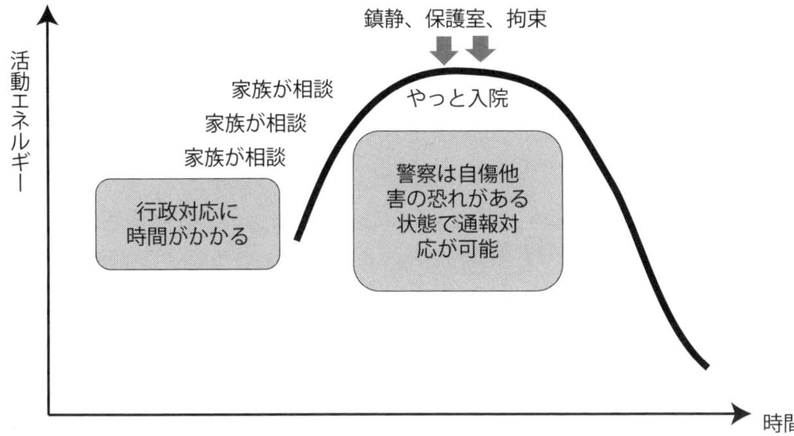

図4-4　病状による活動エネルギーと危機介入の仕組み

た」と言っていたそうだ。保護室にいる時期は、本人にとって非常に辛い時期である。そのような精神医療との出会いをして、医療への信頼など生まれるわけがないと思ってしまう。

家族に対して、医療従事者がほとんど支援できていないことも問題である。やっと入院になり、家族は心も体もボロボロになっている。しかし、誰もこれまでの過酷な生活を慰めてくれるわけでもない。医療従事者は、家族を本人の治療協力者としてしか見ていない場合が多い。家族も過酷な状況を乗り越えて、心に傷を負っており、支援を必要とする人である。家族に対しても優しいねぎらいの言葉をかけてもらいたいものだ。家族が修羅場を経験して、心の傷を癒されないままであることが、患者の退院時の不安や抵抗につながっている。医療従事者が家族を支援しなかったことが患者の退院を困難にさせているという一面があることを肝に銘じてほしい。

③機能していない危機介入の仕組みが招く結末

現在の危機介入の仕組みは、よく機能しているとは言い難い。このような仕組みが招く結末は、本人の病状をひどく悪化させ、心を傷つけ、予後への悪影響、医療不信や治療中断を招き、家族への恨みを生んでしまう。家族は、どこに相談しても解決されず、冷たく突き放され、本人の暴力にひたすら耐える日々を送る。それは死をも考えるほどに家族を追い詰めてしまう。本人にとっても家族にとってもよい仕組みではない。保健所も予防的対応ではなく、事後対応に追われてしまう。警察も通報対応で忙しくなる。病院も強引な治療で始まることで、入院中の治療にも支障をきたす。誰にとっても良い仕組みでないことは明らかである。これまで入院治療中心で対応してきたため、病状悪化イコール入院になってしまっていることが仕組みの根本的問題だと考える。

④必要な危機介入の支援と仕組み

新しい仕組みをつくることは時間がかかるが、現状の支援を少しでもよくしていくことには、個人で努力できる部分がある。保健所は受診援助を行うこと、そして受診援助をして入院した人に入院中に面会に行き、退院後の支援体制を整えることができる。病院職員も保健所と連携をとり、入院までの支援が行われるように協力したり、退院後に向けて支援会議を開催するなど、

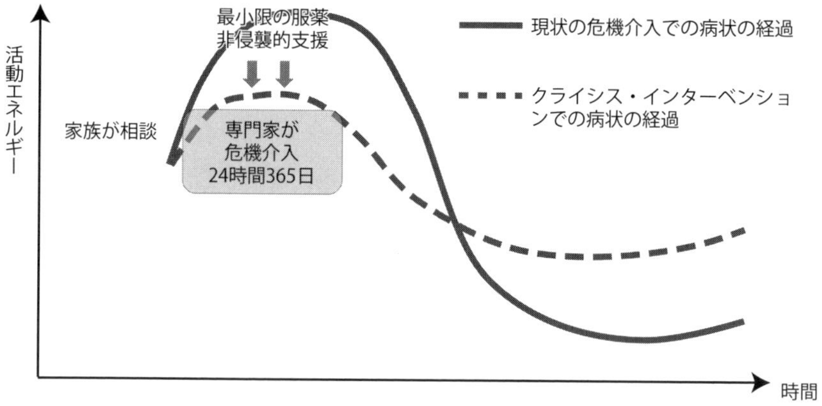

図 4-5　現状の危機介入とクライシス・インターベンションの比較

危機を再び起こさないような支援をすることができるだろう。

一人ひとりの支援のあり方だけでは、対応が難しいことも現実である。そのため、仕組みを変えることも一方で考える必要がある。欧米では、病状が少し悪くなったときに、専門家が訪問して救急対応してくれるクライシス・インターベンションと言われるサービスがある（図 4-5）。クライシスとは、通常対処できていることができなくなった状態で、強いストレスか負荷となり急性症状の悪化につながるような状態である。オーストラリアや米国では、地域の精神保健プログラムで中心的な治療方法になっているようだ。オランダ、イギリスでも行われている。プログラムの名前は国や地域によって違うが、共通する特徴としては、多職種の専門家チーム、24 時間対応、限られた時期に集中的に地域で介入する、迅速なアセスメントと問題の特定、投薬・カウンセリング・家族へのサポートなどである。落ち着いたら、通常のサービスにつなぐ。目的は、可能な限り入院を防ぎ、症状の悪化や家族のストレスを予防することである[10]。

このクライシス・インターベンションが今の日本のシステムと比べて優れている点は、①迅速な訪問による対応（基本的に 24 時間 365 日）、②訪問時に投薬を含む治療が提供されること、③専門家チームが対応すること、④病院

10）Murphy et al., 2012

に移送するのではなく、極力入院を防ぐこと、⑤家族にもケアが提供されることだろう。これによって、日本のように、病状悪化イコール入院ではなく、自宅で最低限の投薬と対話などによって急性期を乗り越えられる。また、本人からのSOSをうまく専門家がキャッチして支援につなげられる。

埼玉県所沢市は、クライシス・インターベンションに近いサービスを提供している。精神障害者アウトリーチ事業を委託した業者が、市の保健センターの中に入り、できる限り「即時即応」の訪問支援を提供している。精神科医療につながっていない方にも支援の手を差し伸べようとする、試みである。行政サービスだから、医療保険を使わずに利用できる。困難事例にも対応しやすいという利点があるだろう。また、病院が派遣したチームではないため、「病院に連れていかれるのではないか」と怖がることもないだろう。

埼玉県所沢市の実践

さまざまな事情で通常の医療福祉サービスの利用が困難な方に包括的支援を提供する「精神障害者アウトリーチ支援事業」

所沢市精神障害者アウトリーチ支援事業とは、住み慣れた地域での生活の維持、継続が困難な精神障害者に対し、医療・保健・福祉の包括的な支援を行うことを目的としています。医療面と生活面の支援が可能となるように多職種によるアウトリーチチームを配置し、できるだけ精神科病院への入院に頼らずに地域生活が可能となるための支援を行います。

• 支援方法

多職種（精神科医師、看護師、作業療法士、精神保健福祉士）によるアウトリーチチームがご自宅などを訪問し、問題を一緒に考え、地域で安心して生活できるように支援します。できるだけ即時即応の対応が可能となるよう、電話による24時間対応を行い、必要により訪問支援を行います。ご本人だけではなく、家族の支援も行うことも支援の原則としています。

一律に支援の期限は設けていませんが、その方の状況に合わせて概ね3

〜6か月を目安に支援内容の見直しを行い、継続した支援を実施していきます。

• 対象となる方

次のいずれかにあてはまり、通常の医療福祉サービスでは対応が困難な方。

・精神科未受診、精神科医療を中断している
・精神科病院の長期入院者で、所沢市内の自宅に退院してくる方
・短期間で精神科病院に入退院を繰り返している
・精神障害が理由で地域から孤立している
・精神科的な病気が疑われるひきこもり　など

本事業の利用をするには、こころの健康支援室の相談担当者（精神保健福祉士又は保健師）が相談を受け付け、相談内容等を整理します。その後、アウトリーチ支援チームと合同ケア会議を開催します。出席者については、こころの健康支援室の相談担当者や、アウトリーチ支援チーム、その対象となる方が関係している各関係機関の職員にも出席を求めます（例えば、生活保護の担当者や、児童虐待を担当している職員、相談支援専門員、医療機関の職員などです）。話し合われる主な内容は、ご本人のこれまでの生活の状況、病状、本事業の利用がご本人に適しているかどうか、また、支援に入るための留意点等の共有がなされます。合同ケア会議の結果で、アウトリーチ支援チームによる支援が必要であると認められた場合に支援が開始されます。

また、何らかの理由で本事業の対象ではないとされても、全ての支援がここで途切れることがないよう、こころの健康支援室の相談担当者が引続き相談支援を行うものとしています。

本事業は平成27年10月から開始しました。精神障害者の方の中には、通常の医療福祉サービスの利用が困難な方や、通常のサービスのみでは地域生活の継続が困難な方がいらっしゃいます。今後もそのような方のために柔軟で丁寧な対応を心掛けていきたいと思っています。

2. 暴力からの避難の支援

①暴力発生時の家族の避難状況

暴力が起きたときの対処として最も重要なことは、その場から離れることである。家族への暴力が起きるときは昼夜逆転していることも多く、夜間の避難場所が必要になる。本人の暴力から身を守るために「庭に小屋を作った」「近くにアパートを借りる」などの避難場所を確保する人もいた。夜も「パジャマに着替えないで寝る」人もいた。それで暴力が起きてしまったら、本人の苛立ちが収まるまで「ホテルや親戚の家に泊まる」といった一時的避難を行っていた。今回のアンケート調査では、これまでに暴力を受けた経験があった世帯の3割で、暴力を避けるために家族の誰かが一定期間別居していた。親やきょうだいが一時的に別居することを余儀なくされていた。

②なぜ避難が難しいのか

今回のアンケート調査では、世帯収入が低い人ほど、暴力をより多く受けることが明らかになった。その理由は、低所得の人ほど、逃げるための場を確保することが難しいこと、また、住環境に恵まれにくいことがあると考えられる。精神障がい者から受ける暴力については、公的な避難場所がない。避難するには、ホテル代など、経済的余裕が必要になる。暴力がひどい場合は、入院も多く、入院費もかさむ。経済的余裕がない場合、逃げ場所を確保することが難しい。これは経済格差から生じる健康格差である。

voice 逃げようとするんだけれども。でもお金もないから近くのビジネスホテルに泊まったり。あとは、昼間だったら、しょうがないからお使いに行くとか言って、近くのそごうとか三省堂とかのお店に行って立ち読みをしてたりとか。でも、それも時間があるから、そんなにも居られないからギリギリまで居て帰ってきたりとか。

家族が避難しにくいその他の理由としては、支援が必要な状態にある本人の生活を心配するが余り、本人から離れることが難しくなってしまうということがある。これは支援者から「共依存」というレッテルを貼られることがある。共依存というのは、相手が心身ともに自律できる人間であるにもかかわらず、自分の精神的安定を求めるために相手に依存させ、あたかも相手が自分なしで生活できないと思わせ、表面的には相手が自分に依存しているように見えるが真には相手に自分が依存しているという、人への依存だと私は考えている。精神障がい者の親が子から暴力を受けているのに離れられない場合、多くは、共依存にはあたらないというのが筆者の考えだ。なぜなら、暴力が起きている状態というのは、1人で生きていくことが難しい状態だと考えるからだ。急性期やひきこもり状態では、食事を自分で作ったり、買いに行くことは難しい。そのような状態の本人をひとり家に残して家族が家を長期間離れてしまえば、障がい者虐待に該当する事態が生じることも想定できる。親が離れられない理由は、本人の生命や生活が保障できないからである。本人の生活を支援する人がいれば、親は自分のレスパイト（休息）として家から避難することができるだろう。それゆえに精神障がい者の親が子から暴力を受けているのに離れられない場合、多くは共依存にはあたらないと考える。

voice 車で妹を連れて、一晩泊まったこともありました。妹を連れて逃げますよね。まあ夜逃げ出しますよね。暴力振るってるから逃げ出すんですけど、今度一晩泊まってるうちに朝ごはんはどうしようって。本人の朝ごはんの心配をするわけです。それがまたやたらおかしな話なんですけど、心配で。妹も心配だけど、やっぱり残してきた兄のほうもご飯支度してあげなくちゃっていうんで。だから何日も逃げてるっていうことができないわけですよ。

③必要な避難・レスパイトの支援

経済的に困窮した家庭で、逃げ場がなく逃げることができなければ、暴力を受け続けることになる。暴力の解決が難しく、暴力を受ける日が続くと、死を考えるほどに家族を追い詰めてしまう。

家族向けレスパイト、および家族が自宅不在中に訪問して本人を支援してくれるサービスの両者が揃うことが望ましい。家族が家を離れている間に、専門家が家族の相談にのり、今後に向けて話し合う、そのような支援をすることが解決に向けて有効である。単に家族が避難して終わりになってしまっては、同じことの繰り返しになってしまう。横浜市は、家族会の要望を受け、緊急滞在場所を確保している。

横浜市の実践
「精神障害者の家族支援事業」の取組から
1　精神障害者の家族支援事業について
(1) 概要
　横浜市では「精神障害者の家族支援事業」として、精神障害者の地域生活の継続を目的に、家族を対象とした「緊急滞在場所」の設置と、家族による家族のための「家族の学ぶ場」を平成22年度から実施しています。
「緊急滞在場所」は、精神障害者と家族の関係が悪化し、家族が本人と同居することが一時的に困難になった際、精神障害者と家族の同意を前提に、家族が物理的な距離を持つことで適切な関係を保つための「緊急滞在場所」の提供とソーシャルワーカーによる相談支援を行う取組です。
また、「家族の学ぶ場」は、家族が疾病や精神障害に関する理解を深め、同じ経験を共有する家族との学習会として実施しています。研修を修了した家族が講師となり、精神障害者本人への対応方法や、家族としての心情、経験、関わり方等を学ぶ取組です。

★事業実施の経緯「将来にわたるあんしん施策」★
　平成21年度まで、NPO法人横浜市精神障害者家族連合会から、「親の緊急避難場所」として、精神障害者の急性期での他害の恐れも出現し、本人が暴力的な場合は同居が困難になる場合があり、やむを得ず親が一時的に避難できる施設の設置について要望が上がっていました。
　そのような中、本市では「在宅心身障害者手当」の見直しに伴い、「将来にわたるあんしん施策」として、親亡き後の生活の安心など必要な施策に転換しました。この将来にわたるあんしん施策では、障害児・者が住み慣れた地域で安心して生活し続けるために、一人ひとりの生活を個別に支援するための取組として様々な事業を実施しています。精神障害者の家族支援事業もその一つであり、精神障害者の地域生活を実現するための方策として推進しています。

事業の開始前には、NPO法人横浜市精神障害者家族連合会との意見交換を行い、「本人が暴れたその日に避難する場所があると良い」という現状を確認し、さらに精神障害者への相談支援を担っている18区役所の精神保健福祉ソーシャルワーカーから、「暴力には介入できない場合が多い」「残された本人への支援が重要」等の相談支援の現状を確認したうえで事業を開始しました。

(2) 緊急滞在場所の概要

※委託により運営、所在地は公表しておりません。

ア　利用期間

原則7日間（必要に応じて延長可）

イ　利用料

実費負担のみ（1日あたり、生活保護世帯は無料）

（光熱費：：350円、朝食180円、昼食250円、夕食350円）

ウ　利用条件　※いずれも満たしていることが必要

（ア）家族の状況について

・緊急滞在場所において、ソーシャルワーカーによる相談支援を受ける意思があること

・日常生活が自立しており、介護を必要としないこと

・緊急滞在場所を利用中に、本人に医療、介護等の支援が必要になった場合は、必要な手続きや医療機関等への付き添いなど、医療、介護等における家族の役割を果たす意思があること

（イ）本人の状況について

・日常生活が自立しており、家族による介護を必要としない

こと

・自ら、又は他の同居家族等による支援を受け、医療機関等を適切に受診できること

エ　利用手続と本人への支援について

緊急滞在場所の利用に当たっては、18区役所が窓口となり、家族や本人の暴力の状況、避難の必要性を確認したうえで、空き状況を確認し、相談のあったその日に受け入れます。家族に対する相談支援は緊急滞在場所のソーシャルワーカーが担い、自宅に残された精神障害者本人への支援は区役所や精神障害者生活支援センター等により本人の状況に応じて訪問による相談支援を実施しています。

(3) 家族の学ぶ場の概要

※ NPO法人横浜市精神障害者家族連合会へ委託により実施

ア　実施内容

家族による家族学習会として、地域精神保健福祉機構（コンボ）（平成28年度より全国精神保健福祉会連合会）が実施する家族学習会プログラムを活用し、研修を修了した家族が講師となり各区の家族会が中心となって区域で5回の連続講座として実施しています。

イ　実施回数

年間で5回×4区にて実施

2　これまでの事業実績について

(1) 緊急滞在場所

本事業は平成22年度から開始し、これまで述べ54件の利用がありました。各年度の利用実績は次のとおりです。

年度	利用件数	延べ日数
22 年度	2 人	7 日
23 年度	18 人	114 日
24 年度	15 人	185 日
25 年度	8 人	152 日
26 年度	7 人	31 日
27 年度	4 人	20 日
合計	54 人	509 日

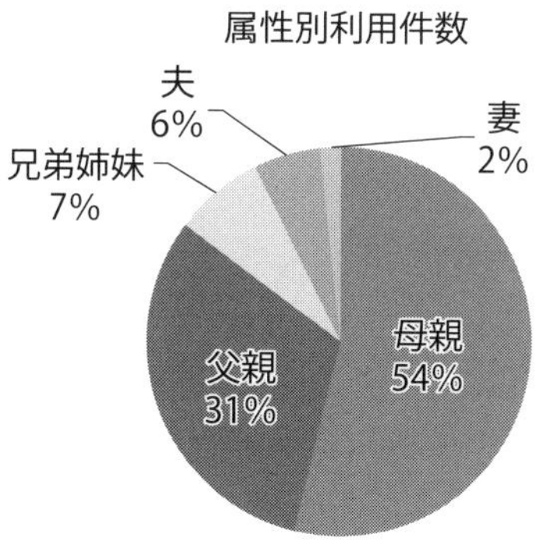

⑵ 家族学習会

家族学習会は、各区域の単位で各区家族会が実施しています。学習会参加者には家族会への入会も勧めており、家族としての継続的な学ぶ場の提供と、情報交換を進めています。（※入会者数割合は約 51%）

年度	実施区数	参加者数
22 年度	2 区	17 人
23 年度	4 区	30 人
24 年度	4 区	33 人
25 年度	5 区	40 人
26 年度	4 区	29 人
27 年度	4 区	34 人
合計	延べ 23 区	183 人

3　事例（利用実態）

○父母

本人の暴力により、緊急滞在場所を利用。父、母が交互に宿泊し、本人との距離を置きながら生活していたが、本人の症状が改善せず、のべ約３か月間を利用した。

○母、妹

本人の暴力により、母と妹が緊急滞在場所を利用。しかし、母は本人を自宅に１人残してきたことに不安があり、宿泊せずに日帰り利用となる。妹は宿泊を継続していたが、数日間で本人との関係が改善し、利用終了となった。（利用日数１週間程度）

利用実態から分かる通り、家族の中でも母親の避難が圧倒的に多いのが現状です。その緊急滞在場所を利用する要因は様々ですが、精神障害者本人の症状悪化による暴力や、家族との関係悪化等によるものです。緊急滞在場所を利用し、物理的な距離をもつことで関係改善を図ることが目的ですが、利用する家族（特に母親）が本人と離れられない場合もあり、利用相談を進める中で、利用を躊躇してしまう家族の事例も多く見られています。

4　本事業の課題と今後の展開

緊急滞在場所の設置から6年が経過しましたが、利用件数は減少しています。これは、緊急滞在場所を必要とする家族が減少しているということではなく、緊急滞在場所の制度やその存在を知らないことや、緊急時の利用手続きの煩雑さが課題となっていると考えています。

事業を実施する中で、緊急時の利用が想定される家族が抱える精神障害者の多くは日頃から医療機関等の関係機関につながっていない場合も多く、家族が緊急滞在場所利用中の本人の生活に関する懸念や、利用後の先行きが不透明なことが課題として見えてきました。また、緊急滞在場所を利用する家族は、夜間や休日等に避難が必要となる場合が多いことや、速やかに避難を希望している家族は区役所等での利用手続きに負担を感じていることも挙げられます。また、暴力等により避難している家族は、逼迫した状態であり、ソーシャルワーカーによる相談支援や、家族会等のピアによる相談支援を希望する場合が少ないという現状も見えてきました。

そのため、本市では緊急滞在場所の利用に関する運用ルールについて見直しを予定しています。緊急滞在場所をこれまでの緊急時の利用だけではなく、避難を必要とする前の段階で、家族と精神障害者本人の物理的な距離を確保するためのレスパイト目的の利用や、緊急滞在場所の事前相談や見学等により緊急時に速やかに利用できる事務手続き、レスパイト利用時の家族会の利用案内、家族によるピア相談の実施等について見直しを図り、家族が安心していつでも利用できる「緊急滞在場所」として役割を果たしていくことが必要だと考えています。

埼玉県所沢市では、親が暴力から逃れて外に出たものの、避難先が見つからずに野宿した事例をきっかけに、「精神障害者家族等緊急一時保護」の制度をつくった。

埼玉県所沢市の実践
「精神障害者家族等緊急一時保護」

所沢市では、「精神障害者家族等緊急一時保護」の制度もあります。精神障害者の暴力等により、その家族等に危険が及ぶおそれがある場合で、他に頼れる身寄り等がなく経済的にも困窮している場合に、ホテルなどの宿泊施設において宿泊してもらい、市がその経費を3泊に限り助成する制度を平成23年4月から実施しています。

家族等が避難を開始した3日以内に、その家族や自宅に残された精神障害者本人に対してこころの健康支援室の職員が問題解決のための相談支援を開始することとしています。それ以上の避難が必要な場合に関しては他の機関と連携し、引き続き相談支援を行うものとしています。

本制度の経緯としては、当時、保健センターに相談に来られていた家庭内暴力の相談事例から始まりました。精神障害者の息子さんの家庭内暴力に悩まれていたご両親が、頼れる身寄りもなく、どうにもこうにも避難先が見つからず、そのうち疲労困憊してしまい、近所の公園で野宿をしていたということがきっかけとなりました。これまでにも家庭内暴力に関する相談等は数多く受けてきていましたが、着の身着のままで野宿をするという事例はあまり見受けられませんでした。

また、最近では精神障害当事者が家族から一旦離れ、精神的な病状と家族との関係を修復する必要があるようなケースも数多く見られるようになりました。このような事例の精神障害者は再発傾向にあったり、精神科未受診者であったり医療中断者だったりする場合があります。そのような精神障害者を受け入れられる入所施設はなく、障害者総合福祉法の障害福祉サービスの短期入所を利用することも困難であるため、精神科未受診者や精神科医療中断者などが利用できる宿泊施設の必要性を感じています。

精神障害当事者及びその家族が地域生活を安定させ維持し、その人らしく生活していけるよう地域の実情にあった施策を、今後も検討していきたいと思っています。

3. 家族への暴力に関する相談窓口

精神障がい者から家族が受ける暴力に特化した法律は、現在のところ存在しない。障害者虐待防止法、児童虐待防止法、高齢者虐待防止法、配偶者暴力防止法が存在し、それぞれ公的相談窓口が設置されている。窓口で受理した相談をアセスメントし、対応する仕組みがある程度存在している。一方、精神障がい者から家族への暴力については、暴力に特定した相談窓口はなく、明確な対応の仕組みが存在しない。そのため、家族が相談しても、たらい回しになりがちであり、有効な解決策を提示されることも少ない。

公的な相談窓口があれば対応もスムーズになるだろう。しかし、その一方で、家族を暴力から保護する法律を作れば、偏見を助長しかねないという危惧もある。家族への暴力が起きた場合、精神保健業務として対応することになる。精神障がい者からの暴力は、自傷他害の恐れがあれば、措置入院の対象となる。そのため、あえて法律をつくることや新しい窓口を設置しなくても、通常の精神保健業務の位置づけで適切な対処ができれば、本来問題ないはずである。しかし、適切に対応してもらえていない現状があるため、地域での相談機関の役割を整理し、保健所等では、家庭内暴力の相談も受けていることを窓口業務に明記してもらうことが必要だと考える。それによって家族が堂々と相談できると同時に、職員も我が業務としてたらい回しにすることなく対応する人が増えるだろう。

4. 家族・家族会支援

家族への暴力は、10年20年も続いている場合が少なくない。家族は、本人への愛情、恥意識、罪悪感・責任感、恐怖心など複雑な感情で、暴力を抱え込んでしまう。その頑なな感情を解きほぐすためには、根気強い、継続的な相談が必要になる。保健所をはじめとする相談機関が継続的に家族相談を実施することが重要である。

家族への暴力は、多くの家族にとってタブーな話題である。そのため、なかなか人に相談できない。それは家族会の中でさえ、「10分の1しか言わない」話題だ。しかし、同じ家族同士、同じような体験をしている者同士であれば、少しは話してみようと思える。家族会は高齢化が進み、新しい家族の話を十分聞くまでの機能を果たしていないところもある。しかし、タブーな話題を話す場として、家族会の存在は非常に重要であり、その存在が絶えぬよう、また、より話し合いがうまくいくような支援を心がける必要があるだろう。

第4節の要点

▷現状の危機介入が機能しない理由は、病院、保健所、警察にある。病院は患者を連れてきてくださいと言い、患者家族よりも病院の都合を優先する。保健所は受診援助の役割があるが、支援の後ろ盾が十分にないため慎重になる、また、マンパワーが不足している。また、夜間休日は行政機関が訪問することは難しく、警察頼みになることが多い。警察は自傷他害の現場をおさえないと保護しないことが少なくない。警察の保護室に入ると自尊心が傷つけられる。病状が悪化しての入院は隔離拘束から始まることが多く、患者の心を傷つけてしまう。

▷現状の危機介入システムが招く結末は、予後への悪影響、医療不信や治療中断、家族関係の悪化である。

▷危機介入の支援としては、個人レベルでできることもある。組織的対応についても、クライシス・インターベンションなど地域ごとに現在の仕組みを検討してほしい。所沢市の先駆的事例が参考になる。

▷暴力からの避難については、約３割が経験しているが、公的な避難場所がないことが問題である。特に低所得の人は逃げることが難しい。暴力がひどくなる前にレスパイトとして家族が休める場所を設け、相談にのることが有効であり、横浜市の先駆的事例が参考になる。

▷精神障がい者から家族に向かう暴力に特化した法律はない。相談のたらい回しを防ぐためには、家庭内暴力の相談を受けていることを窓口業務に明記することが必要である。

▷家族が暴力を話せる場として、家族会の存在が重要であり、支援を求める。

第５節　地域医療・福祉：地域の支援者の心得

１．地域医療・福祉の現状

日本の精神医療は家族依存が強いという特徴がある。家族との同居率が他の国々に比べて高く、これまで家族が身内を介護することで、社会が成り立ってきた歴史がある。そのため、退院に際しても、医療者は患者の退院先に家族以外の場所を考えようとしない。また、地域の資源につなげる努力もほとんどしないように思う。その結果、病状が回復して通院はしても、そのまま自宅でひきこもりの状態になってしまう。

統合失調症患者を例にとれば、平成27年の調査では、何らかのサービスを利用しているのは７万人、通院以外に何もサービスを利用していない患者は、その２倍であると言われる。通院するだけで、社会参加していない、いわゆる、ひきこもり状態にある患者が、実際は大変多い。ある家族は、「病院の中での社会的入院が問題になっているが、何もせずに帰されれば、家の中で社会的入院をするようなもの。病院にはまださまざまな医療スタッフがいるけれども、自宅には家族しかいない。」と言った。

家族への暴力は、本人がリハビリテーションにつながらずに、家でほとんどの時間を過ごし、将来に希望を見出せない患者に起こりやすい問題である。ひきこもり状態の生活では、必然的に暴力は、同居家族に向かう。暴力は、患者の心の叫びだと考える。ひきこもりの生活から抜け出したい、このままでは自分の人生が終わってしまうという、外部に向けた必死のSOSサインではないだろうか。閉鎖された家族と本人だけの関係の中で、本人が回復することは不可能である。ひきこもりの生活から抜け出し、本人が生きる希望を見出せるような支援が必要なのである。

退院後の生活には、家庭の中の、通気性を良くするため、第三者が入ることが必要である。本人と家族が地域で孤立しないよう、アウトリーチサービス（訪問支援）を充実させることが不可欠である。それは、支援者でなくともよく、同じ障がいのあるピアの仲間、同じ家族でもいいのである。本人が家族以外の他者と人間関係を持てるようになることで、回復が進み、家族への暴力が消失する場合もあるのである。

2. アウトリーチサービス（訪問支援）

精神科医療においてはアウトリーチサービス（訪問支援）が重要であることが認識され始めている。アウトリーチサービスで注目されるのは、まず訪問看護である。訪問看護の役割は、生活上の支援を通し、精神障がい者が周囲の人との交流を持ちながら、地域で自分らしく生活していける力をつけることであり、精神科病院への再入院の防止や、在院日数の減少等の効果が報告されている。精神障がい者への訪問看護には、保健所・保健センターの行政保健師による訪問看護、あるいは、精神科病院からの訪問看護、地域の訪問看護ステーションからの訪問看護の３種類がある。

精神科訪問看護を実施するステーションは年々増加している。しかし、一般の訪問看護ステーションでは、精神科の勤務経験を持たない看護師がほとんどであり、精神科訪問看護に不安や戸惑いを感じながら援助している。そこで、平成24年の診療報酬改定で「精神科訪問看護基本療養費」が新設され、その算定要件に、訪問看護師の精神科での臨床経験や「精神科訪問看護基本療養費算定要件研修」の修了が必要となった。

精神障がい者を抱える家族にとっても、必要性は理解していても訪問看護を受け入れることは容易ではない。2014年に地域家族会の家族128名を調査[11]したところ、訪問看護を利用できない理由として、「当事者が訪問してほしくないと言う」「訪問後の当事者の状態の変化が不安」が挙げられ、訪問への迷いが伺えた。そうした不安の解消には、「訪問者からの説明と関わり」「心配でも家族が決断すること」と回答した。一方で、利用経験者の体験に関する記述では、初めは訪問を嫌がっていた当事者が、徐々に訪問を心待ちにするようになり、「家族以外の話し相手ができた」「自分の思いが伝えられるようになった」と回答した。「本人が利用を納得するまで1年必要だったが、週に1時間でも会話できることを喜んでいる」「親に言いにくいことを聞いてもらって助かっている」「人に助けてもらうと、自分が楽になると理解してくれた」「自分から行動するようになった」と回答した。家族以外に信頼できる人ができ、本人の生活の質が改善するとともに、「家に人を招くようになった」「家族が協力的になった」など、家族の生活にも変化が起きていた。

訪問看護の活用には、当事者と共に、家族も決断への不安や迷いがあることを理解し、安心して活用できるよう、地域の訪問支援に関する情報提供、支援者の家族や当事者への丁寧な説明、時間をかけた関係作りを行うことが必要である。

3. 包括型地域生活支援（ACT）

ACT（Assertive Community Treatment：包括型地域生活支援）という訪問型のサービスに注目が集まっている[12]。ACTとは、入院という形を可能な限り

11） 横山他、2015
12） 西尾、2010

使わず、地域の中で暮らす人々を支える訪問型のサポートである。重い精神障がいを抱えた人が住み慣れた場所で安心して暮らしていけるように、24時間365日、長期間にわたって継続的に、精神保健福祉士、看護師、臨床心理士、精神科医など、多職種によるチームが治療的介入や生活支援、リハビリテーションなどの直接的なサービスを提供する。

ACTの対象となるのは、治療によっても十分に改善されない重い症状や障がいを持ち、既存の地域精神保健サービスから十分な恩恵を受けることが難しい人たちである。つまり、頻回に入院を繰り返す方、長期にわたる入院を余儀なくされている方である。利用者の希望に基づいた支援計画が作成され、サービスが提供されるが、ACTが目指すのは、リカバリーである。「リカバリー」とは、精神疾患により、その人の人生に様々な影響を受けた当事者が、障がいや疾患を抱えながらも意味のある人生を見出す、自分らしく生きることを取り戻すプロセスを意味する。従来の精神医療は、病気の症状をコントロールすることに力を注ぎ、その人の人生や生活には、あまり目を向けていなかった。精神疾患があっても、希望や夢を持ち、人として尊重されることなど、当たり前であるべきことが、これまでの精神科の治療や援助では意識されてこなかった。ここに、精神医療の問題があり、ACTは、それを教えてくれている。

ACTのような訪問型のサービスは、家族への暴力に対する介入にも大変有効である。日本では、家族と同居する精神障がい者が多い。重症な精神障がい者の地域ケアに家族が大きな役割を果たすため、家族支援をACTの構成要素に位置づけている。日本でのACTは、2002（平成14）年から国立精神・神経センターで開始し、現在、市川、埼玉、京都、岡山、浜松、福岡など、ACTを先駆的に実施する施設が、全国で20か所近く（平成27年10月現在）登録されている[13)]。しかし、頻回な訪問活動を必要とする活動は、診療報酬に十分に反映できないなどの経営上の課題がある。

埼玉県さいたま市においては、地域にACTチームを作る目的で、2010（平成22）年に5回の「ACT連続講座」を開催した。この活動には、市職

13） ACT全国ネットワーク、2015

員、地域の支援者、大学教員も参加し、研修会参加者の中で関心のある支援者を集めてグループを作り、「ACT 立ち上げ会議」を継続して開催した。その結果、会議メンバーの支援者が、「精神科専門訪問看護ステーション」や「ACT さいたま（現・ACT ふぁん）」を設立した。この活動に中心的な役割を果たしたのが、精神障害者家族会の家族だった。家族は精神障がい者が地域で安心して生活していくためには、地域にアウトリーチサービスが必要であり、家族会員の当事者の多くは ACT の対象でないものの、ACT の理念や活動が普及することで、地域の精神保健福祉が向上することを願って活動していた。現在、支援組織は「ACT 推進会議」から「メンタルヘルスネットワーク会議」と名称変更し、より広くメンバーを集めて会議を継続している[14)]。

ACT チームが地域の中で広がり、リカバリーの理念が地域の支援者に浸透することで、人生に様々な影響を受けた精神障がい者に、当事者主体の支援ができ、暴力の問題の解決が図れるものと考える。

第 5 節の要点

▷家族への暴力は、家の中に引きこもり、希望を見出せない患者に起こりやすい問題であり、本人の必死の SOS サインである。

▷家庭の中の通気性を良くするためには、アウトリーチサービス（訪問支援）で、第三者が入ることが必要である。

▷訪問看護の活用には不安や迷いがあり、支援者の家族や当事者への丁寧な説明、時間をかけた関係作りが必要である。

▷ ACT の訪問型のサービスは、家族への暴力に介入することにも大変有効である。ACT は家族支援を構成要素に位置づけている。

▷ ACT のリカバリーの理念が浸透することで、当事者主体の支援ができ、暴力の問題の解決につながる。

14） 横山・林、2012

第6節　家族が行っている工夫

この節では、精神障がい者からの暴力に対して、家族がどのように対処しているのか、その工夫について紹介する。

家族の多くは、暴力が起きたときにどのように対処したらよいか、その具体的な方法を誰からも教えてもらったことがない。家族会で、同じ経験をした家族同士で体験に基づく情報共有の中で対処を知る以外は、試行錯誤しながら、時には失敗と思えるような経験もしながら、対処法を会得しているのが現実だ。ここで紹介するのは、そういった、家族が体験の中から得た智慧と工夫である。

もしかしたら、ここで紹介する方法以上に、もっと効果のある対処法があるのかもしれない。これから紹介する対処がベストではないかもしれないが、もし、取り入れることで暴力のある暮らしから、少しでも変化が起こせそうな工夫があれば、ぜひ試してみて頂きたいと思う。

「暴力への対処」と、ひとくちに言っても、「暴力が起こりそうな気配を感じたとき」と、「暴力がおさまって、日常の生活に戻ったとき」とでは、対処の工夫が大きく異なる。最初に、暴力が起こる時期にわけて、その対処を紹介する。

1．時期別の対処：暴力が起こりそうなとき

暴力がおこりそうなとき、まず大切なのは、その「起こりそうな気配」に気づくことである。きつい表情や声、イライラした態度など、いつもと違う様子をキャッチし、「これは危ないな」と感じられるのは、一緒に暮らす家族だから出来る。気配を察知し、早めに対処することで、暴力を回避できる可能性が高まる。

①落ち着く、落ち着いて対応する

暴力が起こりそうな気配を感じたら、まずは落ち着くことだ。この時に、

家族が慌てると、それにつられるように、本人の言動もエスカレートしてしまうことが多い。不穏な空気が流れているときに落ち着くというのは、言うは易く行うは難し、だろうが、それでも、心がけてみよう。落ち着くことが難しい場合は、「落ち着いているように、よそおう」ことから、やってみてはどうか。

対応の工夫例
- 深呼吸をする。腹式呼吸を繰り返す。
- 興奮すると家族も声が大きくなってくるので、小さな声で話すように心がける。
- 内心穏やかでなくても、平静を装い、静かに黙っている。

②本人を落ち着かせる

家族が落ち着いたら、次に本人を落ち着かせるための働きかけをする。本人のイライラに、まともにぶつかるより、イライラや落ち着かなさは本人のSOSだと捉え、穏やかに接する方がよいようだ。

対応の工夫例
- 薬を飲んだか確認する。飲んでいない場合は、「薬の時間では？」等と声掛けし、服用を促す。飲んでいる場合は、頓服を用意し、服用を促す。
- 飲み物を用意する。側に座って、そっと寄り添う。
- 本人の気持ちに寄り添い、反論せず、意見を言わず、「そうだね、そうだね」と、じっと話を聞いていると、次第に本人の気持ちが鎮まる。

③刺激しない

いつもと違う不穏な様子が見られる場合は、とにかく、本人を刺激しない。落ち着かないときに、本人の言っていることの間違いを指摘したり、反論したりすると、効果がないどころか、かえって事態を悪化させてしまうだろう。この状態のときには、「本人に言い聞かせる」「家族の言っていることを分からせる」といったことは一旦おいておく。

- 反論すると激化するので、心で思っても口には出さない。「本人は、自分とは違う感じ方や考え方をしているのだ」と思うようにする。

対応の工夫例

・本人が「指図された」と感じると激しい怒りを発するので、言い方に気をつける。
・暴力の引き金になるキーワードが幾つかあるので、それを言わないようにする。
・落ち着かない様子が見えたら、話を切り上げる。
・相手にしない、全く意に介していないようにする。
・家族が家の中で興奮した話し方や歩き方などをしない。静かに生活する。視線をあわせないようにする。
・家族が自室に入り、本人と接触しない。クールダウンする時間をとる。
・家族の姿が見えただけでも刺激になるようなので、本人の目につかない場所に隠れる。

④暴力の対象となる家族を遠ざける、その場を離れる

家族の中で、暴力の対象となりやすい家族員がいる場合は、その方を、暴力がおこりそうな場から遠ざける。それから、ご自身も、その場を離れよう。物理的な距離をとることで、暴力を防ぐことができる場合がある。声をかける余裕があれば、本人に声をかけてその場を離れ、しばらく時間をおくとよい。余裕がないときは、何はともあれ、その場を離れ、自分の身を守り、暴力の発生を防ぐ。

対応の工夫例

・自分が本人の相手をし、その間に、暴力の対象となる家族にその場から離れてもらう。
・「暴力はいけない。あなたのことは大切だけど、暴力があると一緒にはいられないので、家を離れます」と言って、家を出る。
・「お使いにいく」と言って、外出する。家に戻るときは、他の家族と待ち合わせて、2人以上で一緒に帰宅する。

⑤専門家に相談する

暴力の気配を感じたら、早めに専門家に相談しよう。この時期の相談は、「すぐに家に来てもらって、専門家に何とかしてもらう」ことを期待するというより、「今、家族がとるべき対応と、今後の対応について相談し確認する」という意味あいが強いだろう。相談することで、状況が整理できたり、どうしたらよいかが明確になったりすることも多い。困っているときは、積極的に専門家の力を借りよう。

対応の工夫例
・保健所に相談する。
・主治医に電話で連絡し、対応を相談する。早めの受診や入院なども検討する。

一方で、家族が「いきなり暴力がはじまり、予測が不可能」と表現するような、前ぶれなく突然、暴力が起こることもある。その場合は、落ち着いて、次の「暴力が起こっているとき」の対処が参考になるだろう。

2. 時期別の対処：暴力が起きているとき

①冷静に対処する

暴力が起こりそうなときと同様、落ち着いて、冷静に対処することが重要である。

対応の工夫例
・深呼吸をする。腹式呼吸を繰り返す。
・話すときは、家族が興奮した様子を見せないようにし、静かな声で、ゆっくりと話す。

②逃げる

逃げられる状況であれば、逃げよう。自分への被害を最小限におさえることができる。自分が傷つくことを防ぐと同時に、本人にそれ以上暴力をふるわせないためにも、暴力が起きている場から逃れることが重要である。

対応の工夫例
・「暴力を受けるのはつらいので、いついつまで旅行に行く」と言って、外泊する。
・財布と鍵と携帯だけ持って、家から離れる。すぐに車で逃げる。

③家族に助けを求める、保健所や警察等に助けを求める

暴力が起きているときに、1人で対応して暴力を収めるのは非常に困難だ。

自分と本人の２人でいるときに暴力が起きた場合は、１人で何とかしようと思わず、他の家族などに連絡をして助けを求めることが重要である。近くに家族がいない場合、すぐには連絡がとれない場合などは、近所の方や保健所、警察などに助けを求める。警察等に連絡することで、すべてが解決するわけではないが、第三者が介入すれば、本人が冷静になり、暴力が収まることが期待できる。また、後述するが、このときにスムーズに連携できるよう、普段から、近隣の方や、病院・保健所の専門職の方々に相談し、つながりを作っておくことが重要である。

対応の工夫例
・私（母親）にだけ暴力をふるうので、夫（本人の父親）を呼んで止めてもらう。
・警察に来てもらう。

3. 時期別の対処：暴力が収まったとき

①落ち着くのを待ち、落ち着いてから話す

暴力が収まった後、すぐに本人に働きかけるのではなく、本人が落ち着くのを待ち、それから話をするようにしよう。このときに、本人を非難したり、しつこく責めたりすると、うまくいかくないことが多い。どれくらいの時間待てばよいのかは、その時々で異なるが、家族の多くは、家族から話しかけるのではなく、本人が落ち着いて、本人から家族に働きかけてくるまで待っているようだ。

対応の工夫例
・本人の心が静かになり、話しかけてくるまで待つ。それまで家族は普段通りに過ごす。
・本人が落ち着いた後で、機嫌のよい時に話しをする。
・本人が落ち着いてから、どうして暴力をふるったのか、非難はせず、あっさりと聞く。

②暴力はいけないと諭す

本人が落ち着いて話を聞けるときに、暴力はダメだと諭す家族もいる。このときも、冷静に、必要なことを伝える。

対応の工夫例

・暴力を否定し、「暴力は絶対にいけない」と諭す。
・「暴力をふるったら110番します」と冷静に伝える。
・「次に暴力があったら警察を呼ぶ」と言ってから暴力はない。本人が自制しているようだ。
・「暴力はいけない。でも失敗は経験だから、今後に活かそう」と前向きにとらえ、今後どうするかを本人と話す。「睡眠が足りなかった」「疲れていた」などの問題に気づき、本人もそれを改善する努力をするようになった。

4. 時期別の対処：普段の生活で

①医療につなげる

最初の暴力が起こった時点では、本人も家族も病気のことがわかっていなかった、あるいは、家族は受診を勧めていたが本人が嫌がり医療機関につながっていなかったという場合がある。統合失調症の場合、暴力をふくめ他の様々な症状に対処するためには、適切な治療を受けることが何より重要である。また、医療につながることで、家族も、主治医をはじめとする医療スタッフに、わからないことを相談することができるようになる。まだ治療を受けていない場合は、本人が受診できる医療機関を探しましょう。

対応の工夫例

・本人に受診をすすめる。
・往診してくれるクリニックや医師をさがす。
・保健所に連絡し、医療機関につながっておらず受診につなげたい旨を相談する。

②暴力の起きにくい環境、暴力から逃げやすい環境を整える

次の暴力が起こることを想定した環境づくりをすることは、家族としては、とても辛いことだと思う。しかし、繰り返し暴力が起きていて、それが長く続いている場合は、暴力を防ぎ、暴力から逃げるための対処が必要である。並行して、専門家に相談する、周囲と連携する等、暴力をなくすための対処をする。暴力が収まり、穏やかな暮らしの見とおしが立つまでは、こうした環境づくりが暴力を防ぐのに役に立つと思う。

対応の工夫例
・包丁など危険なものを隠す。刃物はなるべく家に置かないようにする。
・リビングに投げやすいもの（花瓶など）を置かない。
・暴力の対象となる家族の部屋に、鍵と防犯ブザーをつける。
・逃げるときにすぐ持ち出すもの（現金、カード、鍵、携帯電話等）を、準備しておく。

③疾患について理解し対応を工夫する

対処を知るためには、何より疾患について理解することが重要である。病気や治療のことを理解すると、「本人も悩んでいる症状や副作用のことを責めてしまう」「過度な期待をして本人を疲れさせてしまう」といったことが少なくなり、家族も、本人の状態にあわせた対応ができるようになるだろう。

対応の工夫例
・書籍やDVDで、病気について学ぶ。
・講演会や勉強会に参加する。
・家族会に参加し、他の家族の対応の仕方を学ぶ。

④ストレスの少ない生活を心がける

家族の話では、本人がイライラしているときや、ストレスを感じているときに、何か小さなきっかけがあると、そこから暴力につながることがある。ストレスの少ない穏やかな生活を心がけよう。

対応の工夫例
・疲れると暴力をふるうので、疲れさせない、空腹にしない、睡眠時間を十分にとる。
・美味しい食事を用意する。できる時は本人と一緒に料理し家族でそろって食事をする。
・本人は、引きこもりがちの生活になるので、外出できるときは、一緒に散歩に行ったり、プールに行ったりして身体を動かす。

⑤孤立せず周囲と連携する

家庭の中で暴力が起きている場合、家族だけで問題を解決しようとしても、なかなかうまくいかない。また、暴力が起こりそうなときや、起きているときに、いざ助けを求めようとしても、病院、保健所、デイケア、支援センターなどの電話番号や、緊急時の連絡先、緊急時に相談できる窓口などがわかっていないと、すぐにSOSを出すことが難しい。周囲と連携し、対応に関する情報を共有することで解決のヒントが得られるだろう。家族が孤立してしまうと、解決の糸口が見つからなくなってしまうので、日頃から、周囲と連携するように心がけよう。

対応の工夫例

・近所の人と普段から挨拶をして親しくしている。暴力のことも話していて、どうしても危ないときは、警察に連絡をしてほしいと頼んである。
・主治医や、デイケアスタッフ、支援センターの職員に相談する。

⑥本人も家族も、それぞれの居場所を確保する

日本は、精神障がいの人が家族と同居している割合が高い国である。複数の大人が同じ家で暮らし、長い時間を一緒に過ごしていると、障がいや疾患とは関係なく、お互いにストレスがたまってくる。なかには、「それまでは別居で、家族と本人とでよい距離を保っていたが、同居してから関係が悪くなった」「父親が定年退職して家にいるようになってから、父子で暴力を伴う喧嘩をするようになってしまった」という方もいる。それぞれが自分の居場所を確保し、ほどよい距離を保てる暮らし方を工夫しよう。

対応の工夫例

・本人のことをあまり気にせずに、家族は家族の都合で外出する。
・日中、本人はデイケアに、家族はそれぞれ仕事やアルバイトに行く。
・私が家族会に行って、他のお母さんたちと何時間もおしゃべりして帰ると、「今日のお母さんは優しいね」と本人に言われる。親がうまくストレスを解消することが、本人のゆとりにもつながる。

⑦別々の暮らしをする

一緒に暮らしている状態では、家庭内での暴力が収まらず、別居という選択をする方もいる。これを「やむを得ずの別居」と捉える見方もある。しかし、親も子も成人した大人であるならば、別々に生活することは暮らし方の選択肢のひとつとして当然にある。本人の将来の自立を考えるならば、むしろ積極的に選択することも有りだと考える。本人の自立に向けた、別々の暮らしを準備するうえでも、前述の周囲との連携は欠かせない。

対応の工夫例

・アパートを借りて、暴力の対象となる家族（兄弟姉妹など）を別居させる。
・別のマンションを借りて、本人と家族で別居する。
・持ち家を売り、親は高齢者住宅で、本人はグループホームで生活している。

5. 特定の時期に限定しない対処：家族の姿勢

ここまでは、暴力の時期に応じた対応について紹介をしてきたが、対処には、特定の時期によらない、「家族の姿勢」とも呼べるようなものもある。ここでは、それを少し紹介する。

①毅然とした態度をとる

暴力に対して、家族が「暴力は絶対にいけないことだ」という姿勢を貫くのは重要なことである。その「暴力はいけない」という毅然とした態度も、それを示す場面によって、効果が大きく異なるようだ。具体的には、本人が落ち着いているとき、きちんとコミュニケーションがとれるときに、「暴力はダメだ」「次に暴力があったら、一緒には暮らせない」といったことを、家族と本人でお互いに確認することは大切である。しかし、本人が不穏なとき、暴力が起こりそうなとき、暴力がおこっているときに、家族が強い態度にでるのは逆効果になる。本人を刺激し、かえって事態を悪化させてしまうことになりかねない。毅然とした態度がいけないのではないし、「何を言ってもむだ」なのでもない。それを伝えるタイミングがポイントである。

②大げさに痛がる

「家族会で、暴力があったときは痛がるようにと教えて貰った」「大げさに痛がったら、それ以上は暴力を振るわなかった」という声がある。親は、痛がる様子を見せずに我慢している方が多いようだが、両親がじっと耐えているために、本人が「両親がそんなに痛がっているとは思わなかった」という例や、「暴力があると親も怖いのだと伝えたら、本人は驚いていた」という例もある。「大げさに痛がる」というのは少しオーバーな表現かもしれないが、暴力はダメだと伝えると同時に、「暴力があると、親も、痛いし、辛いし、怖いのだ」ということを、本人にわかってもらうことも大切である。

③「ひたすら耐える」「我慢する」（適切とは言えない対処）

家族の中には、ひたすら暴力に耐えている方も少なくない。そういった方々の多くは、「自分さえ我慢すれば」「とにかく耐えて本人の要求を受け入れていれば、少しは落ち着くから」と、ご自身を犠牲にして何とかギリギリのところで、家庭の中で暴力をおさめようとしているのだと思う。しかし、何らかの対処をしなければ、それまで続いていた暴力が、理由なく自然に消失するということは、残念ながら、ほぼ期待できない。

これまで、長きに渡って我慢を続けてきた方が、暴力に対して、急に何かの行動を起こすのは、並大抵のことではないだろう。しかし、できることからやってみよう。他の家族の工夫を参考に、できそうなことを何かひとつ始めてみることが、解決への糸口につながるはずだ。

④「本人の要求を受け入れる」（適切とは言えない対処）

「本人の要求通りに家族が行動していれば、あまり問題が起こらないから」という理由で、本人の望み通りに生活をしているという家族もいる。本人の要求が、家族にとって負担にならない範囲のこと（1時間ほど話を聞いてほしい、今日は側にいてほしい、など）で、かつ、それによって家族も本人も穏やかに暮らせているのであれば、本人の要望を聞き入れながら生活することは、工夫のひとつだろう。しかし、本人の要求を受け入れるために、家族がご自身の生活を犠牲にしている（夜通し本人の話しを聞くよう求められ、家族は徹夜し一睡もしないまま仕事に行っている、本人のお小遣い要求が多額で生活費を圧迫しており、将来の生活のめどが立たない、など）のであれば、それは望ましい対処とは言えないだろう。「本人の要求を受け入れる」ことが暴力への対処として正しいか間違っているかではなく、その対処が、家族にとって過剰な負担となっていないかを振り返ってみてほしい。もしそれが、家族の犠牲のうえでしか成り立たない生活なのであれば、他の対処を試してみることも必要だと思う。

⑤「暴力で応戦する、本人を挑発するような態度をとる」（適切とは言えない対処）

本人の暴力に対して、親も暴力で応戦する、本人の言葉に対して「私

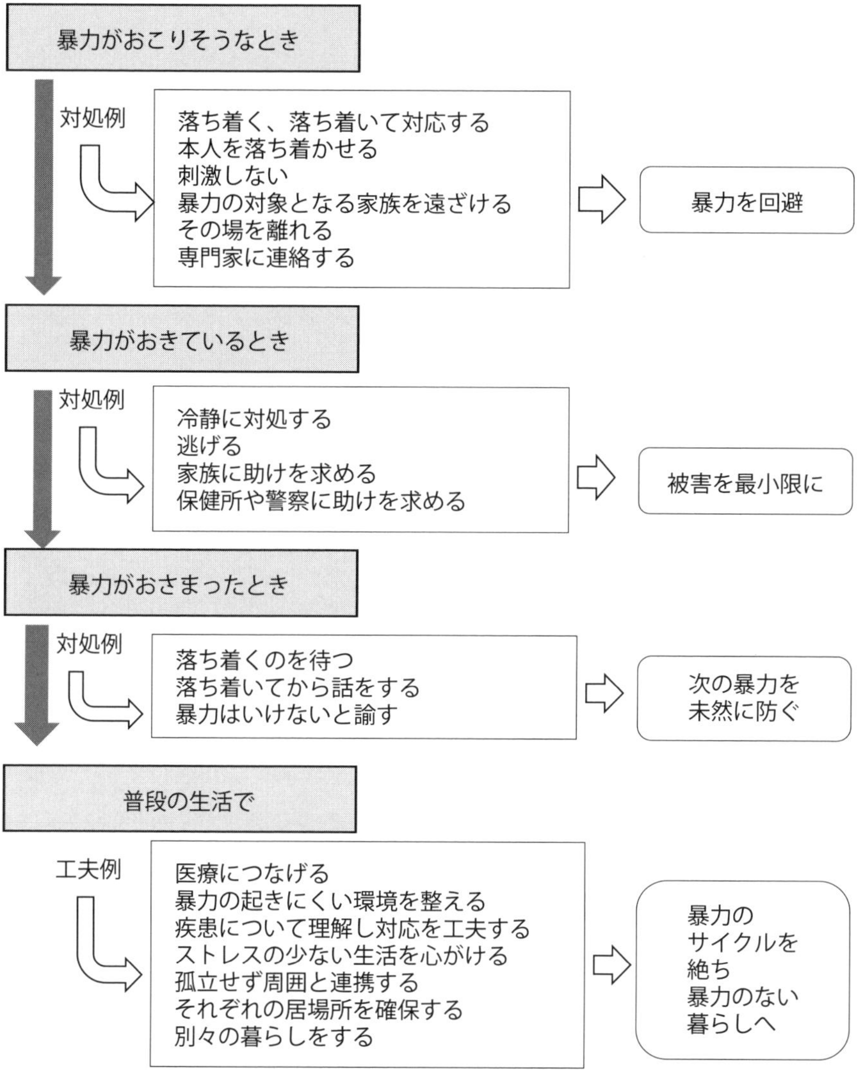
暴力がおこりそうなとき
対処例
落ち着く、落ち着いて対応する
本人を落ち着かせる
刺激しない
暴力の対象となる家族を遠ざける
その場を離れる
専門家に連絡する
暴力を回避
暴力がおきているとき
対処例
冷静に対処する
逃げる
家族に助けを求める
保健所や警察に助けを求める
被害を最小限に
暴力がおさまったとき
対処例
落ち着くのを待つ
落ち着いてから話をする
暴力はいけないと諭す
次の暴力を
未然に防ぐ
普段の生活で
工夫例
医療につなげる
暴力の起きにくい環境を整える
疾患について理解し対応を工夫する
ストレスの少ない生活を心がける
孤立せず周囲と連携する
それぞれの居場所を確保する
別々の暮らしをする
暴力の
サイクルを
絶ち
暴力のない
暮らしへ

図 4-6　暴力の時期に応じた対処の工夫

達（家族）がいなければ、あなたは１人では生活できないくせに！」と言う、「やれるものなら、やってみろ！」とけしかける、といった本人を挑発するような態度をとった場合に、それが上手くいったという声は、まったく聞かない。むしろ、本人が反発し、更に事態が悪化したと、皆さんが口をそろえて言う。暴力での対抗は、「暴力から逃げるために仕方なく」「殴られている他の家族を守るために必死で」というような切羽詰まった状況で、とっさに手が出てしまったという、どうしようもないケースもあるかもしれない。しかし、親の言うことを聞かせようと思ってふるう暴力は、功を奏さない。

親も、我慢が限界に達することもあると思うが、本人を挑発するような態度は、百害あって一利なし。他の対応を選択しよう。

6．おわりに

ここで紹介した工夫は、「これらを実行すれば、これくらいの割合で暴力が収まる」といったことが確認されている対処法ではなく、いわゆる「エビデンスがある（研究を行って、その効果が確認されている）」という類いのものではない。しかし、現状では、精神障がいのある方の家族に対する家庭の中での暴力に対して、効果が確認されている対処法はないに等しく、具体的で効果的な対処法をまとめた体系的なプログラムなどもない。そういった状況においては、これまでの生活の中で家族が得た智慧や工夫は、非常に貴重なものであると考える。

今後、これらについての研究がすすみ、暴力のない暮らしを実現するための効果的な対処をまとめた、体系的なプログラムの開発が期待される。

第６節の要点

▷家族の多くは、暴力が起きたときの対処方法を教えてもらったことがない。試行錯誤しながら、時には失敗と思えるような経験もしながら、対処法を会得している。

▷暴力が起こりそうなときに家族が工夫していることは、本人を刺激しないように冷静に落ち着くこと、その場を離れることなどだった。

▷暴力が起きているときは、その場を離れ、保健所や警察等に助けを求めていた。大げさに痛がることは有効だった。

▷暴力後は、落ち着くのを待ってから、本人と暴力をふるった理由を聞き、話し合う人もいた。毅然とした態度で暴力がダメだと伝える人もいた。

▷普段の生活では、医療につなげる、暴力の起きにくい環境を整える、疾患を理解し対応を工夫する、ストレスの少ない生活を心がける、孤立せず周囲と連携する、それぞれの居場所を確保する、別々に暮らすといったことを行い、暴力のサイクルを絶てるように対処していた。

第7節　家族会

この節では、家族会が家庭内の暴力に対してどのように取り組んでいるかをいくつかの活動事例を交えて紹介する。家族への暴力は、家族会にとって深刻で重要なテーマである。6割の家族がこれまでに暴力を受けたことがあり、3割以上が過去1年間にも暴力を受けている。多くの家族が傷ついている話題であり、困っている話題である。家族会で話せなければ、他に話せる場はないというくらいのタブーな話題である。

1. 社会的孤立から家族を救う家族会

家族への暴力を防げなかった場合、事件に発展してしまうこともある。そのように本当に辛いときに家族会の意義が再確認されていた。

voice　[事例] 河上紀子（尼崎市精神福祉家族会連合会）

ある会員さんの家で、息子さん（当事者）がお父さんお母さんを傷つけるという事件が起こりました。ニュースで知って、家族会の役員2人が自転車で家まで駆けつけました。「生きててほしい」と言う思いのみでした。重症ですが命に別条はないとわかりました。

お母さんは、私が尊敬する人です。お父さんも昔気質のお父さんながら、純朴ないい方です。息子さんは妄想がふくらんで、親を傷つけてしまったのです。「こんなに一生懸命生きてきたご両親が、なんでこんな目に合わなきゃいけない。とにかく何もできなくてもそばにいたい」と思いました。

直接会えないのですぐメールしました。でもきっと、すぐに返事を返してくださることはないだろうと思っていました。ところが、「すぐ、誰よりも会長に連絡したいと思ってた」と返ってきました。お母さんは、いろいろ趣味の活動をされ、魅力的な方なのでお友達も多い方ですが、すべての連絡を絶たれました。「言い難い苦しみを味わっている時、人は自ら孤立を選んでしまうようです」とお母さん。役員だけには了解を得て知らせました。みんなは、「他人ごとではない、自分のところでも起こるかもしれない。大変だけど元気になってほしい」と、思いは一緒でした。お手紙を書かれた方もありました。

お母さんは「家族会とだけはつながっていたい」という気持ちを持ち続け、「それだけが、孤立から立ち直る支えになった」とあとで教えて下さいました。

あれから数年たちました。

今、お母さんは、家族会で一つの部門の責任者になり、前よりさらに前向きにがんばっておられます。そして事あるごとに言われるのが「家族会があってよかった」ということです。そして、私も「家族会は絶対必要」と強く思うようになりました。

ある大学の先生が書かれた文を、お母さんが見せてくれました。「日本の医療観察法のデータでは、初犯の方がかなりいて、しかも被害を受けたのが家族であることが多いこと、起こった後の対症療法ではなく、その前の予防の策をこの日本で作ってほしい」という内容でした。お母さんは、「私もこのことを強く願う。そして被害を受けた私が訴えていかなければならない」と言われるまでになりました。

人生でこんなに辛いことを体験しながら、立ち上がるお母さんに、こちらも勇気をいただきます。

＊　＊　＊

「言い難い苦しみを味わっているとき、人は自ら孤立を選んでしまうようです」という母親の言葉。その中で、家族会の方が「他人ごとではない」と我が事のように心配し、母親も「家族会とだけはつながっていたい」と言っている。最後の拠り所は、苦しみをわかり合える同じ家族だった。実体験から出た「家族会があってよかった」という言葉は、家族会の存在意義を再認識させてくれる。

2. 電話相談から見た家族会の新たな方向性

家族会の相談電話には、多くの家族から困っているとSOSが送られてくる。北海道精神障害者家族連合会（通称：北家連）では、個別支援の変化を目の当たりにしている。北家連の家族相談を紹介する。

voice　［事例］竹下信昭（北海道精神障害者家族連合会）

はじめに

相談件数は、年々増加の一途をたどり平成27年度は前年比2倍（294件）の件数になりました。相談内容も次第に緊急性を帯びるようになり、かつ精神疾患の内容も専門性を帯びるようになってきました。そのような中、平成28年4月4日北海道新聞一面トップ記事で【「心の病　孤立する家族」成人の子供　受診拒み暴力も】として大きく報道されました。世間体が気になり、息子の精神障害を認めたくない。誰でもが一度は口にする言葉が冒頭を飾る。この報道がきっかけとなって、電話相談・面談相談が一気に加速しました。ついに月間100件を優に超す相談が寄せられ、事務所は一時マヒ状態となりました。

精神障がい者から家族に向けられる暴言・暴力は凄まじいものがあります。しかし、適切な治療と周囲の理解が深まり安定した対応ができるならば十分克服できることを、たくさんの事例を通して確信しています。

北家連の相談対応事例 「相談窓口に同行」

昨年10月北海道新聞（平成27年10月8日付け【精神障害者家族　暴力の悩み】）を見たので相談したいとの電話が入り、北家連事務所で相談を受けました。70代の両親は、大変な疲労と困惑した顔で来所されました。早速事の次第を聞くことに。「息子42歳は短大卒業後定職に就くことなく、短期間喫茶店で働いた経験はあるが2か月程で辞め、以後自宅での生活が始まった。ところが、最近骨折を機に入院したところ体調に変化が見られるようになった。この時点で、それが精神の異常であるとの認識を、私たちは持つに至らなかった。整形外科退院の際、主治医から大学病院で骨折が治癒しているか精密検査が必要なのでそちらの治療を進められ、半身半疑ながら勧められるままに大学病院へ入院。整形外科の治療を終了した際、念のために精神科を受診したところ、統合失調症の疑いがあると告げられた。薬の服用をするように言われたが、息子は病気とは認めることはなく、薬を飲むことはなかった。その後、病状は悪化の一途をたどり、ついに両親の軟禁、室内での暴行が始まり、母親の料理にあらゆる難癖をつけて料理をつぎつぎと放ってしまう状態が連日繰り返されるようになった」。そのような状況を北家連担当に説明しました。早速、私は、自治体の福祉課と打ち合わせの上、両親に同行して自治体窓口に行き、事情を説明、早期入院の必要性を伝えました。その結果、窓口の担当者は、緊急性を理解し、暴力を考慮して警察と連携のうえで当該者の入院を手配してくれました。現在両親は、家族会例会には率先して参加しています。また、面会の都度、退院後の生活については自立の方向で対処できるよう、話し合いを深めています。私はこの方に寄り添って積極的に役所への同行支援を行って成果を得ることができました。

著者による補足：

危機介入の相談は基本的には都道府県保健所が担うが、地域によっては市町村でも対応することがある。また、政令指定都市、中核市など保健所を設置している保健所設置市もある。自治体によって担当部署名は異なり、保健所、保健センター、保健福祉センター、福祉課など、様々。

voice ［事例］竹下信昭（北海道精神障害者家族連合会）（つづき）

電話相談は家族会運動の活力源：新しい方向

相談窓口から家族会としての取り組みについて北家連本部としての方向性が明らかになった。北家連が取り組んできた電話相談の流れを整理すると、①電話を待つ、②もう一度電話をください、③こちらから家族へ「どうしてますか」、④家族が会いたい（面談）、⑤自宅訪問、⑥専門機関につなげる訪問、という一連の取り組みである。この電話相談の活用のしかたは、大変有効裡に機能することが判明した。

特に、「訪問」から「同行支援」をするという方法は、緊急時に必要だという感触を得た。急性期の対応など多くの困難を抱えて危機に直面している状況では、他の機関に回して対応するという余裕がない。その切迫した状況を打開するためには、相談者と共に行動する、つまり、相談者に同行支援をすることが有効だとわかった。

教訓：急性期に右往左往する家族への対応

「急性期」という理解のないまま右往左往している家族。家族が当事者との関わりについて「当事者理解＝病気理解」が十分でないまま時を過ごすことは厳に慎まなければならない。まず、精神症状など病気理解についてその本質についてしっかり伝えることが大事。そのうえで急性期の症状の特徴を共有しなければ、当事者の理解や症状への対処などができない。しかし、これは余裕があるときの対応である。緊急時ですべきことは、安心・安全な家庭生活を回復できること、家族全員の生命を守ること、日常生活を送れる最低の条件を作ることである。障害や病気への理解は状況が落ち着いたとき、しっかり学習する機会が必要である。それには学習会活動を基軸に据えることが重要である。これまでの体験では、同行支援した家族は家族会に入会し、学ぶようになっている。

教訓：行政との緊密な連携を

急性期に直面した親と当事者の相談は、市町村担当課により解決の一歩となることがあることを体験を通して知った。ある市の担当課の保健師は、相談を受けてすぐ病院と連携し、入院の可能性の確認を図った。そのうえで家族・当事者への対応について、警察と協力して対応した。その保健師は、家族の直面している危険の度合いに合致する行動をとっていた。

また、急性期に限らず日常的に行政担当課の職員に相談することが大切であることもわかった。家族が直面した困難がすぐ解決しなくても、当事者の行動について普段から担当職員に伝えておくことが、家族のできることの一つとしてあること。この点は家族会活動のうえでも、会員の中で共有されているとは限らない。これも、今回の相談事例からの大きな教訓だった。

教訓を生かした家族会活動の新しい課題

以上の教訓は、これまであまり意識されてこなかった問題であるが、新しい課題として家族会活動に位置づけることができる。

①家族会として自治体窓口の職員との対話を通じて、家族支援の可能性を切り開く力があることを申し入れる。急性期の当事者への緊急入院に必要な協力関係を病院・警察と連携強化すること、家族からの相談に対して丁寧な聞き取りとそれに応じた支援をすること、家族会の会員だけでなく困難に直面している家族に対しても、家族会を紹介してもらうよう協力を呼びかけることである。

②家族会として、自治体職員と交流を続けて学び合い、家族のためになる「行政担当づくり」を目指すこと。

③家族会の会員が「今、元気でいるうちにどうやって、当事者支援に必要な地域づくりを進めていくか」を考えるうえで到達すべき課題とも言えるものである。今ある社会資源の中で「親亡き後」ではなく、今元気でいるうちに家族会として、家族や会員を励まし、地域に支援体制をつくることが、家族支援になる。

電話相談を切り口として考えるこれからの北家連

北家連のこれまでとこれからの視点をまとめていくことで、総括の一つになるのではないかと思っている。今回は電話相談を切り口にして家族相談そして、家族支援につなげての考えをまとめた。それを家族会運動という切り口から深めると違った状況が見えてくる。家族会運動の中の一つに、家族支援・家族相談という形として位置づく。更に、家族の直面している課題や困難から家族会運動はさらに多くの柱立てが可能となる。

家族会運動が担うものは、①当事者との関わり、病気の理解、②医療・保健等との問題、③施設職員と福祉支援者との関係、④家族と家族会、⑤自治体啓発など、だと思う。

電話相談の業務は質的に変化した。そのための実質的な支え——人的、財政的——が今一番求められている。北家連としても、この課題に対応できるためにさらに努力していく気持ちでいる。

＊　＊　＊

急性期に医療につなげようと家族が行政の担当課に相談に行っても、家族自身が混乱している状態であることが多く、相談がスムーズに進まない場面は少なくないだろう。私が保健所で相談を受けていたときも、大抵の相談者は、順序立てて説明することができなかった。当時の私は、浅はかにも、それが急性期の患者に巻き込まれて修羅場にいる家族の混乱した姿だとは、理解していなかった。まとまりのない話から事実関係を確認するだけで、こちらも疲れ切っていた。次第にそのまとまりのない話が標準に思えてきた。ほとんどの相談者がそのようにまとまりなく話されるので、整理して話をする親が来所すると、珍しく映るほどだった。それほど相談に来る人は混乱状態にある。北家連の活動のように、事実関係を整理して説明してくれるサポート役がいると、相談はスムーズに進むだろう。新しい家族会活動の姿だと思う。日々家族に寄り添い、支援活動を続けているご家族に敬意を表したい。ただし、家族会のサポート役に頼らずとも、支援者が適切に相談できるよう、その力量を上げる必要があることは言うまでもない。

3. 家族会が病院で家族支援プログラムを展開

家族会は、暴力というタブーな話題を話せる唯一の場と言っても過言ではない。しかし、家族会の例会は、一般的に人数も多く、また、人の入れ替わりもあるため、タブーな話題を話しにくいことが多々ある。少人数で同じ人が毎回参加するグループのほうが、暴力の話題を話す場としては適しているだろう。近年、小グループで実施する家族ピア教育プログラム「家族による家族学習会」が全国に広がりを見せている。通常は、地域の家族会が公民館等で実施するが、大阪府精神障害者家族会連合会は、全国に先駆けて、精神科病院内の部屋でこのプログラムを実施した。さらに、家族会が病院の外来に家族相談窓口を設置した。

voice ［事例］川辺慶子（大阪府精神障害者家族会連合会）

1 家族ピア教育プログラム「家族による家族学習会」

1）プログラムの概要

「家族による家族学習会」とは、家族が元気になることを目的にした家族ピア教育プログラムです。精神疾患を患った人の家族を「参加者」として迎え、同じ立場の家族が「担当者」としてチームで進める、小グループのプログラムです。「体験を語り合うこと」を大切にしています。病気に対する正しい情報とともに、家族自身の体験をお互いに語り合い、家族同士の支え合いの場を提供します。

家族会につながらずに孤立している家族が応募してくることが多いです。わかりやすいテキストを輪読しながら、互いの体験を共有して、進めていきます。毎月もしくは隔週で５回に渡って、同じメンバーで学び合います。回を重ねるごとに笑顔が出て、孤立感が薄れ、つながりが深まります。

2）タブーな話題を話せた事例

Ａさん：カーテンに火をつけた

Ａさん（母親）は、子どもが「カーテンに火をつけたの」とやっと話せました。「さらけ出さないと自分がしんどくなる」「さらけ出さないとわかってもらえない」と頭ではわかっていても、隠そうとしている自分がいて、葛藤していたようです。話すにはかなりの勇気が必要だったと思います。「家族による家族学習会」の場には、安心感がありました。何を言っても、咎められない。少人数の同じメンバーでの語り合いであり、何でも受け止めてもらえました。批判されたりする心配はありませんでした。「そんなことしたの？　とんでもないことしたね」と言われれば、Ａさんは話せなかったでしょう。

Ｂさん：今でも忘れられない娘の凶暴な目つき

Ｂさん：私（母親）、実は、娘と顔をあわせて話せないの。
担当者：そんなときありますね。
Ｂさん:1 時間も一緒にいたら、しんどくなる。
担当者：私もそんなときありますよ。私は、しんどいときは、家から出て、離れています。
Ｂさん：診察待ちのとき、思いっきり目の上を殴られてね。凶暴な目つき、今でも忘れられない。長い間怖くてね。
担当者：大変でしたね。
Ｂさん：今は落ち着いてきています。「家族による家族学習会」で対応の仕方を学んでいます。今までは、感情任せだったけれど、娘と距離を置くことを覚えました。２～３日話さないようにしていたら、娘から声かけてきます。私がこうして話せるようになったのは、わかってくれる人と出会えて、信頼感を持てるようになったからかもしれません。今は、娘に『毎月勉強してるよ』と話すことができるようになりました。

3）病院実施の「家族による家族学習会」で変わっていく家族

参加者は、最終回に次のような感想を寄せてくれました。「同じ病気を持つ他の方のお話は、どれも私がこれから娘と共に歩んでいく道しるべです。帰りはいつも足取り軽く気持ちも明るくなりました」「たくさんの体験談を聴くことで、本人の行動を理解することができました。家族対応について、とても参考になりました。感謝の気持ちでいっぱいです」などです。

回を重ねるたび参加者の表情が変わり、少しずつ明るく元気になっていく様子がわかり、本当にうれしいです。私たち担当者３人は、毎回その日の進行をふり返り、参加者の皆さん一人ひとりの思いをきちんと受け止められたか、テキストの内容がしっかり伝えられたかなどの確認をしました。助け合いながらチームとして進めました。互いにそれぞれの体験から学び合えるという、家族による家族にしかできない支援の中で、どうしたらいいか気づき、家族としての力を付けることができました。

2　阪本病院における「家族相談窓口」の設置

阪本病院は大阪府東大阪市にある精神科病院です。私たちは、病院内で「家族による家族学習会」を実施するだけでなく、家族による個別の家族相談の必要性を感じました。そこで、阪本病院スタッフと協議し、外来に家族会が「家族相談窓口」を開設することにしました。これは日本で初めての先駆的試みだと思います。２名の家族相談員（家族会会員）が入院・外来患者の家族からの相談に応じています。

「家族相談窓口」に来所されたある母親は、統合失調症の娘による暴言と暴力が原因で、家庭での会話がほとんどなくなってしまったことについて、解決の糸口を求めて来所されました。家族がどんなに娘に気を遣って話しても、娘は些細な表現に引っかかり、暴言や暴力に発展してしまうそうです。家族はそのような生活に耐えられなくなりました。そのやりとりが十年単位で続いた現在、父親、母親、きょうだいの全員が、当事者の娘に巻き込まれることを避けるために、ほとんど会話をしなくなったそうです。必要なときは、最低限の短い言葉のみを発すると言います。私は、この相談者（母親）をねぎらい、ひたすら傾聴しました。この母親は、同じ立場の家族に話を聴いてもらいたかったのだと思います。

「家族相談日」と掲げていますが、家族が何人も集まってくると、にぎやかな集いの場になっていきます。そこには、家族の笑顔が絶えません。家族に生きる力が湧いてきます。当事者のために生きる家族から、自分の人生を生きる家族に変わっていくように思います。家族には、こうした「ほっと広場」の居場所が必要だと痛感しています。

＊　＊　＊

同じ立場の家族にしかできない家族支援がある。愛おしい我が子なのに恐怖心がぬぐえない、羞恥心がある。それを「さらけ出す」ことをしないと自分が追い込まれる、でも、隠したい。親の心で渦巻くものすごい葛藤がある。それを理解し、受け止められる人は、やはり同じ立場の家族である。家族にしかできない支援だと再認識させられた。そのような家族会の活動は、もっと評価される必要がある。

4. 専門家を巻き込み社会を変えたい

和歌山県の家族会では、家族の悩みを多くの人に理解してもらい、家族依存から社会的支援へと進める活動を続けている。和歌山の取り組みを紹介する。

voice ［事例］大畠信雄（和歌山県精神障害者家族会連合会）

2008年に起きた母子心中事件から

2008年和歌山県海南市で起きた精神障がい者をめぐる母子心中事件が端を発しました。この事件に深く関わりを持つ、和歌山県共同作業所連絡会、和歌山県精神障害者家族会連合会が二度とこのようなことを繰り返さないために、我々に何ができるのかという思いから、2010年和歌山の精神保健福祉を考えるシンポジウム“心と命を支える地域づくりを目指そう”を開催しました。開催主旨は、発症時の家族の苦悩や不安といった「家族の生の声」を聴き取り、家族に障がい者を丸抱させている「家族依存から社会的支援に向けて」社会のあり方を変えていくことです。

家族の生活実態について聴き取り調査の実施

シンポジウム後も活動を続けました。母子無理心中を悲しい事件として終わらせたくありませんでした。そこで、障がい者や家族の心の奥の深いしんどさを可能な限り直接聴き取り、報告書としてまとめようということになりました。家族、障がい者、施設職員の合計8名からなる調査研究プロジェクト検討委員会を立ち上げました。聴き取り調査には、作業所の職員、精神保健福祉士、精神科病院のワーカー、保健師、家族会の役員など延べ83人が関わりました。聴き取った66家族の内、28家族は家族会に入っていない家族で、保健所から紹介してもらいました。家族との面談は、自宅への訪問や、保健所や作業所の会議室で行いました。聴き取り調査は、2010年7月～2011年6月の1年間に及びました。2011年6月に「和歌山県家族と精神障害者の生活実態調査アンケート集計」冊子を完成させることができました。家族の生活実態調査をすることで多くの問題点、課題が浮き彫りになりました。その結果を踏まえ、精神障がい者を持つ家族の提言として10項目をあげました。
そのアンケート集計の冊子を使って啓発活動を展開しました。マスメディア（テレビ、各新聞社）、和歌山県議会議員全員に配布しました。その他、家族会員、各施設、関係機関、和歌山県教育庁学校教育局長及び健康体育課に配布して説明したり、懇談会を開催するなどして、啓発活動を行いました。

調査を通して明らかになった家族の生活実態

調査から以下のような家族の生活実態が明らかになりました。
①社会から孤立して、精神症状が不安定な本人と24時間の生活。
②自分が産んだ子は自分でみなければという使命感が強く、自分を追いつめている。
③家族は精神保健福祉サービスなどの情報を得る機会が少ない。（特に家族会に入ってない家族）
④家族は、子どもの言動が近所に迷惑をかけないかとビクビクし、世間体を気にした生活をしている。
⑤本人の不安定な精神症状の改善に期待が持てず、喪失感の苦悩を持ち続けている。
⑥「親なき後」先の見通しがつかない状況の中で死を頻繁に考える。
⑦精神疾患は誰にも罹りうるものであるが、偏見が根強く、精神疾患はまだ市民権が得られていない。
⑧整備されつつある法制度と精神障がい者を持つ家族の生活実態は、他の障がい者（身体、知的）との格差があることは否めない。

「家族依存から社会的支援に向けて進める会」（略称：進める会）の発足

2013年9月8日「和歌山の精神障保健福祉を考えるシンポジウムⅡ」を開催しました。「こころの健康は身体の健康それ以上に人間生活を営む基本である」「障がいがあっても豊かな生涯」が実感でき、誰もが罹りうる心の病を受け入れられる環境作りを目指して開催しました。第1回シンポジウム開催から3年を経て、障がい者制度も幾分改善が見られる中で、なお、障がい者と家族にとって希望が見えにくい状況をどのように変えていくことができるのかを考えました。家族は多くの悩みを抱えており、課題を克服するには、家族だけの活動に限界がありました。そこで、多職種の専門職に支援を呼びかけ、家族対面調査研究プロジェクト検討委員会を発展的解消させる形で、進める会が2014年4月に発足しました。進める会の会員は、2016年6月現在、19名です。

進める会は、多くの専門職集団です。専門職間だけの活動から、他の職種従事者と交流していくことにより、情報交換の幅が拡大し、日常業務に活かされていると感じています。進める会の例会は、2か月に1回、18時00分～19時30分に開催しています。会員の例会出席率は高く、仕事の疲れも見せずに熱心に笑い声もあり、和やかに議論されている姿勢に家族として頼もしく感じ、大変嬉しく喜んでいます。

再び2015年に事件が起きる

2015年2月和歌山市で父親が20年間精神科病院を11回入退院繰り返した41歳の長女を殺害するという事件が発生しました（本書冒頭の事件）。父親は、地域の家族会、病院の家族会にも入り積極的に活動していました。両親は、長女が頻繁に繰り返す暴言、暴力行為に行政、保健所、警察、地域の方、家族会にも相談したが解決策を得ることができませんでした。

裁判を終え、釈放された父親が公の場で講演してくださることになりました。2015年11月28日、私たち進める会は講演会・フォーラムを開催しました。父親と家族の勇気に感謝しています。参加者は、行政、精神科医、精神保健福祉士、作業療法士、社会福祉士、福祉関係者、（身体、知的、精神、他）精神障がい者を持つ家族、当事者本人、地域住民、他府県、県内外のマスメディア（テレビ、新聞、雑誌）12社の参加がありました。

父親の講演を受けてグループワークを行いました。以下に、参加者からの感想、意見など抜粋して紹介します。

「精神障がい者とその家族の日々の苦悩について、実感することができた。その中で、本人が抱える苦しみや悩みを理解、共感することがいかに難しいことか、又、それを知り得たうえで、本人に応えていく方法の難しいさを考えさせられた」

「本人、家族の問題は非常に深刻で決して見過ごせない大きな社会問題と思う」
「家族の長期にわたる苦しみがよく伝わってきた。家族としては、何とかしてほしいという気持ちが強いが、社会（警察、保健所、病院等）での限界というものが実際あり、難しい問題だと思った」
「父親の話を聞いて、最悪の状態になるまでのことがよくわかった。家族に押し付けているような状況だと感じた。制度や社会資源、本人や家族の思いなどを、どのように受け入れていくことができるのかを考えていきたい」

進める会は、障がい者、家族の安心につながる支援として、以下が必要だとまとめました。
①啓発・広報：精神保健福祉に関する知識や情報、精神疾患や障がい者に対する正しい理解を得る活動
②家族の支援：ショートステイ、レスパイト（休息の場）の確保
③「緊急訪問サービス」の設立：24時間（含む土・日曜日、祭日）いつでも対応できる、警察官が介入しなくてもよい体制
④本人の日常生活支援
⑤家族への支援者・協力者の養成及びネットワークの強化
⑥アウトリーチ又は、ACTを福祉圏域に1か所設立
⑦家族の精神的、健康面のフォロー

終わりに

現在、精神障がい者分野の制度などは整備されつつあるが、精神障がい者本人とその家族の生活実態の困難さが十分反映されていません。本人を抱える家族に対する社会資源など十分整備されてないギャップを痛感しています。疲れたこころに響く家族支援には、一人ひとり違う精神障がいの特性、性別、年齢、家族構成、家庭環境等、違った状況を知ることが大切です。多くの家族は、病気の発症時から安定に至るまで大きな変化が伴い、その繰り返しに苦悩しながら解決策が見出せずに、抱え込み追い詰められているのが実態です。

家族は精神疾患に対して、自らの偏見除去に至ってない方もあり、また、

社会に偏見があるという思いが強く、外に向けての発信及び行動範囲を自ら狭くしていることは否めません。精神障がい者を持つ高齢化した家族も、支援者がなく本人を必死に支える風潮が強く苦労しみながら生活しているのが実態です。

本人の家族への暴力行為は、決して好き好んでしたことではなく精神疾患からくるものであり、障がい特性と受けとめ、個々の違いに寄り添う専門職（支援者）の拡充、家族本人へのセイフティーネット（社会的支援）を細かくすることで、家族に安心、安全が得られ本人に余裕のある接し方ができ、家族本人を孤立させない環境になると思っています。

＊　＊　＊

和歌山県での度重なる悲劇は、家族が置かれる状況を変えることの難しさを証明しているかのようだ。家族だけの力で状況を変えることは困難である。家族会と多くの熱心な支援者がともに活動していることは、全国的にも珍しい。家族会のリーダーシップのもと、66 世帯への対面調査を行ったこと、また、定期的な会合など地道な活動を継続されていることに敬意を表する。和歌山をモデルとして、このような専門職集団と家族会の活動が全国に広がることを期待する。

多くの支援者が自主的に活動しているのは、悲劇を繰り返したくないという強い気持ちが根底にあるからではないだろうか。私は、その支援者の 1 人に家族会全国大会の懇親会で初めて会った。当時、私は「精神障がい者の家族が受ける暴力――私たち支援者が向き合うべきこと」という冊子を作成中であり、そのことを伝えた。そして、家族が受ける暴力の問題に取り組んでから私自身とても辛かったので、「この問題に取り組むのは辛いですね」と話した。すると、彼女の目から涙が溢れ、もう言葉にならなかった。私もこの研究をしてから、どれだけ泣いたかわからない。和歌山で支援者に会うと、言葉を交わさなくても想いが通じている感覚がある。悲しみとあきらめない強い気持ちが伝わってくるのだ。

第７節の要点

▷暴力は不幸にして事件に発展することもある。辛いときほど孤立する。最後の拠り所は、苦しみをわかり合える同じ家族である。家族会は、家族が最も辛いときに助けになってくれる重要な場である。

▷急性期の混乱の渦中にいる家族は、行政の相談窓口に行っても順序立てて話すことが難しい。北海道では、家族会の家族が相談窓口に同行する支援を始め、成果を上げている。

▷暴力はタブーな話題であり、家族会の中でも話しにくい。大阪では、家族会が精神科病院に赴き、発病間もない家族へのアウトリーチを行っている。病院で「家族による家族学習会」プログラムを実施したり、外来で家族相談窓口を設けている。

▷家族が抱える困難を家族会だけで解決することは難しい。和歌山では、家族会のリーダーシップのもと支援者を巻き込み、家族の生活実態を調査し、社会に訴える講演会等の取り組みを行っている。

第5章 過去に暴力があり、リカバリーに成功した事例

第1節 入退院と暴力が繰り返された日々からのリカバリー

1．自ら道を切り拓く　小山公一郎

兆候から発症まで

私は現在40歳で都内の一般企業に勤務しており、統合失調症（精神障害２級）と診断されてから今年で20年が経ちます。幼少の頃から落ち着きがなく、友人も少なかったと思います。発症のきっかけは高校生になった頃、周囲になじめず勉強にもついていけないという焦りからの不登校が始まりでした。この頃、常に苛々して家族に八つ当たり（暴力をふるうなど）をしていました。その一方で無気力な状態が続き勉強も手につかず、朝起きられないといった症状があったので近所の心療内科に通い始めました。これといった原因が特定されることなく徐々に症状が悪化して学校は留年、そして自主退学となりました。その後、通信制の学校や自動車教習所に通ったりもしましたが途中であきらめてしまうなどで長続きしませんでした。そんな中、大学検定だけは症状が悪化して昼夜逆転や妄想がひどく部屋に引きこもりがちになりながらもなんとか取得することができました。そして20歳のときに精神科に強制入院となり主治医から精神分裂病（統合失調症）と診断されましたが、急性期の頃は非常に不安定で混乱状態が続き２～３年は閉鎖病棟での集中治療が続きました。当時の詳しい状

況については記憶が曖昧で正直あまり覚えていません。

発症から自分の弱さや障害を受け入れるまでの猶予期間

２～３年の急性期を経てひとまず症状もおさまり主治医や親と相談した結果、援護寮（期限付きで共同生活を送りながら生活訓練を行う施設）に入居することになり、そこで一時的な休息期を迎えました。施設内のメンバーは高齢者が多く、当時24歳とまだ若かった私を寮のスタッフやメンバーがとても温かく迎え入れてくれたことを今でもよく覚えています。比較的自由な時間が与えられて行動範囲も広がり、またスタッフはとても熱心でよく相談に乗ってくれたので退去するまでの２年間はとても安心した楽しい生活を送ることができました。その一方で具体的な将来の方向性についてはまだ考えられずに毎日をなんとなく過ごしており、またデイケアやアルバイトなど新しいことを始めようとしてもやはり長くは続きませんでした。この頃、何故私は何事も中途半端で投げ出してしまうのかについてとても悩みました。援護寮のスタッフは「よく頑張ったよ」といった慰めの言葉を度々かけてくれましたが、自分の中ではどうにも納得がいきませんでした。振り返れば今まで学生の頃も含めて何か真剣に取り組むといった経験がこれといってないことに気づいたことと、障害が原因で能力が衰えてしまったのかについてどうしても確かめたくなり自分の中でちょっとした試みを行うことにしました。それは一度断念した自動車免許に再挑戦するというもので、以前までのようないい加減な姿勢ではなく真剣に取り組むことを決意し、ある意味で自分を証明するための実験でもありました。結果は意外にもすんなりと自動車免許を取得することができました（26歳）。この頃、症状の方は少しずつ落ち着いてはきたものの、やはりどうしても自分の障害を受け入れることができなかったために服薬を中断するなどで入退院を繰り返していました（計９回）。しかし、20代最後の入院中、膨大に時間が流れる保護室で、過去の自分を顧みることによって私の意識が少しずつ変化していきました。まず症状が改善されずまた社会から何も期待されないことに対する漠然とした不安や今後の見通しが立たないことに対する焦りから自暴自棄（暴力をふるうなど）になっていた自分の弱さやコンプレックスも自分の一部であると認めました。そして何よりこのまま障害などを理由に自暴自棄になったまま今後の人生の可能性をあきらめてしまうような生活を送りたくないという強い想いが芽生えました。その結果、自分の障害を受け入れたうえで障害に対する漠然とした不安をなるべく断ち切り、医療に委ねて治療に専念する（障害を受け入れる）決心をしました。さらに本気で取り組んだ自動車免許の取得の経験や発症する直前の混乱時に大学検定を取得したときもかなり真剣に勉強したことを思い出し、もしかして自分は今まで生きることにさえ本気でなかったのではないかということに気付きました。今考えればこうした20代の10年間の苦しい経験や想いは今後の人生において現実と向き合いながら自分の障害を受け入れて共に生きていく覚悟ができるまでの猶予期間だったのかもしれません。

ターニングポイントと回復期から寛解期まで

20代の頃、自分の弱さや障害に固執しすぎて社会や自分に対して不満を抱くといった負のスパイラルから抜け出せなかった時期から一転、障害を受け入れて障害と共に歩む決心をすることにより自分の将来や目標に対するプラスのエネルギーに目を向け始めたことが今考えれば人生のターニングポイントだったと思います。治療に専念するおかげで症状は次第に安定し、自主的に何か新しいことを始める気力が少しずつ沸いてきました。しかし最初は何を目指せばよいのか、将来どんな風になりたいのか全く見当がつかず途方に暮れていました。そこであえてなるべく予定を詰め込むことで心のアンテナを張りめぐらし自分らしく充実している瞬間や将来やりたいことについて何か月もかけて模索しました。その結果私はどうやら勉強しているときが楽しく嫌なことを忘れて夢中になれることに気付き、高校を中退した経緯もあって大学でもう一度学びたいと願うようになりました。以前からもう一度学校に通うことを漠然と望んでいたのは確かですが、そのための準備を特にしていたわけではありません。周囲には「毎日の筋力トレーニングのような感覚で勉強はあくまで趣味です」と話していましたが私自身はかなり本気でした。そして母が経営する喫茶店を手伝い始めたのもこの頃です。こうして30歳の頃、勉強と喫茶店のアルバイトを両立させる忙しい生活が始まり、最初はなかなか結果には結びつかないものの自分なりに充実した日々が過ごせるようになりました。この頃から親とよく話すようになり暴力もなくなりました。喫茶店はおよそ2年半働きましたが生活のリズムを整えながら体調を維持することの大切さを学んだり、社会（健常者）の雰囲気をわずかながら学ぶことができました。一方で勉強の方は、最初中学までの学力しかなかったので高校1年生のやさしい数学の参考書を買ってきて内容を理解したり、英語の単語をひたすら覚えるところから始めました。やがて一通りの範囲を学習したのちに予備校の模擬試験を受験してみることにしました。その結果は、理科（化学）は壊滅的だったものの数学が45、英語はなんと偏差値50を超えていてなぜか自分なりに手応えを感じていました。そしてこのとき受験の準備に費やすお金は全て自分が支払うことを条件に大学受験を決意しました。この頃から周囲がまるで気にならなくなり、また目標がシンプルに定まったことでもう迷いはなく、私の中で止まっていた時計が動き出しました。喫茶店で6時間のアルバイトをこなしながら一日3～4時間の勉強量（のちに10時間）を独学でほぼ毎日こなしていました。そして地道な努力が実を結び4年後の34歳のときに念願の大学受験に合格することができたのです。そう言えば自動車教習所のときもそうでしたが、大学に通うことになってからも快く応援してくれて経済的にも援助してくれた両親に今ではとても感謝しています。この大学受験が成功した経験は自主的に目標を掲げてその目標を達成するために本気で努力して得た結果であり、以前の自動車免許を取得した経験に重なるものがあります。まず自分は決して一般の人に比べて能力が劣っていたわけではなく、自分の弱さや障害を理由に本気で挑戦することから逃げていただけであるということを認識しました。まさに私の座右の銘でもある「敵は己の中に在り」という言葉どおり今後、障害などを理由に自分の可能性を狭めてしまうような考え方はしないと決意しました。そして障害と能力についてどちらも自分の個性であることには違いありませんが、時には別物として考えるべきであるということを学びました。さらに夢や希望が持てないということは決してなく見つかるまであきらめないで探すことが大切だと思います。自分が選択したフィールド上でひたむきに努力することは毎日が充実してとても楽しいものであり人間的にも大きく成長できることを学びました。

学生生活について

期待と不安が入り混じる中、今まで他者（医療や家族）によって指定された環境でしか生きられなかった私が初めて自ら勝ち取ったフィールドである学生生活をスタートさせました。まず年齢と障害のハンディキャップを背負った私は周囲とのギャップに当然ながら驚かされることになります。授業は手に負えないほど難しく、周りの学生さんは皆パソコンやスマートフォンなどの通信機器の扱いに慣れたいわば電脳世代です。最近の教育方針からなのか、皆さん合理的な考え方をしていてコミュニケーション能力をとても重視しているといった印象を受けました。正直、最初は場違いで完全アウェーであるとも感じましたが、そこで試行錯誤しながら悪戦苦闘しているうちに、様々な能力が開拓されるだけでなく学校での自分のポジションやスタンス、キャラクターなどが自然と定まっていきました。また他の学生と比べてコミュニケーション能力や臨機応変な対応力は明らかに劣っていましたが、約束や時間、ルールを遵守するといった信用に関わることに対しては私なりに十分通用する部分であると思いました。かつて引きこもりや閉鎖病棟にいた頃、自分は暴力的で不真面目な性格であると認識していたのですが、不器用ながらもそこで奮闘する全く知らない自分が確かに存在していました。安全なホームグランドだけではなく時にはアウェーの環境に身を置いて活動するという経験は自分の潜在的な一面を発見することができ、やがて将来の展望につながるような可能性を秘めているのかもしれません。その後、学生生活には次第に慣れて順調に１年目が過ぎ、治療の方も劇的に薬が減って気分も乗りに乗っていました。しかし２年生になった頃、こうした一瞬の気の緩みから奈落の底へ突き落とされる事態が起こります。無理にスケジュールを詰め込みすぎたことと、薬の調節が上手くいかずに気分が高揚しすぎて眠れないといった日々が約１か月続いて体調を崩してしまい、緊急入院することになってしまったのです。何を行うにもまず健康を維持しなければならならず今回の入院で体調管理を怠ってしまったことを深く反省しました。この再発によって２年生の単位はほぼ全滅となり学生生活に黄色信号が灯りました。高校を中退した経験が一瞬頭をよぎりましたが前回の失敗だけは絶対に避けなければならないと思ったので卒業を最優先にして留年覚悟で臨んだ３、４年生は必死でした。私のそういった状況は既に周知であり、結果的に４年間で卒業、就職（38歳）できたのは周囲（友人や先生、学校関係者、家族など）の協力がとても大きかったと改めて思います。その一方で４年生の就活は大変厳しい現実を突きつけられました。やはり障害と年齢のハンディを覆すことは難しく、50社以上エントリーした結果はほぼ全滅でした。（現在の勤務先を除く）現在、障がい者に対する様々なステレオタイプ（偏見や先入観）が蔓延する中、雇用や扱い方に対して障がい者を支援するいわばバリアフリーの風潮が社会全体で高まってきていますが、それはまだ表面上のことであるように思えてなりません。今後、この問題については社会全体で更に議論を重ねたうえで根本的に変えていく必要があると思います。いずれにせよ学生生活はもちろん大変なこともありましたが、様々な事を学びとても新鮮で充実した楽しい４年間でした。

社会人なってから現在に至るまで

社会人になってから周囲が全て健常者の中で働くうちに最近、健常者と障がい者の違いについてよく考えますが、それに関してこれから述べることはあくまで私の個人的な見解です。まず一つ目の違いは、人生における選択の自由が与えられているか否かという点についてです。健康な人は環境やライフスタイルなど基本的に自分で考えて選択し活動することができます。一方で障がい者は一見自由気ままであるようにも映りますが、実はそうではなくて行動範囲や経済面で制限されるうえ、第三者（医療側や家族）によって必ずしも自分が望まない環境や状況（閉鎖病棟や服薬など）を強要されることもしばしばです。また膨大にあるはずの時間を持て余すことも本来決して自ら望んだ結果ではないはずです。二つ目は、本人の努力に対する報酬や評価が妥当であるか否かという点についてです。障がい者の常識では仮に努力したとしても不当で本当に曖昧な評価しかもらえないといった不条理が多々存在していると思いますが、健常者による社会は意外にも公平で一般的に努力した分は正当に評価してもらえることを経験上学びました。さらに三つ目として、自分が社会から単純に必要とされているか否かについてです。健康な人は社会からなんらかの期待や需要があり、それに応えようと努力するのが当たり前であるという考え方をすることができます。その一方で、精神障がい者の特徴は社会から何も期待されずにせめて問題など起こさず大人しくしていてくれればよいとして扱われる点であり、本人が特に危機感を抱くことなくその現状から抜け出す努力を怠るような人は不健康でやや危険だと思います。現在私は、学校の推薦によって唯一内定を頂いた都内の一般企業（電気施工管理の仕事）に正社員として勤務しています。社会人として障害をオープンにしながら働き２年目になりましたが、ようやく自分らしい生き方ができるようになってきたと実感しています。

まとめと将来の目標について

発症から寛解期に至るまで私の場合少なくとも15年かかりました。一度社会から離脱してしまうと元のレールに戻ることは非常に困難であり離脱した期間が長ければ長いほど、社会の雰囲気に適応しづらくなるのは確かだと思います。また個人差はあると思いますが、自分の障害を受け入れたうえで段階を踏みながら長期的に根気よく治療を続ける姿勢が大切だと思います。最後に私の将来の目標はいずれ障害を完全に克服し、健康を手に入れてより自分らしい生き方をすることです。しかしそれは治療の必要性（服薬など）が完全になくなる状態を目指すことではありませんし、社会もそのような状態が必ずしも健康な人であるとは認めないでしょう。私にとって健康で自分らしい生き方とは、自分の障害を受け入れたうえで治療に専念し続けながら真の自由を手に入れるために良い意味であがき続けること、そして社会からの需要は自分から作るものであるということ、さらにその需要（期待）に応えようとするひたむきな姿勢を維持することであると私は考えています。

2. 健康な部分を見つめて（母、小山美枝子）

いつまで経っても堂々巡りで本人の望む人生にはほど遠いところで時間だけが過ぎ、20代も終わろうとしていました。どうすれば本人が納得のいく生き方ができるのだろうかと私なりに模索していました。あるとき、時々面談をして頂いていた保健所の担当の方から面談の中で息子が何でこんな病気になったのだろうと悔しそうに涙をぽろぽろ零《こぼ》していたことを知らされました。もしかして健康な部分が残っているのかもしれない、どこが障害でどこが健康なのかを自分の目で確かめたいと思いました。それから半年間、店舗探しに歩き回り、半年後には30坪ほどの喫茶店を経営することになりました。しかし、息子は全く興味を示してくれず１年半程が経過、７度目の再発でやっと退院して１か月半程の息子を、コーヒーを飲みに行こうと店に誘い、それから１～２週間後、従業員として働き始めました。最初は「いらっしゃいませ」も、「ありがとうございました」も言えず、オーダーを取るのもたどたどしい状態でしたが、半年を過ぎた頃から余裕が見られ、顔色も健康そうになり、時間を守る、挨拶をしっかりする、身だしなみに気を付ける等々のマナーを身に付け、少しずつ健康を取り戻していきました。１週間に４日、１日６時間のシフトを２年半程、１度の休みもなく働いていました。従業員としては優良にはほど遠い感がありましたが、いつも帰宅時、運転をしながら息子の話しを聞いていて、これまでの価値観が少しずつ変化していくのがわかりました。後ろ向きの思考が前向きになり、表情にも笑顔が増え、健常者の中に少しずつ溶け込んでいくように思いました。健常者はみんな優しいというのが息子の感想でした。以前から本人が気になっていた勉強も手掛けるようになり、帰宅してから一緒に料理を作り、食事の後３～４時間は机に向かうのが日課になっていきました。そんな穏やかな日が２年半ほど続いた頃、本格的に受験勉強がしたいという本人の希望で、私は店を閉店して受験勉強をする息子のサブに徹することにしました。それから半年後、某私立大学に合格、しかし本人はもう１年延ばしレベルを上げたいと引き続き猛勉強、１年後、息子自身が納得する大学へ合格しました。15歳も年の差のある学生の中で高校中退の息子がどこまで大学生活を送れるのか疑問でしたが、何とか中間程度の成績をキープしながら４年で卒業し、学校から推薦を頂いた会社に就職することができました。頑張り抜いた飛躍の30代でした。

〈小山さんのストーリーから考えたこと〉

公一郎さんは「障害を受け入れて障害と共に歩む決心をすることにより自分の将来や目標に対するプラスのエネルギーに目を向け始めたことが今考えれば人生のターニングポイントだった」と書いている。人生をあきらめないこと、そして、病気や障害を受容することがいかに大切かと思い知らされた。そこから４年間の受験勉強を乗り越え、見事、志望大学に合格。再発しながらも４年間で大学を卒業し、就職した。大学や職場で「健常者」の中に身を置くことで見えてきた「障がい者」との違い。彼の話しから、「障がい者」という枠組みで生きることは自由を狭め、やりがいを失うことなのかもしれないと思った。障害者総合支援法で「障がい者」という枠でサービスが形作られることは本当に彼らのためになっているのだろうかと考えさせられた。

美枝子さんもまた、公一郎さんと同じく芯の強い方だと思う。息子のために喫茶店を経営するとは、普通では考えられない行動力だ。母親が公一郎さんの健康な側面を引き出すよう支えていたことも、リカバリーに大きな貢献をしたに違いない。

第１節の要点

▷高校中退、20 歳で統合失調と診断、20 代の 10 年間は、強制入院と治療中断を繰り返す。この間に家族への暴力があった。

▷ 20 代最後、障害などを理由に自暴自棄になったまま今後の人生の可能性をあきらめてしまうような生活を送りたくないという強い想いが芽生え、自分の障害を受け入れ、治療に専念するようになる。

▷勉強することが楽しいとわかり、大学を目指す。母親は、本人の健康な部分を引き出そうと、喫茶店経営に乗り出す。本人は母親の店でアルバイトしながら受験勉強を続け、４年後に合格を果たす。

▷大学生活で試行錯誤しながら悪戦苦闘しているうちに、様々な能力が開拓されるとともに、自分の知らなかった潜在的な一面を発見するなど自分の個性を理解する。

▷障がいをオープンにして就職活動するが 50 社以上で不採用。大学の推薦で一般企業に就職し、電気施工管理の仕事に従事。

▷健常者の方が障がい者よりも自由がある、努力したことが正当に評価される、社会から期待されると考えている。
▷本人の目標は、健康を手に入れてより自分らしい生き方をすること。自分にとって健康で自分らしい生き方とは、自分の障害を受け入れたうえで治療に専念し続けながら真の自由を手に入れるために良い意味であがき続けること、そして社会からの需要は自分から作るものであるということ、さらにその需要（期待）に応えようとするひたむきな姿勢を維持することである。

第2節　人との関わりで、ひきこもり状態を脱した

1．両親への感謝と社会変革への熱意　沼田大市

10年間30錠の薬を飲み、天井だけを見て寝ていたひきこもり状態を脱した。

発病からひきこもり

僕は、もうすぐ38歳になります。中学２年の頃から不登校でした。それでもなんとか高校に入って一応頑張って化学では1000人中１位というように学業も出来たんですけれどもなぜか学業の意味がわからなくなってしまって、つまらなくなって、高校を中退してしまいました。そこから、だんだん家にひきこもりになって、家族と年ごろの僕が家の中でずーっと暗い空気の中で、父は職場へ行き、母と僕だけが自宅に居るという状態が延々と続いたんです。それがずっと続きましてこれはどうにかしなきゃいけないというのが、両親の常識なんでしょうが、どこか体がおかしいんじゃないかと病院へ行って色々調べてもらいましたが、どこもおかしくないということで、病院で心療内科をすすめられました。右も左もわからないものですから「薬をまず飲みなさい」「はい、わかりました」ということで、薬を飲んだらずーっと寝っぱなしの状態になってしまいました。思考

回路も全然働かなくなってしまって、学業どころじゃなくてですね、本当に大変な思いをしました。18歳のときの時に1年位入院しました。1年入って退院した後からが地獄でした。薬は毎日30錠飲まされて、退院後のアフターケアもなく、そこから10年間、ずっと天井を見ながら寝っぱなしで一言も誰ともしゃべらず、ただ音楽を聴いて、上を向いて寝るか、音楽を聴くだけの生活が続きました。そういう状態の10年間で、暴力がありました。暴力が始まったのは心療内科にかかってからなんですね。心療内科にかかるまで学校に行っていた頃は、外に行って発散する場所、外に行ける場所があるのでいいんですが、やっぱり家の内にずーっと引きこもって空気がよどんできますと、どうしてもお互いピリピリしてきまして、それで衝動的にですよね、憎しみはないですけれども当たる場所がないので、壁に穴をあけたりとかですね、あとはまあだんだんエスカレートすると本当に母に大変な想いをさせてしまって。その状態が続きまして、相変わらず医者の薬を30錠も毎日飲まされて、やっぱりそのまんまの状態で、ほとんど生きてるか死んでるかほんとにただ植物のようにベットの上にいる状態が続きました。母は、当時、兄と祖母と僕の３人の入院と介護で大変だったんですけど、当時は僕も薬を30錠飲んでいて、よくわからなかったんです。

10年間のひきこもり状態を脱して

公益社団法人「やどかりの里」の職員に訪問して頂いたことで、僕に転機が訪れまして、そこから僕はそれまでの10年間が嘘のようにもう快進撃になりました。はじめは庭に出ることすらできなかったのが、グアムに１人で行ったりとか、全国を回ったりとか、遅れて青春を取り戻したような感じでした。クラブとかコンサートを100回も行き音楽を聴いて、音楽系のアカデミーにも合格しました。そうして信頼できる人を少しずつ増やしていくと薬よりも遥かに効果があり、絶対に言えるのは薬で暴力や症状を抑えられない。それが僕の結論です。専門家じゃなくてもいいと思います。同世代の人であればいいのでしょうけれど、例えば「今日は何のドラマが面白かったなあ」とか「音楽どうだったのかなあ」とか「この先どうする？」とか、他愛無い話をすることが大切だと思います。それが実現していくことで回復につながると思います。できれば、同年代の人、年代が近い方が回復が早くなると思います。A4 のノートに将来設計を書くことは、非常にお勧めです。A4 のコピー用紙 1 枚に僕の希望を書いて、提出したら、それが叶ったんです。本当に人生って難しい事じゃなくて単純な部分があるなと思います。

僕は、ひきこもりから脱した後、高校に編入して、一昨年卒業することができました。今は大学を目指して療養しながらも 1 人暮らしに少しずつ慣れて大学そして就職勿論遊びながら頑張って何か自分の好きなものをやったりとか、フィアンセができたらいいなとか夢はでっかく持った方がいいと思います。

今スランプに陥ってまして、父が退職してから何故か父に対して、自分でも良くわからないんですけども、父にあたるようになりました。母にはあたらなくなったんですが父にあたるようになりまして、それでちょっとこれはいかんぞということで一昨年別居を始めたんですね。1 人暮らしは、炊事・洗濯・掃除とかそういうことが非常に大事なことなんですよね。生きていくうえで生活ってほんとに地味なものなのですが、そういうことをやって、そのうえでこれから次は大学で福祉関係のことを勉強したいと、目指しています。

変えたい精神保健医療福祉

僕は、医者や政治家や医師会等の在り方を何としても変えていきたいです。いろいろな方と当事者主体で変えないといけないと思っています。20 年 30 年とこのままずるずると行ったら医者が儲け本位になってしまいます。政治家は勿論そのシステムとか医師会のシステムとかを変えていく必要があると思います。ずるいんですよ、正直医者ってのは、良い医者もいるとは思いますが、色んな医者を見てきましたけど僕が多く聞く言葉に「どっちが治療者かわからない」という当事者の方が多いです。要するに医者のほうが暴言を吐いてですね、診察を受けに来ている人のほうが医者の治療をしているような、そういう事態が起きてるんです。僕のつい最近までいたクリニックは、小学生の女の子とか、中学生の男の子とかですね、僕にしたら子どものような年代で、それは放っておけないです。自分のようになったら、とても可哀想で、そんな想いを味わわせたくないと本当に心から思います。小学生や中学生から薬を飲むっていうのは、僕は中学生からでしたけれども、如何なものかと思います。、これから20年先30年先まで医師会の精神医療だけが儲かってですね、デイケアなんかやらせてなんだか細かいルールに従わざるをえないっていう上下関係ができるっていうのは、あまりにもおかしいと思います。民主主義の日本国民同志がですね、そういう上下関係作ったり平等でないというのはあまりにもナンセンスですね。ある医者には、大変悔しい思いをしました。その医者の表彰式に参加した際、「質問ある人」というので僕は手を挙げて「皆さんこの病院には絶対に行かない方がいいです。僕は10年間、薬漬けにされて死にそうになりました」と言ってやりました。最後に仕返しというか快心の一撃をやったんです。本当にもう20歳30歳を過ぎたら戦うしかないので、どんなに心や体がぶっ壊れても、ぜひ精神保健医療福祉を変えていきたいと思います。

かわいい男の子や女の子が将来どうなるのかってのは、もう大体想像つくんですよね。クリニックで見てると、ぼわーっとしていて可哀想なんですよ。耐えられないですよ。だって未来のある10代20代の若者が、薬漬けにされてなんかぼやーっとしていて薬で抑えられてデイケアに通うことにそれが社会復帰って言えますか？　それはもう明らかに医者や医師会の問題ですよ。本当に医者だけは許せないんです。未来ある子どもたちが薬漬けにされてぼーっとされているのに何もできない自分が悔しくて悔しくて仕方がないから、医者にあたるんですけどね。なかなか医者も60歳や70歳のおじいさんやおばあさんなんですけどなかなか強いですね。やっぱりお医者さんですね、なかなか強いです。むしろ20歳30歳の同じ位の医者のほうが融通が利くと思います。セカンドオピニオンもして、ためらわずに転院して、良い医者に当たるまで探したらいいと思います。良い医者に当たらないと永遠に地獄が待っている。延々とたらい回しにされて、とんでもないことになってしまう。僕は３人目でやっといい先生に逢いました。当然の権利なんですから、遠慮せず、医者を変えればいいと思います。

家族会へのエール

とにかく家に閉じこもって、家族だけでずっと過ごすことは、非常に良くないことだと思います。メンバーも薬漬けにされて、力が弱ってる中で、家族がとにかく一丸となって団結して、家族が頑張らないと、多分100年たってもどんどんどんどん悪くなっていくんじゃないかと僕は想像しています。

役所に手続きに行けば、「障がい者だー」とロビーで待っていた子どもが言って、「差別しちゃダメでしょ」とお母さんが子どもに注意していました。道を歩いていても数え切れないほどのバッシングと差別偏見を精神障がい者っていうのは受けるんです。それだけでも多分息子さんや娘さんは辛いはずなんですよ。そんな中で戦わなければ生きていけない、死ぬか廃人になるしかないんですよ。なので、僕の体験としては、家族が団結することと、理解のある人とつながることが大事だと思います。別に資格がなくてもいいんです。PSW（精神保健福祉士）とか臨床心理士とか、僕には全く役に立ちませんでした。友達でいいんですよ。お茶のみ程度でいいんですよ。家族だけで抱え込まないで、外からの風をどんどん入れて、オープンにできるようになってほしいです。

暴力の後悔と対処

僕は、自分のほうが暴力は絶対強いです。正直言うと、両親に償おうと思って、自殺未遂を繰り返しました。昨年は、自殺の名所と言われている新潟県の親不知に深夜１時に行って崖の上から飛び降りようとしました。ただそのときに最後に「死ぬから」とメッセージを送ったときにまず母の一言がですね「逃げんなよ」っていうメールだったんですね。父はそのとき「あ、俺、もう寝るわ」って書いてきました。人が深夜１時に自殺の名所の断崖絶壁に立っているときに「こりゃー困った」と思って「いやー逆になんか、死ぬに死ねないな」と思って渦潮の音が激しい中で、写真も撮れない状態で森の中をさまよいながら民宿に戻りました。結局、暴力っていうのは、自業自得で絶対自分に返ってきます。暴力をした後で、絶対自分が後悔するんですよ。最後は自分が償わなければならない苦しみに追い込まれるんですね、僕がいい例だと思います。でも両親は「生きてるだけで十分だ」と言ってくれて、理解があるので本当に助かりました。それで、もうふっきれました。

父も母も本当に苦労して、まあ僕も苦労したんですけども、もうこれからは別居している限りは、一生暴力は、ないんですよね。電話、携帯ショートメール、PC（パソコン）メールでの話し合いしかないので、暴力は100パーセントなくなります。暴力があったときの体験は、さっき話したとおりなんですが、簡潔に言うとキーワードは、外の自然と風・人の情報を入れることと、別居して支援を受けながら自立という、その二つに尽きると思うんですよね、僕の場合はそうでした。僕の考えですけど、あくまでも個人的な自分の考えですけどね。暴力は、これから一生ないので安心してください。自分が頑張ることで、親孝行になると思っています。あんまり飛ばしてまた入院なっちゃうと面倒くさいことになるので、自分で薬の調整とか、そこらへんのセルフコントロールもします。

両親への感謝

父は、勤続50年、半世紀もサラリーマンで毎日働いてくれました。本当に僕には絶対100パーセント真似できないことです。母は、当時、兄と祖母と僕の３人の入院と介護で大変だったんですけど、当時は僕も薬を30錠飲んでいて、よくわからなかったんです。今になってやっと親の苦しみを知りました。今一番僕がしなくてはならないことは、死んだ兄が大学行きたくても行けなかったので、あの一、大学に入って何としても卒業して、微力ながら社会的弱者のために頑張りたいと思っています。自分が頑張ることで、親孝行になると思っています。

両親に言いたいことは、「あの一、本当に申し訳なかった」という、言葉じゃあ綴れないんですけども、まあ、「本当に、産んでくれて有難う」とそれしか言えないです。

2. 長い暗いトンネルを抜けて　（父、沼田清剛）

定年退職後の最近の暮らし

僕は、現在、カミさんと猫ちゃん２匹と賃貸マンションで暮らしています。一昨年に退職しまして、毎日が日曜日となりました。退職直後には、次男大市から「50年間お勤めお疲れ様、これからはのんびりと趣味などをして長生きしてください」と言われ、とりあえず午前中は図書館、午後は囲碁クラブに通っていましたが、勤務時のメシ・風呂・寝ると異なり、家に居る時間が圧倒的に長くなりました。そして、２か月もすると息子から「親父が家にいることが多くなってうざったい」「俺が監視されている気がする」「どこかで働くなりボランティアでもしたらどうか」「俺１人でも生きていくのが大変なのに、お前らが認知症になった場合はとても面倒みきれない」「早く老人ホームに入るべきだ」と将来の不安を先取りして、猫ちゃんOKのマンションをパソコンから数多く打ち出して「この中から選んで一か月以内に出て行ってくれ」と言われ、言われてみるとなるほどその通りだと思いましたので「その内に考えたい」と答えておりました。そしてある夜、突然ガラスの置物を僕に命中させて、「もう我慢できない。一緒に住めないから、直ちに、30分以内に２人とも出ていけ」と言われ、親子共々身の危険も感じましたので、着の身着のままでとりあえず近間の六畳一間のアパートに避難いたしました。その後、現在の賃貸マンションに転居いたしまして、家を出されてから、１年過ぎますが、息子は、母屋で頑張って何とか１人で暮らしております。洗濯とゴミ出しの他、夕食は自分でコープデイリーの宅配を頼んでおります。また、庭木の剪定や年末の大掃除等は、便利屋さんを自分で手配し、カミさんに家事を全面的に依存してきた僕よりもある意味で自立している面もあります。丁度１年たったときに本人から１周年記念に東京湾のクルーズの船でのフランス料理をごちそうになり楽しいひと時を過ごすこともできました。今にして振り返りますと、大変なピンチだったわけですが、同時に親離れと子離れの絶好のチャンスでもあったのでないかと思っております。

息子が発病してから

息子は、中学時代に不登校となり、高校に入学したものの、いじめに遭い、中退した後は、長い長いひきこもりの生活に入りました。本人は、風呂も入らず、床屋にも行かず音楽やテレビづけの昼夜逆転の日々で、僕とは、夜に将棋をしたり、マージャン荘に出かけたり等をしておりました。また、たまたま深夜に僕の寝室に来て「親父、人生とは何か」「生きる意味があるのか」「俺の将来は絶望しかないのでいっそ死んでしまいたい」「親は死んでもらいたいと思っているだろうからいっそ殺してくれ」「大体お前たちが勝手に産んで、しかも育て方が悪いからこんなことになった、その責任を取れ」と思い詰めたように攻撃的に訴えてきました。しかし、どう対応してよいかわからなくて、ただひたすら聴いて、うなずている他ありませんでした。アニマルセラピーのため、猫を飼い始めました。

暴力に疲弊

息子はジェットコースターのように感情の起伏が激しく、睡眠不足のときや過去のトラウマを思い出したり、将来の希望を見つけられないときなどに、カミさんに対して爆発いわゆる罵詈雑言と家庭内暴力も頻発し、その後は後悔して自分を責める繰り返しとなりました。僕たち夫婦は学校・保健所・病院など至る所に相談して参りましたが、基本的な解決に至らず、家族会と公益社団法人「やどかりの里」にたどりつき、やっと気持ちの安らぎを得ることができました。しかしながら、爆発は止むことがなく、その内にカミさんはどうすることもできなくなって、その頃はカミさんのおふくろも健在でしたので、実家に数か月里帰りをせざるをえなくなりました。

僕が仕事から夜帰宅しますと、電気は消えたまま統合失調症の長男と大市は、猫ちゃん２匹と寝ている状態で、あわてて洗濯物を取り込み、雨戸を閉めて、出来合いの夕食を済ませるしんどい日々でした。

カミさんが帰宅してからも、家に居られない日々も多々あり、ある時には、八丈島に飛行機で避難し、機中では、「このまま墜落すれば、全てが楽になるのになあー」と二度と自宅に戻りたくない気持ちになるほど追い込まれておりました。

カミさんは、毎日本人から、当たられて、その辛さのあまり、僕が出勤するときに、「あんたは仕事に逃げられるから羨ましい。私は、四六時中メンバーに拘束されて息抜きができないし、逃げ場所も無いし、どうしてよいかも全くわからない」と言われ、僕もせつない気持ちになりましたが、家のローンと義母の病院代をかかえ家計は火の車で他の選択をすることもできませんでした。

息子は、退院後も30歳を超えるまで、治りたい一心で多剤多量の薬を服薬し、そのせいか自宅に引きこもり、昼夜逆転の生活も続き、過去のトラウマと未来への絶望から来るストレスとフラストレーションの発散のため主にカミサンに対する暴力もなくなりませんでした。何度も再入院の危機にも遭遇しましたが、なんとか再入院をしないでこられたのもカミさんの涙ぐましいサポートのお陰であり、また、本人も生きづらい日々を曲がりなりにも生き抜いてきたことによるものと思っております。

また、親が明るくすることが、本人にも良い影響を与えると家族会等で教えられましたので、カミさんは、趣味の押し花教室主催の海外での展示会のため1年置きにイタリヤ旅行・フランス旅行・ドイツ旅行等をしてまいりました。

長い暗いトンネルの出口と消えぬ心配

そうこうしている間に長い長い暗いトンネルの出口が、やっと垣間見えるようになりました。カミさんが、かねてから「やどかりの里」にお願いしていた精神保健福祉士の方に自宅訪問をして頂いたことを契機として、本人は少しずつ外にも出られるようになりました。そして、訪問看護も受けるようになり、さらに活発に外に出て行くようになりました。グアムに1人で旅行に行ったり、高校にも再入学して、1昨年9月に卒業することもできました。

しかしながら、本人は相変わらず日々の生きづらさを抱え、とりわけ人間関係につまづいたり、傷ついたりしながら、また生きる意味と生きがいを求めて、教会にも通っています。そして孤独の淋しさと生きていることが、親と社会に迷惑をかけてしまうと思い詰めるときに、辛さのあまり、薬を一気飲みしたり、自殺未遂を繰り返したりしております。

これからの関わり

本人は、これからどのように生きていくか模索中でありますが、親としては、見守りながら必要なときにできる範囲でサポートしてまいりたいと思っております。自分たちも高齢者の仲間になりましたので、息子に負担をかけない今流行りの終活、いわゆる老いの支度もしていかなければならないのではないかと考えております。

本人には、折に触れ僕たちの唯一の願いは、「親よりも永く生きて天寿を全うしてもらいたい」ことだと伝えております。

経験から得た教訓

最後に僕たちが、おくればせながら気がついた10項目をご紹介させて頂きたいと思います。

①親が学校・就職等の社会通念と価値観に囚われないで偏見を無くすこと。この偏見はハンセン病と同じく歴史的に作られたものだと思っております。

②多剤多量から段階的に単剤少量の薬に切り替えること。

③親も家に引きこもらないで家族会に所属し雑誌「みんなねっと」を購読し、病気と障害を理解すること。特に当事者には、豊かな個性を持った人間として見て、たまたま病気と障害を抱えているとの態度で接すること。

④当事者は当事者会に所属しコンボの雑誌「こころの元気＋」を購読し、病識を持ち障害を受容すること。当事者にも病気と障害に対する偏見がある場合もあること。

⑤暴力がひどいときにはとりあえずネットカフェ等に避難して、一定の距離をおくこと。

⑥訪問看護などを利用して外の空気を自宅に入れること等により、薬よりも効果があると言われている「人薬」つまり人とのつながりを創ること。

⑦繊細で気持ちが優しいため、言葉や態度で傷つくことが多いので、当事者の目を見て頭で理解しようとするより、心で五感と五臓六腑で当事者の喜怒哀楽を受け止めること。

⑧障害年金と生活保護の手続きをできるだけ早く取ること。

⑨ホームヘルパー等を導入し、生活をしやすくすること。

⑩過去を悔まず、未来を恐れず、今日一日を生き抜くこと。

3. 忘れもしない布団を干した朝 （母、沼田光子）

初めて自分の意思で１人で出かけて行った朝

私は、ただ母親として息子に寄り添って、無我夢中で約27年間過ごしてまいりました。最初の20年間という年月は、ただなす術もなく、過ごした感がありました。その後の７年間は、息子と家族にとって目覚ましい変化がありました。と申しますのはそれまで耳にしたことのないアウトリーチというものが行われた結果のお蔭とも言えます。20年の間薬だけの治療で家の中にひきこもり、世間から全く放置された生活でしたが、その後かねてよりお願いしておりました精神保健福祉士が自宅に訪問してくださったことがきっかけとなり、息子は20年遅れでやっと社会に出ていくことができました。初めて自分の意思で１人で出かけていったその朝、長年、彼が寝ていたへこんだ布団を太陽に当てて、私はへたりこんでしまいました。その後、ろう人形のようだった、息子の顔にも血の気が出て、途切れていた学業にも取り掛かることができ、１人で海外旅行に行けるようになりました。人との関わりが服薬にもまして、劇的な回復効果があったことを感じました。水を得た魚のように行動していきました。しかし、徐々にあれほど輝いていた彼の言動に陰りが見えてきたのです。

20年間のロス「天寿を全うしてもらいたい」

社会へは出てみたけれど、20年間の時間のロスは、すっかり彼から今後の期待と自信を奪っていきました。学生時代の友人に連絡をとりますものの、女房・子ども・住宅ローンに追われ、日々残業にあけくれ、息子と関わりたくてもできない事情がありました。唯一独身の友人には、１度会って話をしただけで、就職先の台湾の会社に行ったまま音信不通となりました。世に出るきっかけを作ってくださった精神保健福祉士の方は、その後管理職になり、忙しくなって十分な話ができにくくなっています。電話で代わりのスタッフが話を聴いてくれていますが、人並みの就職・結婚等は、今の自分には絶望的と考え、気がつくと身の置き場所のない自分と高齢化した親がいるのです。病気と生活のしづらさを抱えた自分の将来の不安と間もなく訪れる親の介護のことが重圧となって、もはや世間に迷惑をかけない方法で自分の身の始末をしたいとまで追い詰められているこの頃です。ここで考えることは、もっと早い時期からアウトリーチが行われていたらということです。そうすれば、彼の人生も変わっていたのだろうと思うと切なくなります。私どもも前期高齢者という年代になり、動けるうちは、当然息子の面倒は看るつもりですが、親亡き後のことが気にかかります。人様より20年遅れでスタートした息子には気持ちを切り替えて、「天寿を全うしてもらいたい」と心から願っています。

自分の人生を投げ出し生きる家族への支援を

家族は多くの場合、何とか生きている限りは、「当事者のためになろう」「人様に迷惑のかからないようにしたい」と、そればかり考えて暮らしていますが、それも必ず終わりが来ます。家族会に入られている方は、励まし合い、分かち合い、そして、解決へ向けて学習し、共に行動します。しかし、家族会・支援先を知らされていない家族は、ただおろおろするばかりです。それらの情報は、まず当事者が発症して初診のときに、医療関係者に御協力いただき、家族会等の情報が行き渡るようにしてほしいです。また、行政においても、保健所・保健センター・障害福祉課等には、家族向けの情報が置かれているようにしなければならないと考えます。

多くの場合、家族は、当事者が発症してから一生かかわり、自分の人生を投げ出して生きておられます。ある家族が「15分でいいから本屋で立ち読みをしてみたい」と言った話を思い出します。片時も離れられない状況にある家族を是非救って、人間らしく余裕を持てるようにしたいものです。

〈沼田さんのストーリーから考えたこと〉

大市さんは人間的に魅力のある方だと思う。その魅力は、10年というひきこもり状態、それに至るまでの苦悩、ひきこもりを脱した後の努力、様々な経験から培われたに違いない。過去の自分があるから今の自分がある。夢に向かって進んでほしい。

ご両親とも何度か話す機会があった。親というのは、ここまで子のことを考えるものかと思わされるほど、子どものことを第一にされてきたご両親だった。また、暴力というタブーなテーマにもかかわらず、体験を掲載させていただけたのは、父親の教訓にある「社会通念と価値観に囚われない」という考え方があるからだと思う。また、母親が「初めて自分の意思で1人で出かけて行ったその朝、長年、彼が寝ていたへこんだ布団を太陽に当てて、私はへたりこんでしまいました」という言葉が20年間ひたすら支えてきた、その苦労と想いを表していると思う。子のためなら、これほど懸命になれるのかと親の偉大さを感じた。

大市さんや父親の教訓にもあるように、薬に頼りすぎず、「人薬」を入れることが重要である。ひきこもり状態にある人には、人との会話、人とのつながりといった薬以外の方法を積極的に使う必要があることを教えてくれた。

第２節の要点

▷中学から不登校、高校を中退。18 歳で入院。退院後は、薬を毎日 30 錠のみ、10 年間天井を見て一言も誰ともしゃべらず、ただ音楽を聴く生活が続く。その間に暴力があった。

▷家にひきこもるとストレスを発散する場がなく、衝動的に物や母親に暴力をふるった。憎しみはなかった。母親が大変な状況であることも理解できていなかった。

▷アウトリーチが始まり、職員が訪問してくれるようになると、本人は外出できるようになった。高校に編入し卒業、１人で海外旅行に行くなど目覚ましい変化がおきた。

▷本人いわく、信頼できる人を増やすことが薬よりもはるかに効果がある、暴力や症状は薬では抑えられない。訪問看護など外の空気を自宅に入れることが重要。父母から見ても、人との関わり「人薬」が服薬にも増して、劇的な回復効果をもたらした。

▷父母は家族会につながり、疾患や対応の学習をした。

▷本人は現在、ひとり暮らしをしている。両親と同居することでストレスが溜まり、両親を家から追い出した経緯がある。

▷本人は若者が「薬漬け」にされていることに危機感を覚えている。医師や医師会のあり方を変えたいと思っている。

▷本人は回復して社会に出たが、20 年間の時間のロスは大きい。母親は、もっと早くからアウトリーチが行われていたら本人の人生が変わっていたかもしれないと思っている。

▷父母の唯一の願いは、「親よりも永く生きて天寿を全うしてもらいたい」ことである。

▷本人は、亡き兄が果たせなかった、大学進学を自分が果たし、親孝行したいと思っている。両親に言いたいことは「産んでくれて有難う」。

第3節　きょうだいと支援者に支えられたリカバリー

「死んでほしい」と思った弟に奇跡が‼

弟の病気と家族の苦しみ

「こいつ（弟）さえいなければ、どんなに幸せだろうか」「こいつ（弟）を殺したら、どんなに楽になるだろうか」「こいつ（弟）が事故に遭って死んでしまわないだろうか」「こいつ（弟）を死ぬまで一生出てこられない施設に入院させられないだろうか」……昨年（平成26年）の夏、私は弟に対して心の奥底からそう思っていました。

一つ違いの弟（当時42歳）が統合失調症を発症したのは14、5年前の弟が27、8歳の頃でした。弟が統合失調症を発症して以来、他の多くの家族の方々と同じように、両親も兄弟も、たくさんの理不尽な要求を突きつけられ苦しめられました。家族は何回も家を追い出され、引越しも何度となくさせられました。また、盗聴器を取り除くと言って電気ノコギリで部屋の壁を切り刻んだりもしました。さらには、パチンコや風俗に行くためだったと思いますが、弟は両親にたくさんのお金を無心しました。ときに、自分の思いどおりにならないことがあると、両親に特に父親に暴力を振るいました。あげれば本当にきりがありません。

父は平成23年に亡くなったのですが、父が生存中は、父が弟の主治医とこまめに連絡を取りながら弟をうまくケアしていました。父は弟が毎日忘れずに薬を飲むようさりげなく声掛けをし、また、毎晩必ず弟と一緒に1～2時間散歩をしていました。父は弟と散歩をしながら、意識的にたくさん会話をし、また、弟の話をじっくり聞いてあげていたように思います。今思えば、薬の力だけではなく、父との毎晩の散歩と会話のやりとりが、弟の心の安定、ひいては病状の安定につながっていたのだと思います。

弟の病気の再発と身勝手な行動

このように父が弟を上手くケアしていたこともあって、父が亡くなるまでは弟の病状は比較的落ち着いていました。ただ父が亡くなって（平成23年２月）から、案の定、弟の病気は再発し入退院を２回繰り返しました。短期間のうちに入退院を繰り返す中で、弟の病状がけっしてよい方向に向かっていないように危惧していましたが、予想はあたり、昨年（平成26年）の夏、弟はかつてない理不尽な行動を取り始めました。

当時、弟は母（当時83歳）と同居していたのですが、突如、母に家から出ていけと言いだしました。実際は幻覚・幻聴によるものだったのですが、弟は、母の日常の生活音で寝られず、気持ちが落ち着かないとこじつけて母を家から追い出そうとしました。母は頑なに拒みましたが、興奮した弟が暴力を振るってでも母を追い出そうとしたので、母の身の安全を守るために母を私の家に連れ出しました。年老いた母を住み慣れた自宅から着の身着のままで連れ出したことは、とてもつらかったですし、病気がさせていることとはいえ弟が憎くてたまりませんでした。ただ、今にも爆発しそうな興奮した弟を落ち着かせるためにはそうせざるをえませんでした。

母を家から追い出して一旦落ち着いたかに見えた弟は、今度は突如母の荷物を私の家に次から次へと運び出し始めました。もちろん私に何の相談もなく……。そして、弟は、私が平日働いていることなど全くお構いなしに、昼夜を問わず私を呼び出し、真夏の酷暑の中、母の荷物を運ぶのを私に手伝わせました。当然、私は仕事を休めるはずもなく、昼間は仕事を抜け出して弟の荷物運びを手伝わされ、夜は仕事が終わってからも夜中まで弟の荷物運びを手伝わされました。酷暑の中でひっきりなしに荷物運びを手伝わされ、私自身もとても疲労困憊し本当におかしくなりそうでした。多分、理性もなくなりかけていたのだと思いますが、私は「弟を殺してしまえばどんなに楽になるだろか……」と心の底から思っていました。今思えばよく踏み止まれましたが、自分の心の糸が切れていたら、そのような行動に出ていたかもしれません。

弟のせいで姉が心の病に

当時、弟は、母を家から追い出すにあたり、長崎に住んでいる姉にも無理難題を吹っ掛けていました。姉に電話をしては、今すぐ東京に来て母を一緒に連れて帰れと迫ったり、今すぐ家の盗聴器を取り外しに来いと言ったり、さらに幻覚や幻聴の話を延々としたりと、無茶苦茶なことばかり言っていました。しかも、弟は朝6時から姉のところに電話を掛けてきて夕方まで延々8時間くらいぶっ通しで話し続けていました。姉は弟の電話のせいで一日何もすることができずに本当に困っていました。

姉は、自分が弟の話をしっかり聞いてあげることで弟がよくなるのではと思って、弟の長時間の電話に粘り強くつき合ってくれていました。しかし残念ながら、弟から毎日長時間にわたり執拗に威圧的な言葉で無茶苦茶な要求を言い続けられたせいで、姉自身が心を病んでしまい、姉は恐怖で弟からの電話に出られなくなってしまいました。

姉が弟からの連絡を一切拒絶してから2年が過ぎようとしています。今、姉は、心のクリニックに通院し服薬とカウンセリングで少しずつ立ち直りつつあります。しかしながら、今も電話が鳴る度に弟からの電話ではないかとビクビクし、私との会話の中で弟の話が出ると動揺し落ち着かない様子です。姉をこのようにさせてしまったのは弟の病気が原因だとわかってはいながらも、このような状況になってしまい本当に辛く悲しいです。

引きこもりの末

母を追い出し家で独りになった弟は、今度は家の電気機器に盗聴器が仕掛けられていると言いだし、家中のありとあらゆる電灯やスイッチ類を外しだしました。また、自分の外出中に家に誰かが侵入しているから家を空けられない、外では誰かが自分を監視していると言いだし家から一歩も外に出なくなりました。さらに、盗聴される可能性があるからと言って電話も使用しなくなり誰とも連絡を取らなくなりました。このように弟の症状が日に日に悪化する中で、私も母も、弟の病気がひどくなって何か事件でも引き起こすのではないかと本当に心配で毎晩眠れない日々が続きました。

そのような中、昨年（平成26年）の12月上旬、突然、弟が私の職場に現れました。髪の毛はボサボサで、着の身着のままで家を飛び出してきたような感じでした。また、あまり食べてないのか頬もこけやせ細っていました。
弟は、私の顔を見るなり、「何か変わったことはないか、みんな大丈夫か」ととても不安そうに聞いてきました。また、「亡くなった父が生きているから探しにきた」「自分自身も生きているのか死んでいるのかわからない」「頭の上から自分に指示を出す声が聞こえてきて、今自分が何をするかわからない」などと意味不明なことも言ってきました。弟の言動から幻覚・幻聴がひどくなっていることはわかり、私は弟をすぐさま病院に連れていかなければと思いました。父が亡くなって以降、弟に何かあったら頼れるのは私しかいないだろうと思い、常日頃から弟には、何か困ったことや不安なことがあったときは、いつでも自分のところに来るようにと伝えてあったので、弟が私のところに来たのは、弟が不安な気持ちでいっぱいで私に助けを求めに来たに違いないと思いました。

無事に入院へ

私は、家に閉じこもっていた弟が外に出てきたこのチャンスを逃してはならないと思い、「自分の不安な気持ちを病院の先生に聞いてもらえば不安な気持ちはなくなるよ、きっと力になってくれるよ」と弟を穏やかに諭しながら精神科がある近くの病院に連れていくことに何とか成功しました。弟を病院に連れていくことができたときは本当に九死に一生を得たような気持ちでした。
弟を病院に連れていく途中、また、病院の待合室で診察を待っている間、弟が不安で恐くなってその場から逃げ出してしまわないよう、弟の心を落ち着かせ安心させるために、弟の手を握りながら、「お兄ちゃんはちゃんと側にいるし、何も変わってないから大丈夫、いつもどおりだから大丈夫」と言い続けました。私の声が弟の心にどこまで届いたかわかりませんが、弟の手を握りながら言葉を掛けたことが、弟を多少なりとも落ち着かせたと思います。
また、医師の診察前に、カウンセラーの方が弟の話をゆっくりと丁寧に聞いてくださいましたが、弟は自分の話をゆっくり聞いてもらい、自分の不安な気持ちをわかってもらえたことで安心したのかかなり落ち着きました。その後の診察でも、弟は医師とも穏やかに話し、入院の話が出ても素直に受け入れて聞くことができていました。以前であれば、弟は医師から入院の話が出ると必ず拒んでいました。このときの診察時の弟の態度は、母を家から追い出したときの暴力的で威圧的な態度からは全く想像もつかないくらい穏やかで素直でした。

弟に奇跡が起きた

最終的に、弟は統合失調症の専門病院を紹介され、そのまま医療保護入院となり約１か月間入院しました。弟はこれまでに何度も精神病院に入院したことがありましたが、今回は奇跡が起きたと思えるくらいよい状態に回復し退院することができました。

これまでの入院との一番の大きな差違は、弟がしっかり病識を持てるようになったことでした。これまで弟は自分が統合失調症であると認めたことはありませんでしたが、自分が統合失調症であり、どんな場合に病状が出て、どんな場合にひどくもなるかについてまで、自分の言葉ではっきりと説明できるようになりました。これまでのことを考えると本当に奇跡的なことでした。

弟が今回の入院ではじめて病識を持てるようになった要因をふり返って考えてみると、弟（患者）、主治医、看護師の三者の間に信頼関係が築けていたことが大きな要因であったように感じました。弟、主治医、看護師のやりとりを見ていて、三者が同じ目標（病気からの回復）に向かってコミュニケーションをしっかり取りながら進んでいるように見えました。

また、治療の一環として、本人に病気のメカニズムを説明するのとあわせて、本人にもそのメカニズムを説明させるカリキュラムが組み込まれていましたが、これも本人に病識を持たせるのにとても有効に働いていたように感じました。これまでの投薬一辺倒の治療とは大きく異なるものでした。お世話になった医師や看護師の方々には、本当に感謝しています。

さらに、これもこれまでの入院と大きく異なる点でありましたが、弟は入院中から退院後の自分の生活や人生についても語るようになりました。今までそんなことは全くなかったのですが、自分の今後の生き方について、自分で仕事をして自分らしく生きていきたいとまで言うようになりました。

10年以上も両親や私にお金を無心していたことを考えるとこれも本当に奇跡的なことでした。

なぜこのようなことが起きたのか改めてふり返って考えてみると、弟が主治医や看護師との間に信頼関係が築けていた中で、患者ではありながらも、自分の考えや意見をきちんと聞いてもらえたことが、治療だけでなく人生に対しても前向きに考えることができるようになったのではないかと感じました。また、入院中から、弟、主治医、看護師、保健師、そして、家族である私を交えて、退院後の生活（通院する病院、退院後の生活や仕事等）について、弟の気持ちや考えを聞きながら、じっくり話し合えたことも大きかったように思います。今まではこんなことはありませんでした。

弟は、昨年（平成26年）12月末に治療計画どおりに約1か月で病院を無事に退院することができました。退院後、自分で仕事を見つけてきて、1日7時間週5日、スーパーでレジ打ちや品出しの仕事を始めました。20歳前半からずっと無職であったことを考えると本当に奇跡でした。また、自発的に保健師のところに通い、病院にも通院し薬も服用しています。こんな弟の姿は入院する前には全く考えられませんでした。主治医の先生、看護師の方、保健師の方、サポートしてくださった皆様に感謝の気持ちでいっぱいです。

弟が一番苦しんでいた

今でもはっきり覚えていますが、弟が病院から退院してそのまま自分の家に向かうのかと思いきや、私の家に居る母の顔を見てから帰りたいと言ってきました。入院中、弟の口から母の話すら出てこなかったので少し驚きましたが、弟も母を家から追い出したものの、心の底では母のことを案じていたのだと思いました。私としては弟のその言葉は本当に嬉しかったです。母と半年ぶりに再会した弟は、少し照れくさそうにしながらも母に穏やか話しかけていました。母を家から追い出した出来事が嘘のようでした。

今回の弟の再発から入院、退院まで本当に大変でありました。弟がここまでよくなったのは、本当に奇跡的なことであり、いろいろな方々の協力があったからに他ならないと思っています。本当に感謝しています。他方、父が他界し、母も高齢で、姉も心を病んでしまい、兄である私がすべてを対処せざるを得ませんでした。そのような中で、家族であり、兄弟である私が、弟に接するときにいつも心掛けていたことが２つだけありました。

一つは、兄として何があってもありのままの弟を受け入れるという覚悟をし、その気持ちを常に弟に伝え続けることを心掛けていました。弟に会ったときには必ず、「不安なことや困ったことがあったら、いつでも言っていいからね」「不安なことや困ったことがあったら、いつでも来ていいからね」などと、弟に言い続けていました。

もう一つは、病人である弟がどんなに無茶苦茶なことを言ってきたとしても、じっくり話を聞き、けっして子ども扱いしないことを心掛けていました。これは、亡き父の手帳に病人への接し方として書かれていたものでした。

弟が発病してから十数年、本当にいろいろなことがありました。統合失調症の患者がいるご家族の皆様も誰にも話せないたくさんの苦労を背負っていらっしゃることと思います。私も冒頭に書きましたが、病気がさせていることとはいえ弟に理不尽なことをされて、本当に弟のことを何度も「殺してしまいたい」「死んでほしい」と思いました。ただ、弟の病気がよくなって、今、弟が自分らしく生き生きと働いている姿を見て、病気で一番苦しんでいたのは弟自身であったのだと、病気が弟を苦しませていたのだと、改めて思うようになりました。

今回の弟のことがあって、昨年（平成26年）末に、２年ぶりに兄弟姉妹会に顔を出させて頂きましたが、同じ悩みや苦しみを持っているみなさんの話を聞いてとっても元気づけられ、勇気づけられました。弟はきっと再発すると思いますが、兄弟姉妹会のみなさんから元気や知恵をもらいながら、あきらめずに弟につき合って、弟が自分らしく生きられるよう兄として粘り強くサポートしていきたいと思っています。

〈この事例から考えたこと〉

私たちの研究を知った、東京兄弟姉妹の会の代表者である神谷かほるさんが会報を送ってくださった。その会報のトップにこの方の手記があった。私は、是非このような希望があることを多くの人、特にきょうだいの方に知ってほしいと思った。そして執筆を依頼した。

このストーリーを読み、精神疾患というものは、周囲の関わり、そして、病気をもって生きることへの本人の自覚によって、これほどまでに症状を変え、人を変えるものなのかと驚かされた。毎晩欠かさず本人と一緒に1～2時間の散歩をして話を聞いてあげていた父親が亡くなり、本人は治療中断、病状悪化へ。理不尽な行動によって母親、姉、兄（執筆者）は大変なご苦労をされた。その状態から本人を救ったのは、本人と接するときにいつも心掛けてきた「不安なことや困ったことがあったら、いつでも来ていいからね」という兄の言葉だった。病状が悪く憔悴した姿で兄の職場まで来た本人（弟）。限界の状態でも兄の言葉は弟に残っていた。最後の力を振り絞って来たのだろう。そして放たれた「何か変わったことはないか、みんな大丈夫か」という本人の言葉に、人柄が滲み出ている。

入院へとつなぎ、「これまでの投薬一辺倒の治療」とは異なる医療が行われた。それは、本人が病気を理解できるような医療、また、退院後の人生をともに考えてくれる医療だった。本人、精神科医、看護師、保健師、兄とともに入院中から退院後の生活についてじっくりと話し合われた。退院後はスーパーで仕事をされている。母親想いである本来の性格に戻り、兄は「病気が弟を苦しませていた」ことを改めて認識された。兄と支援者に支えられたリカバリーだと思う。このような支援がどこでも受けられるようになることを願って止まない。

ご本人は、今、自らの力で生きるということを楽しんでいるような気がする。お父様もやっと安心できたのではないだろうか。

第３節の要点

▷本人は20代後半で発病。家族は暴力だけでなく、多くの理不尽な要求を突き付けられ、苦しめられてきた。父親は毎晩本人と散歩することを日課としていた。父親の関わりが本人の症状安定につながっていた。平成23年に父親が他界し、母親と２人暮らしに。以後、再発と入退院を繰り返す。

▷同居の母親を本人は力づくで家から追い出し、母親は兄の家で暮らすことに。兄は「弟を殺してしまえばどんなに楽になるだろか」と心の底から思っていた。

▷本人は、姉に長時間の電話を繰り返す。姉は心を病んでしまった。

▷本人は、妄想が悪化し、ひきこもり状態に。ある日突然、本人が兄の職場に現れる。兄は本人に「不安なことや困ったことがあったらいつでも来ていいからね」と言い続けていたからだ。本人の髪はボサボサ、頬もこけていた。本人は兄の顔を見るなり、「何か変わったことはないか、みんな大丈夫か」と。すぐに病院に連れていき、入院となる。

▷入院中に、本人がはじめて病識を持てた。本人、主治医、看護師の三者の間に信頼関係があり、三者が同じ目標（病気からの回復）に向かってコミュニケーションをしっかり取った。これまでの投薬一辺倒の治療とは大きく異なっていた。

▷退院前から退院後の生活について話し合いが持たれた。無事に退院した現在、週５日１日７時間、スーパーでレジ打ちや品出しの仕事をしている。自発的に保健師に相談も続け、病院にも通院している。

▷母親を心配する本来の優しい本人に戻った。兄は、病気で一番苦しんでいたのは弟（本人）自身であったのだと、病気が弟を苦しませていたのだと、改めて思った。

最終章
家族への暴力がない社会に向けて

第1節 今と違う方法、違う常識もある！ イタリアの経験から

私は、公立精神科病院を廃止したイタリアに、2012年秋から1年間行き、民間団体の地域精神保健活動を見てきた。家族への暴力をテーマにして行ったわけではなく、学術的調査研究でもなかったので、この節は、あくまで1人の実践者が見たありのままの様子として受けとめてほしい。ただ、精神障がい者の負わされている様々な課題は、治療や支援が、入院に頼りすぎていることも要因だと感じている。だから、病状が悪化しても、暴力があっても入院以外の方法で支えているイタリアの活動から何かヒントが見つかるかもしれない、という願いを込めて報告する。

1. イタリア精神医療の概要

イタリア精神医療の歴史と、その改革については、すでに多くの研究発表があり、日本でも映画等[1]が上映されているので、ごく簡略な説明に止めたい。

1) イタリアの精神保健改革を取り上げた映画『輝ける青春』（“LA MEGLIO GIOVENTÙ” 2003年）、『人生、ここにあり！』（“SI PUÒ FARE” 2008年）、『むかしMattoの町があった』（“CÈRA UNA VOLTA LA CITTÀ DEI MATTI…” 2010年、日本での上映団体は「バザーリア映画を自主上映する180人のMattoの会」http://180matto.jp/index.php）

イタリアは、1904年法律36号を制定し、「精神病に冒され、自傷他害の危険、公序良俗を乱す者を精神科病院で保護、治療させなければならない。精神科病院以外では、保護や治療は行われない。行うことはできない」と定めた。これにより、患者の健康よりも治安対策を目的とした精神科医療システムが出来上がった。その結果、1000床を超す巨大公立精神科病院等の増加、劣悪な入院環境が続いた。1960年代に、精神科病院での長期入院治療から地域を基盤とした精神保健サービスに転換する脱施設化が勢いを増し、精神科医フランコ・バザーリアらの精神医療改革により、1978年に公立精神科病院を徐々に廃止するという法律180号の制定（通称バザーリア法）に至った。

そして、入院中心から、地域生活中心の精神保健システムを展開する。公立の地域精神保健センターが、診察・リハビリテーション・家族支援・住居支援・社会的支援・ケアマネジメントなど支援の要を担っている。入院治療は、総合病院内のおおむね15床以下の精神科病棟で行われる。

2. 実体験したくて、イタリアへ！

私は、「イタリアは、精神科病院の入り口を塞いだ。精神障がい者の治療・生活支援は、地域を基盤に行っている。長期入院はない」とザックリ理解した。そして、「イタリアのソーシャルワーカーは、当事者が地域生活を続けられるように、どんな支援をしているのだろう？」と興味が湧いた。短期研修で、イタリア精神保健福祉活動の視察をしたことはあったが「そこに暮らし、ワーカーと毎日一緒に動いて仕事を見てみたい」と願った。そこで、横浜市内の生活支援センターを退職した年に、ヴェネト州（イタリア北東部）ヴェローナの民間団体でスタッフの仕事を体験することにした。自家製インターンシップというところか…。ヴェローナは、人口約25万人。シェークスピアの戯曲「ロミオとジュリエット」の舞台だ。ジュリエットの家のバルコニーは観光名所であり、多くの人が訪れている。

3．ブルティ先生と民間団体セルフ・ヘルプ・ヴェローナ

イタリア語も文化背景も理解していない私を、ヴェローナ大学の精神科医ロレンツォ・ブルティ教授（Prof. Lorenzo Burti）や社会的協同組合セルフ・ヘルプ・ヴェローナ（Cooperativa Self Help Verona）[2)] が受け入れてくれた。ブルティ先生は、『コミュニティメンタルヘルス――新しい地域精神保健活動の理論と実際』[3)] の著者である。ジャーナリストの大熊一夫さんがブルティ先生に「精神科病院をなくして、何か不都合なことがありますか？」と聞いたら、「ない。悪いことなど全く思いつかない。良いことばかりです」と答えたそうだ。

ある休日、先生の車で出かけていたとき、男性から電話がかかってきた。敬語を使わずに互いの近況を話しながら、途中で「それ主治医に相談してる？　話してみたらいいよ」と答えていた。スピーカーから流れるその人の声を聞きながら、私は“メンバーからの電話のようだ。呂律が回りにくそう。薬の影響かしら”と思い「お休みの日でもメンバーから電話がよくかかるのですか？」と尋ねると「彼は、友達。友達だから、いつでも電話がかかるよ」とさらりと返事をしたのだ。精神科医としてではなく「友達」付き合いをしている様子を垣間見た。

セルフ・ヘルプ・ヴェローナは、1990年に創設された民間団体で、コンセプトは、名前の通り、「セルフ・ヘルプ」。ただし、当事者団体ではなく、医師、心理士、看護師、ワーカー、教育士（イタリア固有の専門職）などが、支援業務を行っている中で、当事者も支援チームの一員となって支え合う仕組みを取り入れている。主な活動は、ミーティング（スタッフ、当事者と家族が共に参加）、共同住居の運営、家庭訪問、生活支援、外出支援、プログラム活動（絵画、演劇、スポーツなど）、就労支援など幅広いものだった。私は、時間の許す限り、多くのミーティングに出席し、スタッフの訪問業務に同行し、プログラム活動に参加した。セルフ・ヘルプ・ヴェローナの活動の中で、特

2）　セルフ・ヘルプ・ヴェローナのフェイスブック https://www.facebook.com/Cooperativa-Self-Help-Verona-241530162607750/

3）　モシャー、ブルチ、1992

に興味深かったのが、ミーティングと家庭訪問だった。

4. セルフ・ヘルプ・ヴェローナのミーティング

ミーティングは、大きく分けると、①業務報告・情報共有タイプの会議と、②当事者の分かち合いタイプがあった。

①業務報告・情報共有タイプ

業務報告・情報共有タイプの会議には、職員、当事者、家族、他機関のスタッフなどが参加していた。会議の大まかな流れは、団体のリーダーであるヴァンツィーニ医師（Dott. Paolo Vanzini）がファシリテーターになって、スタッフが順番に業務と利用者についての報告。次に、当事者、家族が、次々に自身の困りごと、病状などを語る。医師やスタッフが助言したり、参加者同士で補足説明や反論したり、時にはかなり激しい口論が始まることもあった。それでも制止されることも、別室に移されることもなく、全員が、スタッフの業務報告から口論まで見て聞いていた。こうして、スタッフの仕事内容、利用者の課題を皆が聞くので、互いの希望も弱さも病的な体験も共有している（これは、オープン・ダイアローグの要素を多分に含んでいると思うが、この団体は、方法論を極め、マニュアル化するのを好まないようだった）。

最初は、個人への配慮がないので驚いた。しかし、参加し続けていくうちに、「具合が悪い時こそ、地域生活を維持する」という大きな目的があることがわかった。「地域生活継続のために、必要に応じて個人情報を公開もし、守りもして」スタッフだけでなく、当事者や家族も一緒に、疾病理解、対応方法を身につけて、共に支え合っているのだと気づいた。

当事者の中には、ミーティング中に落ち着きなく出入りし、会話の途中に割り込んで話をする人もいた。皆が、その人を受け入れられずその場でクレームが出ることもしばしばだった。エスカレートして、過去にその人からどんな迷惑をかけられたかを訴えることもあった。そのとき、医師はその人の症状や生活について話す。なぜ、その行動を繰り返すのか、やめられないのか、クレームを言った人が納得するまでなんども繰り返し説明する。そして、「彼を助けることで、あなたも回復する」と言うのだ。

日本でも交流、治療やリハビリテーションを目的にした多くのグループがある。しかし、「個人情報」という一言で、参加者の個別の話題を避け、そのような話題が出てもスタッフが口を閉じたままの場面がある。デリケートでプライベートなことへの配慮が欠かせないからだが、スタッフも参加者も、一人ひとりの異なる悩み、生活課題を深く理解し合わないで終わってしまうのではないか。入院に頼らずに生活を継続するには、当事者同士のサポートは欠かせない。互いの理解を促進する力も、スタッフに求められると実感した。

医師は、初参加の人が来るたびに、話し合いを止めて、会議の流れや団体の目的を説明していた。常連の参加者にとっては、繰り返しそれを聞くことで、団体への理解を深めることにつながっていた。また、誰が遅れて来ても大きな声で名前を呼んで参加を歓迎し、同じ地平で話せるオープンな雰囲気作りをしていた。余談だが、あるメンバーが、心理職の助けで、久しぶりに入浴し、整髪して到着した途端「綺麗にしたから、頭の匂いを嗅げ」と医師にグイグイ頭を突き出し、医師は鼻をつけクンクンしてから「頭は綺麗だ！ヒゲを剃ったらもっといいよ」と笑いで返していた。このような「医師—患者」の関係は、日本には、まずないなあと驚いた。

②分かち合いタイプ

分かち合いタイプは、うつ、アルコールやギャンブル依存、家族、肥満予防などの課題別になっていた。互いのことを語り合う AA ミーティングに近い雰囲気である。当事者、家族は、統合失調症・気分障害、依存症など。それにくわえて高齢、他障害、移民、貧困等、精神疾患以外の課題が重複している人も多く参加していた。参加人数は、会場によって 15 ～ 40 人とずいぶん違う。会場は、本部の部屋だけでなく、共同住居のリビング・コミュニティーセンター・教会など、地域の既存の社会資源を上手に活用していた。活動エリアが、県の半分程度の広域であり、日本のように公共交通機関の便が良くないので、参加者が集まりやすいように地域ごとに場所を設定していた。開催頻度や時間は、毎週または隔週、午後か夜間。特に夜間のミーティングが多く、開始は 19 時や 20 時で、頻度は少なかったが、22 時過ぎに始まる家族のミーティングもあった。時間感覚が、日本よりも遅かったので、参加するのが辛いことがあったのも事実だ。しかし、遅くても集まり、語り合う当事者や家族の姿を見ると、切実な必要性を理解することができた。会議を担当するスタッフと自分を重ね合わせ、地域生活支援でやることは、無限だと思った。

ファシリテーターは、主に心理職やソーシャルワーカーだった。自分の病気の苦しみに耐えられず、ずっと話し続ける人もいれば、毎回参加しても、何も口を開かない人もいた。ファシリテーターは、流れを見て、時には信頼感や安心感を体験できる短いワークショップを取り入れて、グループを運営していた。

うつのグループで、ある女性が「カルバリは終わった」と言った（カルバリの丘は、イエス・キリストが十字架につけられた場所）。その女性は、ミーティングで自分の苦しみを語り続け、幻聴に苦しむ他のメンバーに寄り添い助ける時間を経て、十字架の死を連想するほどの苦しみが終わったと言いたかったのかもしれない。

家族のグループでは、子どもの様子がおかしいことと、病気として治療の必要性があることが全くつながらず何年も過ぎ、家族だけで苦しんでいた体験談が話された。依存症支援機関を利用しても、本人は不機嫌なまま何も変わらないので、支援機関への不満、支援機関を変えたいという相談など、日本のご家族と共通の話が多く出ていた。地域生活中心でも、家族の悩みが全くなくなるわけではないが、自分たちの悩みは、入院で解決できると考えている家族はいなかった。セルフ・ヘルプ・ヴェローナではなく、家族会で出会ったご家族の言葉が印象に残っている。

子どもの病気は受け入れた。でも、苦悩は今も続いている。

子どもが病気になってから、１日も同じ日はない。

ミーティングは、１日に何か所も開かれるので、数人の当事者は、スタッフの車で移動し、何度もミーティングに参加していた。ファシリテーターのスタッフの業務がずれ込んで、開始まで１時間以上待つこともあった。ミーティング時間より、移動時間や待ち時間の方が長いのに、なぜ不満を言わずに参加するのか不思議だった。でも、車の中ではスタッフに相談できる。また、ミーティング開始までの待ち時間では、当事者同士の情報共有もできる。これらの移動時間や待ち時間は、移動公開相談室、ピアサポートとして十分意味があった。精神障がい者は、時間を持て余し、暇になると再発リスクが高くなるとも言われる。これも再発防止、再入院防止支援になっているのかもしれない。そしてスタッフは、メンバーや家族に、ミーティング参加を積極的に勧めていた。参加のために、他機関と調整が必要だとわかれば、すぐに電話をする。送迎が必要だとわかれば、どのスタッフの車に何時に乗ればいいかをその場で決める。それにより、継続してミーティングに参加しやすい環境づくりをしていた。もちろん、他のメンバーや家族は、それを見ているので自分も何かあったらその場で動いてもらえることを知っている。

ご本人の医療機関の受診や福祉サービスの見学の際、次にきちんとつなげられず、いつの間にか支援の糸を見失うことがある。「いつでも参加してください」と声をかけるだけでなく、「その時目の前で」調整しなければ、当事者や家族は、再び苦悩の中に戻ってしまう。日本の支援者にとっても、相談後の調整等の業務は、説明をするまでもない当たり前のことだが、当事者もご家族も、自分たちが相談室を出てから何が行われるか想像できないのだろう。いつ頃、誰に、何をして、何が決まるのか、連絡を待っている間の不安が、不信や絶望につながって、具合が悪くなったり、暴力が繰り返されたりする可能性もある。セルフ・ヘルプ・ヴェローナの調整は、目で見てわかりやすい良さがあった。

5. セルフ・ヘルプ・ヴェローナの家庭訪問

夜のミーティングが終わって、スタッフのマリリッザさんに（Sig.ra Marillisa Longafeld）「日本は、まだ入院中心で、退院した人への家庭訪問の回数も少ない。マリリッザは、どれぐらいの頻度で訪問しているの？」と聞いたら、「毎日訪問して顔を合わせている。人によっては、もっと少ない場合もあるけど」と答えた。その答えにびっくりした私を見て「これから訪問に行くから、一緒についてくる？」と言うので、私はもちろんそのまま車で訪問に同行させてもらい、2組のカップルが暮らす共同住居を訪ねた。その後も他のスタッフと、共同住居・自宅・家族の家・職場などの訪問に同行させてもらった。

訪問時のスタッフは、薬の管理、金銭管理、家族との話し合いなど、日本で専門職が訪問する際の業務も多く行っていた。しかし、大半は、水漏れ修理、携帯電話のバッテリーのことや、パスタソースの賞味期限のこと、興味のないテレビのチャンネルを変えられないことなど、職種にこだわらず短時間で多様なことをしていた。共同住居では、メンバーが、一週間分の日用品や食料を大型スーパーに買い物に行く。前述のように公共交通機関の便が悪いので、スタッフがスーパーまで車で送り、買い物をしている間に、依存症センターで検査を受ける何人かのメンバーの送迎をして、買い物が終わる頃車で迎えに戻る。私の目には、「専門支援者」というより、ポイント、ポイントで寄り添う「生活者」に映った。

週末だけ自宅で母親と過ごすメンバーが共同住居に帰るため、車で迎えに行ったときのこと。「3日間何もしないで、タバコだけ吸っていた」と母親がスタッフに嘆き、ご本人はケロリとその話を聞いていた。スタッフは、「お願いだから、お母さんの手伝いを少しはして…」と語りかけはするものの、すぐに変わることは難しそうだった。スタッフが、共同住居と自宅の送迎をし、何日までなら母子が自宅で一緒に居られるか、試行錯誤をしながら家庭での様子を把握していた。

また、幾つかの共同住居には、複数のスタッフが、1日に何度も訪ねていた。そこに重度障がいの人たちがいて、調子を崩しているからではない。他の共同住居に行った帰りにちらりと様子を見たり、修理部品を買って戻ってきたスタッフと情報共有したりという感じだった。生活の小さな困りごとが起きた時、不安で揺れてしまう当事者には、「数時間すればスタッフが顔を出す」という安心感がある。常時職員が滞在するタイプの住居も必要であり、イタリアにもそのような住居サービスがある。でも、短時間でもスタッフが頻繁に顔を出すだけで、大きな調子の崩れ、暴力、再入院を防げるのではないかと思う。

訪問するとき、何が課題でどんなニーズがあるのか、何を目的に訪問するのかをしっかり押さえて支援を開始することは基本だ。それが、「計画相談」として、安定した生活に結びつくのだと思う。ただ、支援以前の、「生活の小さな困りごと」に対応する訪問があることで、地域生活が続けられると感じた。その小さな困りごとは、「週に何回何時から起こる」かはわからない。そのため、こまめな訪問が重要になる。しかし、スタッフの訪問にも限界がある。そこで生かされるのが当事者間の支え合いだった。

共同住居内の役割当番が決まっているわけでなく、ずっとソファーで寝ていて、買い物も食事の支度も何もしない人もいた。ミーティングによって、なぜ何もしないか、できないかがオープンにされていることで、互いを理解し、自分にできることで支え合っていた。そこに「セルフ・ヘルプ」の精神が機能していた。

6. 私たちも柔軟な支援を

イタリアでは、行政システムの効率が悪く、なぜか機械も壊れやすく、壊れても急いでなおすわけでもなく、書類1枚もらうのに半日かかることもあった。また、移民の数も多く、イタリア語を話せない精神障がい者の支援も日常的にある。その点日本は、とても便利で暮らしやすく、働きやすい国だ。消耗品は、ネット注文で半日もすれば届き、大概のものはコンビニに歩いて買いに行ける。いつなおるかわからない機械をただじっと待って、面接ができないこともない。精神障がい者の地域生活支援とかけ離れたことで煩わされることなく、実践に取り組む時間的余裕は、イタリアよりもあると思う。今のところ、すべての相談機関が、多言語多文化の相談体制を整えなければならないほどでもない。

専門職の倫理、行動規範、契約に基づいた支援、どれも先輩方が、長年築き上げて、専門性を確立してきたものだ。そのことに感謝を持って専門職として、実践に打ち込みたい。しかし、今の私たちのやり方以外の方法で、今の常識とは違う実践をイタリアで展開していることを私は見てきた。個人情報を守ることより、公開することで、当事者を含めた支援を展開していた。

訪問の内容や滞在時間がバラバラで計画的でなくても、地域生活は継続していた。専門技術以前に、従来の枠を見直して、生活の場に出向いて柔軟な支援をすることに可能性を感じた。

私の知り合いの日本人の当事者は、パートナーに暴力をふるったことがあった。入院には至らず、今もご家族と楽しく、穏やかに暮らしている。そのことを「暴力をふるったことは覚えているけど、理由はわからない。とにかく、あのときはイライラして暴れていた。暴力が良くないとわかっているから、今も思い出すとズキズキ悲しい」「暴力をふるったことで、実は自分も傷ついているけど、あのときも今も、それに気がついてくれる人はいない」「テレビのドラマで、DVの加害者が自殺をして、周りがホッとして最終回というのがあった。暴力をふるった人は、死んだほうがいいって言われているみたいで、辛い」と語ってくれた。

自傷他害の恐れのある人とは、どんな人だろうと考える。恐ろしい危険人物、周囲を困らせる人、強制入院が必要な人なのだろうか。知り合いの話を聞きながら、自傷他害の恐れのある人は、困って、困って、困り果てている人。理由がわからない自分の苦しみを誰か助けてと発信している人。治療や支援を拒否しているのではなく、支援を受け入れることに心を開いてくれた人のように感じる。

では、支援に開かれた人に向き合う私たちは、どんな人だろう？　その発信が暴力的であることに目を奪われ、関係を結べるチャンスに私たちのほうが心を閉じ、支援を閉じ、強制入院という方法をとったら、その後の関係形成が困難になるのは当然である。

会うことがなかったMさんへ
あなたからのSOSを気づかなくて、ごめんなさい。
Cara signorina M,Ti voglio bene.

暴力を受けたご家族も、暴力を振るったご本人も大変な傷を負っていることに、ソーシャルワーカーとしてどう向き合うか……今後の自分への引継書としてこの拙い報告を終える。

第 1 節の要点

▷公立精神科病院を廃止したイタリアは、地域が支援の基盤。入院は、再発や暴力の解決方法ではない。

▷医師―患者ではなく、「友達」のような関係を持つ医師もいた。

▷セルフ・ヘルプ・ヴェローナの業務報告・情報共有タイプの会議は、職員・当事者・家族等が一緒に参加する。それにより業務内容も病的体験も共有している。「地域生活継続のために、必要に応じて個人情報を公開もし、守りもして」当事者や家族も一緒に、疾病理解、対応方法を身につけて、共に支え合っている。

▷セルフ・ヘルプ・ヴェローナの分かち合いタイプのミーティングは、参加しやすい場所や時間を設定していた。スタッフは、継続参加しやすい環境をすぐその場で調整していた。

▷訪問では、水漏れ修理などを行い、「専門支援者」というより、ポイントで寄り添う「生活者」のようだった。支援以前の、「生活の小さな困りごと」に対応する訪問があることで、地域生活が続けられる。訪問できない時間帯は当事者間の支え合いが機能していた。

▷日本の常識とは違う実践をイタリアで展開していた。個人情報を守ることより、公開することで、当事者を含めた支援を展開していた。訪問の内容や滞在時間がバラバラで計画的でなくても、地域生活は継続していた。専門技術以前に、従来の枠を見直して、生活の場に出向いて柔軟な支援をすることに可能性を感じた。

▷暴力をふるう人は、自分の苦しみを誰か助けてと発信している。治療や支援を拒否しているのではなく、支援を受け入れることに心を開いてくれた人のように感じる。この関係を結べるチャンスに支援者が心を閉じ、支援を閉じてしまわないことが重要だろう。

第２節　日本の精神医療と地域支援のこれから

精神障がい者による家族への暴力を見つめることで、現在の精神医療や地域支援のあり方の根幹とも言える問題点が浮き彫りとなった。

1．緩やかな治療、良い医療との出会いを

日本の精神医療や地域支援は、長年に渡る入院中心の施策によって、患者や家族中心ではなく、病院中心でつくりあげられている。そして、「病状悪化イコール入院」という仕組みになっている。精神科病院は、閉鎖された空間で、治療という名目で合法的に権力を行使することができる。権力を握った人間は、どうしても力に溺れるのではないだろうか。隔離拘束という「力による支配」は、患者を傷つけ、押さえつけられた屈辱や不満は、退院後に家族に向けられていた。精神医療から家族への暴力がもたらされていたとも言える。

患者と医療従事者が対等な関係にない限り、真の治療を施すことはできないと思う。患者が支配される立場に置かれたとき、それは不可能だ。精神科医は、患者の心の声を聴くことを医療だと認識しているのだろうか。素晴らしい精神科医がいることは承知しているが、精神科医は患者の脳だけを見て、人間として見ていないのではないか、そう思うことさえある。患者と対等に話すことが医療であると考えれば、「力による支配」という仕組みを変える必要がある。医療保護入院という入院形態自体を見直さなければいけないだろう。

入院につながるまでの仕組みも破たんしている。自宅で暴力が起きても、病状が相当に悪化して暴力がひどくなるまで手が差し伸べられない、地域で治療を受けることができない仕組みになっている。そして、やっと入院になったときには、強制入院、保護室、拘束となる。精神疾患患者にとって、医療との良い出会いなんてほど遠い話だ。傷を癒しにきた患者に更に傷を負わ

せて、立ち上がれなくなってから、治療を始めるようなものだ。この誰が考えてもおかしい現在の仕組みを変える必要がある。「病状悪化イコール入院以外」にすることだ。つま追求することである。地域で開業しているある精神科医は、極力入院にならないように支援していると言う。その医師は「困ったら入院という考え方ではうまくいかない」「具合が悪くなったときこそ地域で看る」と話した。それは、支援する側に相当な覚悟が必要であり、地域精神医療の底力が試されることである。クライシス・インターベンション、訪問看護、訪問診療、レスパイト、ショートステイなどを作り出し、充実させ、入院に頼らない地域精神医療を実現させたい。地域を実質的に支えるのは、精神保健福祉士、看護師、保健師、臨床心理士、作業療法士などのコメディカルスタッフである。障がい者のために彼らが力をつけ、発言力を増すことも重要な課題である。

2. 家族支援を当たり前に

日本では本人と家族の同居率が高く、家族が本人の地域生活を支えているという現実がある。家族が抱え込んでしまうことで暴力を含む問題が表出化しにくい。長年、親子だけの関係が続き、親が高齢になって子の将来を悲観した末の心中や殺害も起きている。しかし、家族は抱え込みたくて抱え込んでいるわけではない。支援を求めても助けてもらえなかった、家族は支援者から「高 EE」や「共依存」とレッテルを貼られ、冷たく対応されてきたことは否めない。家族にねぎらいの言葉をかけた支援者はどのくらいいるだろうか。家族は、抱え込まざるをえなかったことを理解する必要がある。

これほどまでに家族に負担をかけているのだから、医療従事者も地域の支援者も、「家族を支援する」と明言することがまず必要である。家族も傷つき、精神的に不健康な状態にある。家族に休息できる場（レスパイト）や避難できる場を用意し、家族の相談にのってほしい。そして、家族が孤立しないように家族会など、他の家族とつなぐことは、とても重要である。

3. 家族が体験を語ること

家族への暴力は、長年に渡って家族が最も悩み、苦しみ、抱え込んできた問題である。そして家族会の中でも話すことを躊躇するようなタブー視されている話題である。家族への暴力は、患者の苦しみが表出したSOSだった。そのSOSを家族が抱え込んでしまっては、患者のためにならない。患者のリカバリーを遅らせてしまう。そして、誰にも話さずにいることは、支援者や社会に問題が知られることなく、解決されることもない。支援を求めるなら体験を語ること、そこが出発点になる。体験を語らないということは、欲しい支援は得られないということを意味する。声をあげることができず、暴力という表現しかできない患者の声なき声に、家族はどのように応えていくのだろうか。

4. 多様性を受け入れる社会へ

暴力という問題は、精神保健医療の隔離収容施策と密接に関連している。「怖い」「わからない」という不安感から目の前から排除してしまうということを日本人は繰り返してきた。しかし、それは問題の解決になっていない、ただ、見て見ぬふりをしているだけだ。そして、根拠のない不安感に多額の税金を使い、根拠なく人間として生きる権利を奪っている。精神疾患は今や国民病であり、生涯で5人に1人は罹患する。見えないところに排除するなど現実的に不可能である。

では、どうすればよいのだろうか。それは、「わからない」人と知り合い、話し合い、相手を理解することだ。そうすれば、誰でも「わかる」ようになる。そして「怖くない」人だと理解できる。これは、精神障がいだけに限った問題ではない。日本も遅ればせながら、グローバル化が進み、海外の人が多く移住してくる時代になった。そのような人は、日本人にとって「わからない」、自分に理解できない行動をするだろう。それでも交流するうちに「わかる」ようになる。そして多様な人々を受け入れることができるだろう。

精神障がいとは何かを知ってもらうこと、精神障がい者と家族の声を地域の多くの人に聴いてもらうことが出発点になるだろう。そのためには、当事者や家族が体験を語ることが重要である。私は、この問題を研究してから多くの報道関係者に会って話をしてきた。事件が起きて精神科への通院歴があるとわかったとたんに、報道機関は皆あっという間に取材しなくなると言う。現在は、リカバリーの明るい側面だけが報道されがちである。暗い側面をどう報道するかは非常に難しい。報道しないことで偏見が無くなったとも思えない。関係者が事実を隠しているように思えるからだ。「精神障がい者の暴力犯罪は一般集団よりも少ない」「暴力は見ず知らずの人に向かわない、家族に向かう」「家庭に支援を届ければ家族への暴力は消失に向かう」という事実を伝えることで、隠さずに堂々と議論したほうが偏見が減らせると期待するのは間違っているのだろうか。

第2節の要点

▷入院中心の施策から、治療の開始が入院という仕組みになっている。隔離拘束という入院ではなく、地域で穏やかに治療が受けられる仕組みに変えていく必要がある。クライシス・インターベンション、訪問看護、訪問診療、レスパイト、ショートステイ、デイホスピタルなどを充実させる必要がある。

▷「家族を支援する」ことを明言する。家族に休息できる場（レスパイト）や避難場所を用意し、家族の相談にのる。家族が孤立しないように家族会など、他の家族とつなぐ。

▷家族が体験を語り、家族の生活や困難を支援者に知ってもらうことが重要である。

▷精神障がいを含めて多様性を受け入れられる社会が求められる。

第３節　家族への暴力に向き合って、それぞれが考えること

1．家族が受ける暴力の実態把握とその解決策を求めて

飯塚壽美（埼玉県精神障害者家族会連合会）

新聞やテレビなどで、家庭内で起きた暴力の果てに、家族が精神障がい者を手にかけたという痛ましいニュースが伝えられる度に、なぜ家族はそこまで追い詰められたのか、避けるための手立ては全くなかったのかと心を痛めます。家族会で運営するサロンや電話相談からも、そこまでには至らないものの、本人から受ける暴力に困り果てた家族の声を聴くことがあります。

３年前に、蔭山氏から、家族が受ける暴力の実態を把握して、社会に手立てを訴える必要があるのではないかとの依頼を受けたときには、ためらうことなく賛同しました。県連活動などで交流のある専門家です。彼女は、地域で保健師としての実務経験があり、当時は家庭内で起きる悲惨な実態を把握できなかった、そこまで踏み込まなかったと言っていました。

家族会で開催しているサロン（小規模の集まり）に来られた、80歳に近い母親は、統合失調症の娘が引きこもりの孫を連れて実家に戻り、リビングを占拠された不自由な日常の中で、時々暴力を振るわれると語りました。保健所に相談して訪問してもらっても、本人が拒否して会えなければそれで終わり。薬を飲めば穏やかな娘が、何度も薬を中断しては暴れるそうです。一度駅前で暴れたときは、警察官が介入したものの落ち着いた後に親の元に帰されたそうで、入院させてほしかったと言っていました。後日その方に付き添って、家族会役員の４名が保健所を訪れて相談したところ、数回の訪問支援を受けて治療につながりました。よくなれば治療を中断し、再発して暴れるという事例を聴く度に、共に暮らす家族がどんな不安な日々を過ごしているのか、医師は家庭の実態を把握して対応すべきだと思わずにはいられません。

家族会の電話相談にかけてきたある母親は、息子に長年コントロールされて、電話をしてきたときも起きている現実なのか夢の中にいるのか朦朧としている、毎日が辛くて早く死にたいと語りました。前にも電話をしたときは、県のセンターや保健所に相談するようにと助言されたそうですが、何の解決にも至らなかったようです。入院後は自宅に戻さず独立させたという知人の例を聴いて、同じように入院させて独立させたいとも言いました。地元の保健師には、夜自転車で出かけられるので完全な引きこもりではない、大丈夫だと言われたそうです。家族が抱える荷の重さを知らされました。

私はその相談者にどう答えたのでしょう。暴力を避けるために、いち早くその場から離れてと答える他はなく、せっかく家族会につながったのに何の救いにもならないことに空しさを覚えました。

埼家連が実態調査を引き受けるにあたり、できるだけ多くの協力を得るために、役員会と理事会とで丁寧な趣旨の説明をしました。総会の席では、多くの会員に活動計画（案）を伝える中で、調査の狙いとお願いをしたところ、興奮した１人の父親が“これまでにさんざん困ってはあちこち相談してきたが、何の支援もなかった！　そんな調査はやっても意味がない！　専門家に利用されるだけだ！”と叫んだのです。その方の、これまでのつらい体験や、いろいろ救いを求めても何も得られなかった虚しさは、参加していた家族の胸に大きく響きました。

同席していた先生方から丁寧な説明を受けて、最後は納得して下さいました。議長には、事前の了解なしの発言が議事進行を大幅に遅らせたとお叱りを受けましたが、混乱はあったものの、家族の立場がより鮮明になったと思います。

家族の語り合いの中でも、暴力に対応できずに苦しみ続けて、とうとう非常手段に訴えたという話も聴いています。母１人子１人の方は、息子に長期間向き合ってきて自律神経失調症になりました。最後の日々を娘に頼ることになり、息子には１人用のマンションを用意して大きな家を処分したいと考えました。しかし同意が得られず、とうとう困り果てて、不動産屋に家の処分と息子の移転を任せて、家を出ました。入院中に家を処分して、もう帰る家はないと納得させて、病院スタッフと地域施設の連携により、ようやく親から自立させたという例もあります。今もなお、混乱した家族への支援策が不十分で、家族の力量に任され続けることに怒りが湧いてきます。

精神障がい者も福祉の対象となって、手続きの窓口が市町村に移って以来、保健所による家族支援は希薄になりました。もっと暴れたら警察が介入してくれるから、という支援者の声を聴く度に、病状が引き起こす暴力への対応を、医療ではない警察に任せることへの疑問が湧いてきます。まだまだ日本の精神科医療が貧しいことを実感した現在、改善策を求める運動を続けなければと考えています。

当事者団体からは、精神障がい者の起こす暴力が強調されたという抗議の声が上がったそうですが、家にこもる重度の本人を抱えて、外部からの支援を得られず窮地に追い込まれる家族が多いという現実も是非受け止めてほしいと思います。家庭内で起きる深刻な問題には、共に向き合い個別の支援策を検討できる、ACTのような多職種による訪問型家族支援が是非必要だと、改めて訴えたいと思います。

2. 家族に向かう暴力を考える意味

岡田久実子（埼玉県精神障害者家族会連合会）

長女の統合失調症発症を契機に、私が地域の家族会に参加するようになって13年程が経過しています。長女にとってこの病気との出合いは、思い描いていた将来をすべて奪われ、不安と恐怖と孤独との闘いであったのではないかと思います。母親である私もまた、同様の思いを抱えて生きてきた感があります。精神科医療には何とかつながっても、家族だけでは抱えきれない問題や悩みが溢れてくる中、地域の精神障がい者の家族会にたどり着きました。そこには、同じような体験を潜り抜けてきた先輩家族がいました。ここに集えば1人ではない…そう思うことで自分自身を何とか支えることができた体験から、家族会の活動に深く関わるようになりました。これまで、多くの方々と家族会活動を通して出会い、多くの課題を考えてきました。その中で、こころの隅にいつも引っかかっていた問題…それが『暴力』でした。決して少なくない割合で、家族が本人からの暴力を受けていることは、家族同士の語り合いなどで耳にしていました。私自身、大人しい性格の長女が、突然に激怒して大声で泣き叫ぶなど、豹変する光景を目の当たりにするのは、言葉では表せないほどの恐怖と心の痛みを伴う体験でした。ましてや自分に向かう暴力となれば、それは想像も及びません。暴力で苦しんでいる家族と本人を何とかできないものか思い悩んだ時期もありました。けれども、暴力のことを前面に出せば「やっぱり統合失調症の人は怖い人」という偏見を助長することにもなりかねない…いつからか、私は暴力の問題から目をそらし、「ある」けれど「ないこと」にし、考えないようにしてきたのです。

蔭山氏から、家庭内で起きる暴力の問題を研究したいというお話しをうかがい、実際には迷う気持ちがありました。すぐに浮かんだのが、暴力と精神疾患を直結することにつながるのではないか、という危惧でした。特に暴力を振るうとされるご本人の立場を考えると、すぐには承諾しかねる課題でした。しかし、保育士として児童虐待という課題と向き合った経験から、密室化した家庭内で暴力がコミュニケーションの手段となり、家族関係を崩壊させていくという事実も知っていたので、この問題を放置していてはいけないとの思いが強くなりました。誰も、暴力をふるいたくて振るっているわけではない、そこには理由や原因があるはず……それを丁寧に解明していくことで、解決の方法が見えてくるのではないかという希望に向けて動くことにしたのです。

調査の過程で、数人の家族へのインタビュー調査に同席させていただきました。どの家族の方も、与えられた条件の中で、本人を医療につなぎ、できることに取り組み、懸命に本人を支えていることが伝わってきました。そこには、必死で頑張る家族と必死で生きようとする本人のもがき苦しむ葛藤があり、外からは見えない家庭という閉ざされた空間で起きている、暴力も含めた様々な課題が放置されている現状がはっきりと見えるようになりました。

精神科医の方が多く出席されるある学会で、この暴力の調査についてお話をしたことがあります。調査から得られた事実として、「家族の約６割が本人から暴力を受けたことがある」「相談したけれど何も支援を受けられなかったと答えた家族がいた」ことを伝え、「医療拒否・服薬拒否・医療中断・服薬中断・そして暴言・暴力に家族は本当に困っている」と訴えたところ、会場から「私の周りの家族からは、そのような話を聞いたことがない」「暴力の問題は医者にとっては実は簡単な問題」などの声が上がり愕然としました。もちろん、「とても重要な問題を話してもらえた」と真剣に受け止めてくださった方もいらっしゃいましたが…。今すぐ、精神科の医療者に解決をしてほしいというのではなく、ただこのような事実を知ってもらい、一緒に考えていってほしいと伝えたかったのですが、その入り口を塞がれるような反応に、とても驚きました。それでも、事実は事実として明らかにし、関係する多くの方々と考え合っていかなければ、何も前に進めることができないと、機会あるごとに、私はこの問題を発信し続けていきたいと思っています。

この暴力の課題を取り上げることで、病気や障害を持つ人を責めたり、軽視したり、否定するなど、まったく考えていません。調査からは家族が受ける暴力の実態が明らかになりましたが、暴力は双方向で起こる可能性がある問題です。だからこそ、本人も家族も、どうしたらその混乱から抜け出し、その人らしい生活を送ることができるのかを考えたいのです。この問題は、加害者と被害者という対立関係の視点で考えられるべき問題ではなく、むしろ、現在の精神保健医療福祉制度の歪みと直結した問題なのではないかと考えるようになりました。本来、医療は病気の回復のためにあるものですが、精神科特例・医療保護入院制度・法律上は無くなりましたが保護者制度等など、社会治安の目的・観点でつくられた法律に基づいて発展してきた精神科医療の矛盾が、決して無関係ではないと思えてなりません。この問題を多くの方々と語り合い、考え合いながら、精神科医療が患者本人の人としての回復という目的の下に、本来の医療の力を取り戻すことを切に願うものです。

3. 暗闇を生きる家族に送られてきた希望

野地芳雄（京都精神保健福祉推進家族会連合会）

送られてきた希望

2015年の12月初めに書籍と思われる小荷物が突然、京都の家族会（京家連）に送られてきた。差出人は研究代表者 蔭山正子氏（東京大学大学院医学系研究科地域看護分野）であった。小荷物を解いたら、「精神障がい者の家族が受ける暴力〜私たち支援者が向き合うべきこと〜」の冊子が私の目を貫いた。助けを求めても力になってもらえず家族だけで暴力を振るう子どもと向き合い、寄り添い苦しみつづけている家族にとって、この専門職の方々の研究成果物は希望の送りものであった。

研究成果物を読んで

この研究成果物を熟読して、素直に感じたことは、家庭における暴力問題を、精神保健にかかわる専門職として、家族の困難をわがことのように受けとめて頂いた研究であることがうれしかった。加害者と被害者と言う視点ではなく、深刻な状態に置かれている家族に正面から向き合っていこうとする強い意志が感じられた。すべての精神障がい者が持っている“幸せになりたい”、“働きたい”、“結婚したい”の人間的希望を実現するための自己実現につながる研究であると思えた。と共に精神障がい者と家族の過酷な困難を大きく包むだけでなく本人、家族と共にこの課題の解決に向け、その取り組みを共有してやろうという気持ちが伝わってきた。

研究成果物の配布と反応

家族会のリーダー、保健所の精神保健相談員、精神科医など専門職関係者、京都府社会福祉協議会（府社協）が取り組む「障害者の人権のあり方検討会委員会」において、当会（京家連）からの問題提起とともに、研究成果物を配布した。委員全員から大きな反応と関心が示された。特に、2015年12月28日の京都市保健センター（保健所）の精神保健養成研修で「家族の状態と家族支援」というテーマで家族会活動の現状を報告をさせてもらったとき、蔭山氏の研究成果物の一部分をコピー、配布した。家族がおかれている深刻な状態と和歌山の悲劇を報告した。保健所の皆さん（精神保健相談員に任命される人たち）がどんな感想をおもち頂いたかを知りたくて後日、私の報告と講演の部分のアンケートをお見せ頂いた。保健所職員の皆さんが、蔭山氏と同じ反省の念をもち、保健所業務の中で苦悩されていることがわかった。家族の厳しい困難は確実に通じていることを確認することができた。

京都にも悲劇が……

父親（78歳）が、こころ病む息子に刺殺される悲しい事件が京都でも起った。父親と知的（障がい）の娘（妹）、精神疾患を持つ兄の３人の家庭だった。働く知的障がいの妹と同じように仕事に行くように尻を叩く父親。その娘だけと外食に出かけるお父さんに、兄の心の中は、“ねたみ”“不満”が膨れあがっていたのではないかと家族相談員のＨさんは語る。母親のいない家の中で障がいのある２人のわが子に向き合ってきた父親。その家庭の“状態”に差しのべられるべき支援があれば、父親は命を失うことはなかったかもしれないし、罪を犯した本人は警察や裁判のかかわりもなく、質素でも平凡な暮らしがあったに違いない。

専門職の援助技能があるのに、それが発揮されなかったことが残念でならない。

家族の反応

京都の家族会役員を中心にこの研究成果物を手渡した。一読された家族の反応と答えを個別にお聞きした。その回答は概ね次のようであった。「本人と家族の窮状をよく受け止めてくれている」「暴力を回避するための対応をわかりやすく教えてくれている」「対処方法だけでなく、暴力の背景まで研究していただいている書は見たことがない」「保健所職員時代の反省を踏まえ、支援者として“暴力”問題に正面から向き合う姿勢に心をうたれた」。

京都の相談支援事例のなかで、特に長い家庭内暴力で疲弊された両親がいた。その両親は、家族相談員・専門職との相談支援を得て、本人との別居を決断した。最近、両親から電話があり、今では本人も関係者の支援を受けて、独居生活を送っていること、「私たち年老り夫婦も近くの娘（本人の妹）の世話を受けて落ち着いた日々を過ごしている」ということを伺った。蔭山氏の冊子の送付にも「感謝の手紙を書こうと思いながら失礼しました」との言葉を頂いた。

家族への暴力が起きる根源

なぜ家庭内で暴力が起きるのか？　研究成果物は、世界でも研究の乏しい状況の中で、一定の分析がされている。それには異論はない。だが、物事や制度や慣習、観念（社会的障壁）の中に潜んでいる差別意識と偏見を歴史的観点から捉えるとき、1900年（明治33年）の精神病者監護法から今日にいたる116年もの長い歴史がある。そこに、暴力の根源があると私は思う。現在の民法をはじめとする法律制度、慣習、観念の社会意識に偏見・差別が根強く生き続けている。同時に社会的障壁の側の課題だけでなく、われわれ家族と本人の中に今も生き続けている呪縛の現実がある。しかし、自らの内にある自己矛盾を家族は、困難な活動を通じて将来、必ず克服することができると信じている。

おわりに

生きておればこそ、その人の人権と尊厳を問うことができる。しかし、手をつくせば助かるべき精神障がい者・家族の“いのち”が和歌山や京都などで失われている現実を法律制度と精神医療保健は無視することはできない。法制度の歴史的転換の時代を迎えているとき、そんな展望が今、見えてきていることに希望が膨らむ。夢や希望は実現するためにあることを信じて……。

4. 暴力の問題に向き合って

横山恵子（埼玉県立大学）

埼玉県家族会連合会の総会で、家族への暴力に関する研究の調査への依頼をしたときのことは忘れられません。1人の父親が立ち上がり、「そんな調査をしてどうなるんだ。あんたみたいな若いやつが研究して何ができる」と、声を荒げて怒鳴ったのです。それは、誰にも向けようのない無力感に満ちた怒りでした。ああ、この暴力の研究は、家族にとってタブーなのだと思いました。また、ご家族が医師の学会に招聘され、スピーチでこの暴力の問題にふれたところ、会場の医師から「そんな話、聞いたことがない。薬を使えばそんなこと抑えられますよ」と言われたと聞き、この問題は医師にとっても、タブーであると知りました。それは、医学の限界を認めることであり、できれば闇に葬りたい問題なのです。そのような家族への暴力の問題を研究課題として、蔭山氏が正面から扱われたこと、あらためて、勇気のある、重要な取り組みをされたと思っています。

暴力は、誰にとってもタブーです。しかし、この研究結果が示すように、これは真実であり、まれな出来事ではありません。今度は、私自身に問うことになりました。

私は15年程前は、精神科急性期病棟で看護師長として働いていました。自宅で暴れて入退院を繰り返す患者さんは珍しくありませんでした。ある日、入退院予定のホワイトボードに、日付が書かれていました。いつも名前だけが書かれている患者さんです。「今日、外来に来るんだけど、家で暴れているらしいんだよね」と主治医に言われ、病棟は保護室や個室を用意して待ちます。しかし、なかなか連れて来れなかったのでしょう。夕方になると日付が消えます。そんな状態が数週間続き、やっと入院になりました。警備会社に依頼しての入院です。家族が疲れ果てた様子だったのを覚えています。しかし、入院した患者さんは、病棟では拍子抜けするくらい穏やかで、すぐに、「家に帰しましょう」ということになります。しばらくして、自宅に退院しましたが、その間に、自宅での暴力を想像し、退院後の支援を考えるということはありませんでした。その時のことを思うと、本当に申し訳なく思います。

退院後に再び暴力が起きれば、今度は、高EE家族というレッテルを張り、家族に問題を求めがちです。医療者は本人の生活の場を知りませんし、なぜ暴力を起こすのか、本人にも、家族にも、じっくりと話を聞く機会がありません。家族は、本人の暴力の状況を控えめに言いますから、家庭の中での暴力がどんなに悲惨な状況であるのか、現実的な受けとめはできずにいました。

一転して、病棟に目を向けると、家と同様に、看護師に向けた暴力があります。暴力を受けた看護師は、周囲から慰められても、「自分の対応が悪かった」と自分を責めます。心身ともに傷ついたまま、恐怖や不安を抱えてケアする看護師の中には、無気力となって職場を去る看護師もいます。看護師と家族の立場は、似ていると思います。もちろん看護師は勤務時間だけの関わりですから、逃げ場も休みもない家族とは比べようがないのですが。

暴力は誰にとっても不幸です。どちらが被害者、加害者という関係ではなく、どちらも傷つけ、互いに自責感だけを残します。急性期の混乱での一時的な暴力と違って、長期化した家族が受ける暴力は、本人のSOSサインではないかと思います。家の中にひきこもったまま孤立して、「もう嫌だ、誰か助けて」と、心の叫びを暴力という形で表現しているのではないかと思います。

暴力は家族の対応のまずさではありません。家族は、「私さえ我慢すれば、近所に迷惑がかからない」「子どもを犯罪者にしたくない」と、必死に抱え込みます。そこにあるのは、自分自身の偏見ですが、家族はそれが最善の方法と考えがちです。しかし、酷な言い方かもしれませんが、家族が暴力を甘んじて受け続けることは、本人の回復の機会を奪うことにつながることを、認識する必要があると思います。

ではどうしたらいいのでしょうか。家族も医療者も、入院は問題解決に向けた、絶好の機会と捉えることです。この問題に気づいた支援者が、キーパーソンとなり、本人、家族の思いにしっかりと耳を傾け、家族を交えた多職種の支援者で考えることが必要です。解決が難しくても、一緒に考える姿勢が大切です。

家庭の暴力を考えるうちに、この問題の根は深いのだと思うようになりました。国はずっと、精神障がい者のケアを家族の責任としてきました。まだまだ乏しい地域ケアを充実し、早期介入やアウトリーチサービスによって、非自発的な入院を少なくすることです。医療者は、タブーとされてきた家族が受ける暴力の問題に向き合い、自分に何ができるかを考えることです。

この本が、私のような、気づこうとしない、認めたくないと思っている医療者の気づきにつながることを祈ります。

第３節の要点

▷もっと暴れたら警察が介入してくれるから、という支援者の声を聴く度に、病状が引き起こす暴力への対応を、医療ではない警察に任せることへの疑問が湧く。まだまだ日本の精神科医療が貧しいことを実感。

▷当事者団体からは、精神障がい者の起こす暴力が強調されたという抗議の声が上がった。家にこもる重度の本人を抱えて、外部からの支援を得られず窮地に追い込まれる家族が多いという現実も是非受け止めてほしい。

▷必死で頑張る家族と必死で生きようとする本人のもがき苦しむ葛藤があり、外からは見えない家庭という閉ざされた空間で起きている、暴力も含めた様々な課題が放置されている現状がはっきりと見えた。

▷医療従事者には、家族への暴力の問題を一緒に考えてほしい。議論の入り口を塞ぐような反応があり、驚いた。この問題を多くの方々と語り合い、考え合いながら、精神科医療が患者本人の人としての回復という目的の下に、本来の医療の力を取り戻すことを切に願う。

▷物事や制度や慣習、観念（社会的障壁）の中に潜んでいる差別意識と偏見を歴史的観点から捉えるとき、1900年（明治33年）の精神病者監護法から今日にいたる116年もの長い歴史がある。そこに、暴力の根源があると思う。同時に、われわれ家族と本人の中に今も生き続けている呪縛の現実がある。しかし、自らの内にある自己矛盾を家族は、困難な活動を通じて将来、必ず克服することができると信じている。

▷暴力は誰にとっても不幸。どちらが被害者、加害者という関係ではなく、どちらも傷つけ、互いに自責感だけを残す。長期化した家族が受ける暴力は、本人のSOSサインではないか。家の中にひきこもったまま孤立して、「もう嫌だ、誰か助けて」と、心の叫びを暴力という形で表現しているのではないか。

あとがき

初めて精神科病院で働いたある看護師は、医療従事者と患者や家族との「力関係に圧倒的な差」を感じ、同僚でありながら「なぜそのように差別的・暴力的であるのか」と疑問に感じずにはいられなかったと言う。私は、保健所で保健師として働いていたとき、家族からの受診相談に数多く対応していた。困っている家族に「すぐに手を差し伸べなくていいのか」と最初は戸惑ったが、次第にこちらの限界や支援の条件といったルールを躊躇なく説明するようになっていた。それは家族の目には冷酷に映ったと思う。

『ハンナ・アーレント』というドイツ系ユダヤ人の女性政治哲学者の伝記映画がある。ナチス政権下で収容所にユダヤ人を移送する業務の統括者だったアイヒマンの裁判についての彼女の見解がある。誰もがアイヒマンは悪魔だと思っていたが、そうではなかった。紋切型の決まり文句や官僚用語を繰り返す、思考の欠如した役人だった。彼が極悪非道な行為をできてしまった理由は、自分で考えることを放棄したからだった。ここで言えることは、たとえ良くないことでもルールや文化に流されれば、誰でも悪意なくできてしまうということだ。「これでいいのか」と自問自答しつづけること、自分で考えることが何よりも重要なことなのだ。

私も過去の対応をふり返ると、組織の文化に染まっていた。いつの間にか、「組織人」になっていた。組織の人間である前に、私は保健師という専門職だ。専門職である私がとるべき態度は、ルールを守って支援することを良しとするのではなく、本人や家族を支援するために既存のルールや支援のあり方に疑問を投げ続けることだった。疑問を持つことが辛くても、疑問を感じなくなるほど怖いことはない。

精神障がい者を支援する専門職は、いつの間にか、「精神障がいだから仕方がない」と自分に言い聞かせ、何も感じなくなっていることはないだろうか。病院では、当たり前のように閉鎖病棟に鍵をかけたり、拘束しているのではないか。そこに心の痛みは残っているのだろうか。「あんな所に入院させて」と家族が恨まれる、そのような診療科は精神科だけだ。この医療が良いわけがない。辛くても、もう一度「これでいいのか」と考えてほしい。そして、一人ひとりの気持ちが周囲を動かし、いつの日か大きな変化をもたらすことができると信じたい。

精神疾患の発症という大きな困難に直面した本人や家族の人生に少しでも貢献できるよう、自戒を込めて取り組んでいきたい。

蔭山正子

Miss M's Hospital Diary

和歌山県で追い詰められた父親に
殺害されてしまった娘Ｍさんが
病院で書いた日記

平成13年12月21日

お父ちゃん、お母ちゃん、…（きょうだいや甥姪の名前）お元気ですか。今、雨が降っています。冬なのでとても冷たい雨です。とても淋しい雨です。私の心は雨と一緒に泣いています。今日はとても最悪な気分です。昨日は夜中の３時頃に目が覚めて、それから鼻炎で気分が悪くてあまり眠れませんでした。ここの病院は朝からお風呂があります。今日は鼻炎を理由にお風呂に入りませんでした。どちらにしても、ここのお風呂は最悪です。私はここのお風呂をインドの水浴だと思っています。犬の糞や死骸などが浮いていないとは言えても、とても気持ちが悪い。お風呂のことを書いているだけで気分が悪くなってしまいました。愚痴を吐き出すと止まらないので、この辺で止めにしておきます。

今日は病院でクリスマスパーティーです。最悪です。参加する気持ちは全くありません。あんな、くそっパーティー一体どうして楽しめるのでしょう。私はたった１人でクリスマスを祝います。心の中にサンタクロースが白い雪をいっぱい降らしてくれます。淋しくはありません。白い雪で私の心は満ちたりています。どんちゃん騒ぎのパーティーはまっぴら御免です。私は世界中の皆の心の中にも、孤独を癒してくれる真っ白い雪が降ることを願っています。

今日は何故かとても落ち込んでいます。手紙を書かずにはいられません。生きている事がとても苦しい。でもここでは、いや、どこに行っても、泣いたって誰も助けてはくれません。自分の力で起き上がらなければならないのです。駄々をこねても誰も振り向いてはくれません。自分の力で前へ進まない限り、赤ん坊のままでいるしかないでしょう。食欲が無いといっても誰もなぐさめてくれません。点滴を打たれてそれで終わりです。

今パーティーが始まると言うアナウンスが館内に響き渡りました。でも私は部屋の中にずっといてこの手紙を書き続けているほうが好きです。あんなパーティーに行って誰と楽しむのでしょう。誰が私自身を見てくれるのでしょう。私自身もこの病院内では誰の事も見てはいません。誰の事も見るつもりはありません。つまらないパーティーで美しく素敵なクリスマスを台無しにしたくはありません。

まだまだ精神病院は遅れていると思います。前にも言ったように、ここは強制収容所のような所です。それとも、とても殺風景な孤児院のような所です。ここは心を癒す所ではなく、極限状態の中で心を鍛える所でしょう。弱い人は、野良犬か野良猫のように外見だけではなく心の中まで卑しく、飢えた生き物になってしまうでしょう。ここでは、そのような惨めな人たちが一杯います。夜、寝ている時に、一晩中監禁室の中からサルのような狂った泣き声が時々聞こえてきます。私の寝ているベッドから廊下を挟んだ向かいのドアのガラス越しに、気の狂ったサルのように「部屋から出してくれ」ともがき、あがいている顔を時々見かけます。とても悲惨です。今は誰も監禁室に入っていないようです。

パーティーが本格的に始まりました。うるさくクリスマスの曲が流れています。動物園のクリスマスパーティーの始まりです。でも、私は１人部屋でこの手紙を書いています。この手紙から私が見えますか、私は今、家族を見ています。クリスマスを何だと思っているのでしょう。今、美空ひばりの曲がとてもうるさく聞こえてきました。

私の病気は、この病院で本当に治るのでしょうか。毎日、一日中誰とも心の声で話すことなく、とても孤独です。でもたった一つ言えることは、辛いことがあったからといって誰かに当たり散らそうと思わなくなった事です。誰かにかまってもらおうと、わざと辛そうな顔をして歩くつもりは、もうありません。もう子どもは卒業。そして、一番肝心なことは、自分自身を見失わない事です。……でも、やっぱり疲れた時は、疲れた顔を本音で見せることができるのは家族だけです。弱い顔を見せることができるのは、家族だけです。今ね、とても心が疲れきっています。でも、ここの皆には、それを見せるつもりはありません。心の中で泣いています。

やっと地獄のパーティーが終わったフィナーレが聞こえてきました。今日はまだ21日です。本当のクリスマスはまだこれからです。

さあ、また元気を出してやっていかなければなりません。……やっていけるのでしょうか、不安です。何でもすぐに迷ってしまいます。すぐに落ち込んでしまいます。本当はとても不安です。

でも手紙を書いて少し元気が出てきました。自分の思っている事が少しでも伝わるのは嬉しいことです。返事は要りません。

追伸……気分転換には（なまける）一番です。いつも気を張りつめていると疲れてしまいますから。

平成13年12月24日

家族の皆さん、お元気ですか。私はあまり元気ではありません。とても足とお尻が冷えてます。肉体的にしんどい時は、何でも後ろ向きに考えてしまいます。でも、この病院で、へこたれてしまうわけにはゆきません。ちゃんと食事をとって自分のことは自分でしっかりと管理してゆかなければならないのです。

でも、やはりとても淋しい、淋しい。それに肉体的にもしんどい。いつか発狂してしまうのではないかと心配です。手紙を書く力があまり出ません。寝込んでしまいたい。でも寝込んでしまって点滴を打たれたり、赤ん坊のような扱いをされるのは嫌いです。切羽詰まってしまいそうで心配です。

前にも言った通り、看護婦さんは白衣の天使ではありません。看護婦さんは医学の知識を知ってはいても、人の心を温かく癒してくれません。そして、ここでは、看護婦さんの言葉づかいは、とても乱雑です。忙しいのは分かっています。でも、忙しいからといって乱雑な言葉を使うという理由にはなりません。

今日はクリスマスイブです。とても悲しいイブです。ヨーロッパに行きたい。ロンドンに行きたい。ロンドンに行きたい。でも、やはりロンドンでも苦しんでいる人達は、たくさんいるのでしょう。絵本の中のような美しい世界の訳にはいきません。

Ｍさんが残したこの日記を読んだ父親は、「信号を発していたのに、気づいてあげられなかった」と悔やんだ。父親は夜、床につくと「お父ちゃん、私生きたかった、苦しくても生きたかった」と娘の責める声が聞こえると言う。

家族に向かう暴力は、彼らからのSOSだった。

参考文献

安藤久美子「指定通院医療機関モニタリング調査研究」平成 25 年厚生労働科学研究費補助金（障害者対策総合研究事業）『医療観察法制度の鑑定入院と専門的医療の適性化と向上に関する研究』pp.109-131、2013。

安藤久美子・中澤佳奈子・岡田幸之「精神障害を有する加害者の家族のメンタルヘルス　医療観察法における家庭内事件に焦点をあてて」『精神保健研究』28、pp.31-35、2015。

Bo S, Abu-Akel A, Kongerslev M, Haahr UH, Simonsen E. "Risk factors for violence among patients with schizophrenia". *Clin Psychol Rev*. 2011; 31（5）: 711-726. doi: 10.1016/j.cpr.2011.03.002.

Breiding M, Basile K, Smith S, Black M, Mahendra R. "Intimate Partner Violence Surveillance: Uniform Definitions and Recommended Data Elements". Version 2. Atlanta: *National Center for Injury Prevention and Control*, Centers for Disease Control and Prevention; 2015. http: //www.cdc.gov/violenceprevention/pdf/intimatepartnerviolence.pdf.

Fazel S, Gulati G, Linsell L, Geddes JR, Grann M. "Schizophrenia and violence: Systematic review and meta-analysis". *PLoS* Med. 2009; 6（8）: e1000120. doi: 10.1371/journal.pmed.1000120.

Fleischman A, Werbeloff N, Yoffe R, Davidson M, Weiser M. "Schizophrenia and violent crime: A population-based study". *Psychol Med*. 2014; 44（14）: 3051-3057. doi: 10.1017/S0033291714000695.

藤井達也「地域精神保健福祉における多様なピア・サポート推進――ヴェローナの社会的協同組合の事例調査と文献研究に基づく提案」『上智大学社会福祉研究』第 36 号、上智大学、2012。

García-Moreno C, Jansen HA, Ellsberg M, Heise L, Watts C. "WHO Multi-Country Study on Women's Health and Domestic Violence against Women Initial Results on Prevalence", *Health Outcomes and Women's Responses*. 2005. http: //whqlibdoc.who.int/publications/2005/924159358X_eng.pdf.

Harris ST, Oakley C, Picchioni MM. "A systematic review of the association between attributional bias/interpersonal style, and violence in schizophrenia/psychosis". *Aggress Violent Behav*. 2014; 19（3）: 235-241.

福田正人：統合失調症．脳科学辞典、2016。http://dx.doi.org/10.14931/bsd.6907

Imai A, Hayashi N, Shiina A, Sakikawa N, Igarashi Y. "Factors associated with violence among Japanese patients with schizophrenia prior to psychiatric emergency hospitalization: A case-controlled study". *Schizophr Res*. 2014; 160: 27-32. doi: 10.1016/j.schres.2014.10.016.

蔭山正子「家族が精神障害者をケアする経験の過程――国内外の文献レビューに基づく共通段階」『日本看護科学会誌』32(4)、pp.63-70、2012。

Kageyama M, Solomon P, Kita S, et al. "Factors Related to Physical Violence Experienced by Parents of Persons with Schizophrenia in Japan". *Psychiatry Res*. 2016b. doi: 10.1016/j.psychres.2016.06.036.

Kageyama M, Solomon P, and Yokoyama K. "Psychological Distress and Violence Towards Parents of Patients with Schizophrenia". *Arch Psychiatr Nurs*. 2016a. doi: 10.1016/j.apnu.2016.02.003.

Kageyama M, Solomon P, Yokoyama K, et al. "Violence Towards Family Caregivers by Their Relative With Schizophrenia in Japan". *Journal of Family Violence*（in press）.

Kageyama M, Yokoyama K, Nagata S, et al. "Rate of family violence among patients with schizophrenia in Japan". *Asia-Pacific J Public Heal*. 2015; 27（6）: 652-660. doi: 10.1177/1010539515595069.

梶谷康介・中島竜一・梶原雅史他「長期入院統合失調症患者の家族の精神健康度―― PTSD の観点から」『精神医学』50（2）、pp.169-172、2008。

加茂登志子・氏家由里・大塚佳子「ドメスティック・バイオレンス被害と人格への影響」『トラウマティック・ストレス』2(1)、pp.5-12、2004。

Kawakami N, et al. "Trauma and posttraumatic stress disorder in Japan: Results from the World Mental Health

Japan Survey". *J Psychiatr Res*. 2014 June ; 53: 157-165.
喜田聡「恐怖記憶の制御基盤とその制御に対する海馬の役割――トラウマ記憶を原因とするPTSD治療への応用を考える」『トラウマティック・ストレス』13 (2)、pp.37-47、2015。
Krug EG, Dahlberg LL, Mercy JA, Zwi AB, Lozano R. *World Report on Violence and Health*.; 2002. http: //www.who.int/violence_injury_prevention/violence/world_report/en/.
Labrum T, Solomon PL. "Rates of victimization of violence committed by relatives with psychiatric disorders". *J Interpers Violence*. 2015: Advance online publication. doi: 10.1177/0886260515596335.
松下年子『アディクション看護学』松下年子・日下修一監修、メヂカルフレンド社、2011。
モナハン、J他『暴力のリスクアセスメント――精神障害と暴力に関するマッカーサー研究から』安藤久美子他訳、星和書店、2011。
モシャー、L.R・ブルチ、L『コミュニティメンタルヘルス――新しい地域精神保健活動の理論と実際』公衆衛生精神保健研究会訳、中央法規出版、1992。
Murphy S, Irving CB, Adams CE, Driver R. "Crisis intervention for people with severe mental illnesses". *Cochrane database Syst Rev*. 2012; 5: CD001087. doi: 10.1002/14651858.CD001087.pub4.
西尾雅章『ACT入門　精神障害者のための包括型地域生活プログラム』金剛出版、2010。
Nolan KA, Czobor P, Roy BB, et al. "Characteristics of assaultive behavior among psychiatric inpatients". *Psychiatr Serv*. 2003; 54（7）: 1012-1016.
野中猛「精神病早期介入におけるケースマネジメント」『精神経誌』113（7）、pp.688-693、2011。
岡田実「精神科病棟において患者‐看護師に発生している対立場面の考察――対立が発生する場所・時間・内容について」『弘前学院大学看護紀要』7、pp.11-19、2012。
大熊一夫、「精神病院を捨てたイタリア　捨てない日本」岩波書店、2009年
Patrik W Corrigan, Amy C Watson. "Findings from the National Comorbidity Survey on the frequency of violent behavior in individuals with psychiatric disorders." Psychiatry Research, 136: 153-162, 2005.
ピンカー、S『暴力の人類史』幾島幸子他訳、青土社、2015。
レイン、A『暴力の解剖学』高橋洋訳、紀伊國屋書店、2015。
Reinharth J, Reynolds G, Dill C, Serper M. "Cognitive predictors of violence in schizophrenia: A meta-analytic review". *Schizophr Res Cogn*. 2014; 1（2）: 101-111. doi: 10.1016/j.scog.2014.06.001.
斉藤環『オープンダイアローグとは何か』医学書院、2015。
塩入彩「孤立する精神障害者の家族」『朝日新聞』3月5日、37、2015。
塩入彩「精神障害者と家族　孤立させない」『朝日新聞』2月2日、14、2016。
Solomon PL, Cavanaugh MM, Gelles RJ. "Family violence among adults with severe mental illness: a neglected area of research". *Trauma Violence Abuse*. 2005; 6（1）: 40-54. doi: 10.1177/1524838004272464.
Swan RW, Lavitt M. "Patterns of adjustment to violence in families of the mentally ill". *J Interpers Violence*. 1988; 3（1）: 42-54. doi: 10.1177/088626088003001004.
武井麻子他『系統看護学講座　専門分野Ⅱ　精神看護学②』133、医学書院、2015。
Volavka J. "Violence in schizophrenia and bipolar disorder". *Psychiatr Danub*. 2013; 25（1）: 24-33.
安永薫梨「精神科閉鎖病棟における患者から看護師への暴力の実態とサポート体制」『日本精神保健看護学会誌』15（1）、pp.96-103、2006。
横山恵子・林裕栄「A市における精神障害者の包括的地域生活支援プログラム（ACT）実践に向けた研究」『第42回日本看護学会論文集――精神看護』、pp.34-37、2012。
横山恵子他「精神障害者の包括的地域生活支援プログラム（ACT）の普及に関するニーズ―― A市における家族会と訪問看護ステーションへの調査から」第16回埼玉県健康福祉研究発表会、pp.148-149、2015。
遊佐安一郎「境界性パーソナリティ障害と付き合う　トラウマの脳と感情調節困難に関する最近の脳科学の進歩（2）」『こころの元気＋』7、pp.44-45、2015。

ACT 全国ネットワーク『ACT ガイド 2』、地域精神保健福祉機構（コンボ）、2015。
イメージ情報科学研究所「ゲームソフトが人間に与える影響に関する調査報告書」、2003。http: //research.cesa.or.jp/2-1.pdf.
『月刊みんなねっと』7 月号、pp.14-15、2016。
『月刊みんなネット』7 月号、pp.16-17、2016。
上智大学藤井達也氏の説明付きでヴェローナの町を YouTube で視聴可能。
調査地 Verona の紹介。
https: //www.youtube.com/watch?v=mU-6uObWQ3k
特別企画「早期治療をめざす」『こころの科学』133、5 月号、2007。
内閣府「配偶者からの暴力の被害者の自立支援等に関する調査結果」。http: //www.gender.go.jp/policy/no_violence/e-vaw/chousa/ziritusien1904kekka.html
フランコ・バザーリアのドキュメンタリーが、YouTube で視聴可能（全てイタリア語です）
Documentario su Franco Basaglia - I protagonisti della scienza - ［1］
https: //www.youtube.com/watch?v ＝ mgUEtJC06z0
Documentario su Franco Basaglia - I protagonisti della scienza - ［2］
https: //www.youtube.com/watch?v ＝ 6oeVCB_8CXk
法務総合研究所、第 2 回犯罪被害実態（暗数）調査（第 2 報告）国際比較（先進諸国を中心に).
2008. http: //www.moj.go.jp/housouken/housouken03_houkoku39.html.
『メンタルヘルスとウェルフェア』第 7 号、特定非営利活動法人精神保健福祉交流促進協会、2016。

分担執筆者一覧（＊は編者）

＊**蔭山正子**　第１章第１～２、４～７節、第２章、第３章、第４章第１～２、４、７節、第５章、最終章第２、３節

横山恵子　第４章第３節、第４章第５節
埼玉県立大学保健医療福祉学部看護学科／教授／看護師

中村由嘉子　第４章第６節
名古屋大学大学院医学系研究科精神医学分野／研究員／精神保健福祉士

小林清香　第１章第３節
埼玉医科大学総合医療センター／特任講師／臨床心理士

佐久間陽子　最終章第１節
金沢文庫エールクリニック／精神保健福祉士・社会福祉士

事例提供者一覧（五十音順）

岡田節・千鶴（愛媛県在住）
岸澤マサ子（埼玉県在住）
小山公一郎・美枝子（埼玉県在住）
沼田大市・清剛・光子（埼玉県在住）
その他、匿名で執筆してくださった方々

話題提供者一覧（五十音順）

飯塚壽美（埼玉県精神障害者家族会連合会）
岡田久実子（埼玉県精神障害者家族会連合会）
大畠信雄（和歌山県精神障害者家族会連合会）
小野寺健（所沢市保健センター健康管理課こころの健康支援室）
河上紀子（尼崎市精神福祉家族会連合会）
川辺慶子（大阪府精神障害者家族会連合会）
竹下信昭（北海道精神障害者家族連合会）
野地芳雄（京都精神保健福祉推進家族会連合会）
松浦拓郎（横浜市健康福祉局障害福祉課地域活動支援係）

編著者紹介

蔭山正子（かげやま・まさこ）

大阪大学大学院医学系研究科保健学専攻統合保健看護科学分野パブリックヘルスケア科学／准教授／保健師

大阪大学医療技術短期大学部看護学科、大阪府立公衆衛生専門学校を卒業。病院看護師を経験した後、東京大学医学部健康科学・看護学科3年次編入学。同大学大学院地域看護学分野で修士課程と博士課程を修了。保健所・保健センターでの勤務（保健師）、東京大学大学院地域看護学分野助教などを経て現職。

保健所勤務の際、精神障がい者の受診援助や通報対応などの危機介入を経験。主な研究テーマは、精神障がい者の家族支援・育児支援、保健師の支援技術。

精神障がい者の家族への暴力というSOS

──家族・支援者のためのガイドブック

2016年10月30日 初版第1刷発行

編著者　蔭山正子

発行者　石井昭男

発行所　株式会社 明石書店

〒101-0021 東京都千代田区外神田6-9-5

電話 03（5818）1171

FAX 03（5818）1174

振替 00100-7-24505

http://www.akashi.co.jp

装幀　明石書店デザイン室

編集・組版　有限会社閏月社

印刷／製本　モリモト印刷株式会社

（定価はカバーに表示してあります）　ISBN978-4-7503-4423-2